教育哲学のすすめ

山﨑英則 編著

ミネルヴァ書房

まえがき

いまわれわれは新しい世紀，21世紀を迎えることができた。

しかし，現実に生活している社会において，さまざまな問題が続出している。新聞に掲載されているニュースがそのことを正直に伝えている。とりわけその中で，教育関係の問題に絞るとき，学校全体の問題として，学級崩壊，いじめ，非行，不登校などが，そして，教師自身の問題として，わいせつ行為，暴力行為などがあげられる。21世紀も，このような問題を引きずりながら，何ら解決策が提示されないまま過ぎていくのであろうか。

学校の教師は，学校全体の，そして，教師自身の諸問題に対して，果敢にチャレンジしている。教師は，遭遇した教育以前の，教育活動中の，そして，教育以後の，諸問題を上手に解決しようと，日夜，努力をしている。しかし，それらすべての問題を根本から解決していく手がかりなど，未だに発見されていない。いろいろな問題がその後も続出していることがその事実を如実に証明している。教師は，解決マニュアルの一端を応用しながら，多岐にわたる諸問題に対して，それに応じた解決策一つひとつを自らの力で見つけなくてはならない。このことは，そのとき，そのところ，その場面のいずれの一つでも違っていれば，現状では，最も適切な解決策を見出せないということを示している。

激動している社会では，人間の生き方が根源的に問われている。時代や社会に対する無関心さ，無責任さの露呈は，人間の本質が根源的に問われている。学校内で，子どもが子どもとして生きることのできない状況は，教育そのものの意味が問われている。授業中，そこにいる子どもが学ぶ喜びや知る喜びを味わうことができないことは，学ぶこと，知ること，理解することが根本的に問われている。このような状況では，とりわけ，原点に立ち帰って，その根源を見極めていくことが求められている。いまこそ，哲学が，否，教育哲学が必要とされる所以である。

教育の諸問題について，それらを解決してくれるヒントを与えてくれる科目

がある。それが教育哲学である。なぜなら，教育哲学は，一方では，教育活動を哲学化して，その実践活動を根本から徹底的に考察し，どこに問題があるのかを冷静に教示してくれるからである。また，教育哲学は，他方では，教育そのものを理論的に考察する教育学を実践活動に応用しながら，問題点を指摘し，その解決策を提示するからである。そして，さらに，教育哲学は，教育実践と教育理論とを統合させながら，全体的にしかも統一的にとらえながら，これから進んでいく方向を示してくれるからである。つまり，教育哲学は，教育問題を実践と理論との両側面から，さらには時代や社会との関連から，全体的・総合的にとらえながら，あるときは厳しく批判し，あるときは優しくアドバイスを与え，教育の本質観や学校の本質観を具体的に提示する学問である。

しかし，教育哲学は，その生まれたいきさつを振り返るとき，人間の未来を志向する哲学と無関係ではない。そのため，理解することが難しい，取っつきにくい，現実の教育から遊離しているとの批判を免れない。また，教育に哲学という言葉が付いているため，手っ取り早く解決策を求める若者には，受け入れてもらえない可能性は十分に考えられうる。

別言すれば，教育哲学は，現在，教育の現場では，教師からそっぽを向かれ，理論だけに固執し，実践にまったく生かされていないということになる。つまり，教育哲学は，自己撞着に完全に陥っていることになるのである。ただ単なる理論のための教育哲学，実践と結びついていない教育哲学，いわば孤立化した教育哲学，そのような教育哲学に対しては，ラブコールなどは誰からもけっして起こってくるはずはない。

そこで，これらの状況を打破する試みの一つとして，このようなテキスト作りにあえて挑戦してみることにした。このテキストが目標にしていることは，次の基本方針である。

　①興味を抱くことのできるものにする。
　②わかりやすいものにする。
　③応用しやすいものにする。
　④生きる方法が体得されるものにする。
　⑤未来に明るい展望を抱くことができるものにする。

上記のことに少し説明を加えておこう。

①学生や教師は，教育哲学に対して，哲学という名称が付いていることから，また，その内容が難しい理論や思想から成り立っていることから，かつて，理論や思想に対して少し距離を置き，敬遠してきたことは否めない。このテキストでは，できるかぎり学生や教師の興味や関心を教育哲学に向けてもらうように配慮している。

②学生や教師が，教育専門用語やさまざまな教育思想を，自分の力で読破することができ，その内容を理解することができ，完全に血肉化することができるように，できるだけわかりやすい言葉で表現するように心がけている。

③抽象的な理論が具体的な実践に生かされるときは，すなわち，理論を実践の場において完全に応用することができるときは，完全に血肉化されたものだけである。学生や教師が，乖離した両者を知らず知らずのうちに結びつけていることが実感できるように配慮している。

④知る喜びや学ぶ喜び，さらにはそれらを実践化していく喜びを体験することができように配慮しているため，学生や教師は，学んでいくプロセスにおいて，精神的に大きな支えや自信を得ることができ，自ら生きていく方法を自然に体得することができる。

⑤教育哲学は，実践的内容をマスターし，理論的内容をマスターし，教育活動や実践分野において，さらには，教育理論分野において，明るい未来を展望しうることを課題としている。学生や教師が，教育哲学を通して，教育の未来に明るさを保持することができるように配慮している。

次に，本書の構成と内容について簡単に紹介しておこう。

まず，第1部第1章では，教育哲学がどのような性格をもっている学問であるかを明らかにしている。哲学という名称が付いているかぎり，知を愛する，本質を究明する使命をもっていることは，いうまでもない。次に，第2章以下では，教育の事象に焦点を合わせ，構成している諸要因である，目的・目標，内容，方法，教師，子ども，発達，評価，価値論の根本を追求している。現実の諸要因を明らかにしながら，本質に触れ，それらが，未来，どうあるべきであるかについての考察を深めている。

次に，第2部では，教育学の主要なものの考え方やとらえ方を，教育思想を中心に紹介しながら，それらの考え方やとらえ方を実際の教育の場面のどの部分でどのように応用することができるのかを，実際に確認していく。

　そして，最後の第3部では，教育哲学の考え方やとらえ方を，広いそして深いスパンの中に位置づけ，それらを実際の生活の中でどのように応用することができるのかを明らかにしている。

　教育哲学は，人間の生き方を根源的に問い直し，その回答を明確に示してくれる。なぜなら，そもそも，哲学することは，自らの足で責任をもってこの大地に立つことを意味するからである。哲学することを忘れることは，自らを崩壊させ，他者依存を始めることになる。「私」を正しく教育し，「私」の依って立つ根拠を作り出す意味において，教育哲学は大きな役割を果たすことであろう。

　ともあれ，この『教育哲学のすすめ』が，遅ればせながらも，産声をあげることができたのは，われわれ執筆者一同の大きな喜びとするところである。われわれは，学生や教師，さらには一般読者の方々の暖かいご支援のもとで，本書がもっている本領が十分に発揮されるであろうことに期待をかけている。大方のご叱正を待つとともに，将来の改善を期している次第である。

　最後に，われわれのテキスト作りの意図を快く理解され，優しいご配慮とこだわりのない寛容さで辛抱強く見守って下さった，ミネルヴァ書房の社長杉田啓三氏と編集部の浅井久仁人氏に対して，心からの感謝とお礼を申し上げたい。

　　2003年8月

　　　　　　　　　　　　　　　　　　　　　　　　　　　　山﨑　英則

教育哲学のすすめ
目　次

まえがき

第1部　教育活動の根本を考える

第1章　教育哲学の意義と本質 …………………………………………2
　1　人間形成と教育——教育哲学の基盤 …………………………2
　2　近代西洋の教育観 ………………………………………………3
　3　教育哲学の方法と課題 …………………………………………5
　4　教育哲学における理論と実践——教授学の問題を手がかりに ……10

第2章　教育の目的を哲学する ………………………………………12
　1　教育の目的における疑問 ………………………………………12
　2　教育の目的の具体的内容 ………………………………………15
　3　教育の目的の内容を分析する …………………………………18
　4　教育の目的に関する研究の今後の展望 ………………………21

第3章　教育内容の根本問題を追求する ……………………………28
　1　カリキュラムとは何か——教育内容の計画か学習経験の総体か ……28
　2　共通カリキュラムの正当化 ……………………………………30
　3　カリキュラムの多様化 …………………………………………33
　4　教育哲学とカリキュラムの関係 ………………………………34

第4章　教育方法の根本問題を追求する ……………………………36
　1　教育方法の発達 …………………………………………………36
　2　近代的教育方法の特質 …………………………………………39
　3　教育の基本構造と教育方法のレベル …………………………42
　4　教育方法改革の課題 ……………………………………………46

第5章　教師の〈権威〉とは何か ……………………………………51
　1　〈権威〉とは何か …………………………………………………51
　2　教育的〈権威〉とは何か ………………………………………53
　3　新たな教育的〈権威〉概念の構想 ……………………………58
　4　「教師の権威」論を超えて ………………………………………62

第6章　子　ど　も ……………………………………………………66
　1　関係としての子ども，制度としての子ども …………………66
　2　発達モデルと4つの子ども観 …………………………………70

3　「制度としての子ども」の終焉……………………………………74
　　4　〈子ども―大人〉関係の新たな構想へ向けて………………………77

第7章　発達と教育を考える――教育をもっと深く考えるために………82
　　1　発達について……………………………………………………82
　　2　発達をふまえた教育論（1）……………………………………86
　　3　発達をふまえた教育論（2）……………………………………88
　　4　発達のこれから…………………………………………………93

第8章　評価の根本問題を追求する……………………………………97
　　1　評価の問題性……………………………………………………97
　　2　教育測定の時代――心理学におけるモダニズム………………101
　　3　教育評価の時代――心理学におけるモダニズムへの反省……103
　　4　これからの評価――心理学におけるポスト・モダニズム……107

第9章　教育価値論……………………………………………………112
　　1　人間の課題と子ども性の変容…………………………………112
　　2　価値概念のとらえ直し…………………………………………116
　　3　価値とアイデンティティ形成…………………………………119
　　4　価値づけの条件とその学習……………………………………123

第2部　教育理念をとらえ直す

第10章　教育（理）論………………………………………………130
　　1　教育（理）論とは何か…………………………………………130
　　2　科学としての教育学成立以前の教育論………………………132
　　3　教育学の成立とその後…………………………………………136
　　4　教育学の具体的展開……………………………………………139

第11章　新カント派教育学
　　　　　――P. ナトルプによる教育学の哲学的基礎づけ…………145
　　1　新カント派の哲学と教育学……………………………………145
　　2　ナトルプによる教育学の哲学的基礎づけ……………………148
　　3　教育学の基礎づけにおける心理学の役割……………………153
　　4　新カント派教育学研究の意義と課題――むすびに代えて……157

第12章　精神科学的教育学……………………………………………160

       1　精神科学的教育学の先駆者　ディルタイ ………………………160
       2　シュプランガー教育学の特色 ……………………………………162
       3　精神科学的教育学派の教育学　経験的教育科学派の教育学 ……170
       4　精神科学的教育学の問題点について ……………………………174

第13章　実存主義と教育学 …………………………………………………176
       1　実存主義の立場 ……………………………………………………176
       2　実存主義と教育学の出会いの動向 ………………………………180
       3　実存的価値と教育 …………………………………………………184

第14章　社会主義と教育学 …………………………………………………190
       1　社会主義と教育学の課題 …………………………………………190
       2　クループスカヤの教育思想 ………………………………………193
       3　マカーレンコの教育思想 …………………………………………196
       4　ヴィゴツキーとスホムリンスキーの教育思想 …………………201

第15章　プラグマティズムの哲学と教育 …………………………………204
       1　プラグマティズムの哲学 …………………………………………204
       2　新教育運動 …………………………………………………………209
       3　デューイの教育哲学 ………………………………………………212
       4　プラグマティズム教育思想の展開 ………………………………214

第16章　批判的教育学の展開 ………………………………………………219
       1　批判理論と批判的教育学 …………………………………………219
       2　教育と不平等の再生産 ……………………………………………221
       3　カリキュラム・ポリティックス …………………………………226

第3部　教育哲学を実践する

第17章　生涯学習の根本問題を追求する …………………………………232
       1　学習観および教育観の転換 ………………………………………232
       2　生涯学習を支える基本理念 ………………………………………236
       3　相互教育への志向 …………………………………………………239
       4　学習のコミュニティの創造 ………………………………………242

第18章　国際理解のための教育 ……………………………………………247
       1　国際理解教育の端緒 ………………………………………………247

2　国際理解教育の展開 …………………………………………251
　　3　共生社会 …………………………………………………………255
　　4　これからの国際理解教育 ……………………………………257

第19章　これからの教育哲学 ……………………………………261
　　1　教育の諸問題に応える教育学 ………………………………261
　　2　人間の心を大切にする教育学 ………………………………264
　　3　人間の「生」と「死」を考える教育学 ……………………269
　　4　教育哲学のこれから …………………………………………272

人名索引／事項索引

第1部
教育活動の根本を考える

第1章　教育哲学の意義と本質

　　「教育哲学」という領域は，一見すれば，教育という領域に，哲学的な立場からアプローチするということになるが，具体的にはそのようなものなのであろうか。「教育」にせよ「哲学」にせよ，人間の長い学問的営みの成果が現れている。本章では，まず，「教育哲学」と呼ばれる研究領域の概要を述べることにしよう。

1　人間形成と教育
　　　　──教育哲学の基盤

　「人間は教育によってのみ人間となる唯一の被造物である」──18世紀の思想家カントの『教育学講義』で語られているのは，教育の必要性である。アヴェロンの野生児の例によって示されたように，人間は外からの働きかけによって初めて「人間性」，すなわち身体表現や言語，知的能力，情緒，立ち居振舞いといった人間らしい行動様式を獲得することができるのである。その意味において，教育の営みは人間形成を目標とするものであるといえる。

　さて，教育学において人間形成は別名「陶冶」（Bildung）という語でもって議論されてきた。この「陶冶」はドイツ新人文主義の思想家K. W. フンボルト（Humboldt, K. W. v.）によって，人間の内面性，自発的活動の開発という意味を担わされ，自己形成の営みを意味するものとして扱われてきた。

　しかし，「陶冶」という語が示す意味内容を論じるにあたっては，論者によって自己形成の方向づけが異なることを念頭に置かねばならない。「陶冶」という名のもとに目標とされる「人間」の姿は，「神の似姿」であるか，あるいは，あらかじめ与えられた外見ないしは外枠を超えた，知的・認識能力の発達を達成した「個性」であるか，に二極分化されてきたのである。

　前者の「神の似姿」の形成あるいは「神の似姿」としてあらかじめ与えられ

た諸能力の外化，表出化を目標とする営みにおいては，教育という営みよりもむしろ自己活動に重点を置くものとなった。このように，諸々の能力を自らの行動によって調和的に展開する「個性」の育成を目標とすることこそ，近代教育の特色であり，また現代の教育においても繰り返し論じられているのである。

もちろん，「教育」という言葉そのものには「教＝鞭をふりかざして諭す」ことと，「育＝子どもが産まれる＝子ども（の内面）を引き出す」ということの二面性を有する。すなわち，目標をもって意図的に何か有意義なもの（文化財）を伝達する営みと，子ども自身がもっている諸能力の育成を期する営みである。また，これらの2つの営みにおいては，双方ともに意図的な作用と無意図的な作用とが予想される。たとえば，先行世代が教材を用いて後継世代にその内容を伝えようとする試みは目的を達成するという意図的な作用を生じさせる。その一方で先行世代側の教材への態度，あるいはそれを説明する方法などによって教材の内容そのものではなく，当初の目論見とは別の作用——たとえば言葉遣いや態度，取り組み，説明の裏にある思考形式の継承——を生み出すこともある。この点において，人間形成を考えるうえで意図的な教育と無意図的な教育という教育の両義性を考慮しなければならない。

このような教育概念や人間形成に関する理解が，教育哲学の基盤にあるわけであるが，こうした前提が歴史の中で具体的に現れたのが，近代西洋の教育観であった。

2　近代西洋の教育観

何をもって近代と称するか？　ここでは社会体制と個人とが二極対立図式として立ち現れた時期を「近代」として論じよう。西洋における中世においては，教会が神の名のもとに個人を意識させないように働きかけ，ときとして人間を愚鈍なままにするような制度，たとえば，免罪符を編み出してきた。宗教改革はそうした教会支配の流れに逆らおうとした人々の活動であり，それゆえヨーロッパにおいては宗教改革以降を「近代」とする傾向がある。そして，その動きは個人尊重・個性尊重の思想の源流となった。

たとえば，「子ども」の発見者として名高いルソー（Rousseau, J-J. 1712-78）は『エミール』において「自然にかえれ」という消極教育を掲げたが，それは個性の尊重，自己活動による自己形成をスローガンとするものであった。この自己活動による自己形成というモチーフは，後にスイスの著述家・教育活動家ペスタロッチ（Pestalozzi, J. H. 1746-1827）の直観教授法や，幼稚園の創設者フレーベルの教育遊具（恩物）によって継承される。ペスタロッチは人間に所与のものである直観能力を子ども自らがなす「頭（精神）・心（道徳的心情）・手（作業）」の調和的活動を通じてさらなる段階へと高めていくような教育を構想しようとした。またフレーベル（Fröbel, F. W. A. 1782-1852）は人間の発達段階に鑑み，人生最初期の段階である乳・幼児期にふさわしい教育活動を助けるべく，教育遊具（恩物）を考案した。そして，子どもの発達に相応しい場として幼稚園を創設した。

個人の能力の調和的展開を目標とする教育活動の一方で，国家・社会のレベルでは公教育制度が整備されてきたことにも注意しなければならない。個人尊重の教育は，基本的人権を保障する活動の一環として求められつつも，共同体運営の原動力として制度化され，個性の発揮が競争を誘発し，よりよい制度を追求するような循環経路が確立されたのである。フランスの数学者コンドルセ（Condorcet, M. J. A. N. C. 1743-94）はフランス革命において公教育制度の拡充を提案した。そこには理性の働きによって不平等の撤廃を図ること，そのために国家が教育機会を保障することの重要性が述べられ，個人の諸能力の発揮がひいては理想社会の確立につながるとうたっている。このような見方は最終的に世界人類の繁栄に結びつく。20世紀初頭，スウェーデンの女性評論家ケイ（Key, E. K. S.）は『児童の世紀』において，「子どもが権利を持つとき道徳が完成する」という言葉でもって個人の諸能力の展開をより望ましい人間の完成，さらには人類の完成と結びつけた。こうした考えは『学校と社会』や『民主主義と教育』で名高いアメリカ合衆国の哲学者・教育学者であるデューイ（Dewey, J. 1859-1952）にも現れている。彼が発見学習や作業を重視したのは，そのような営みこそ子どもの自己活動に他ならず，この活動を通じて社会も改良され，理想的な民主主義社会という制度・装置が達成されると考えたからで

ある。

3　教育哲学の方法と課題

　哲学とは何だろうか？　まず哲学の方法について考えてみよう。哲学を求めるということは，あらゆる事柄を説明し尽くす究極的な原理を探求するということである。それはこの世に生まれてきた人間であるわれわれが，ただ一度のつかの間の命をどう使うか，一回しかない生を大切にしながらどう使うか。それは，銘々の身体と好みに合わせて，もって生まれた特徴を十分に生かす，という意味での人間の生きる目的につながってくる。自分を生かす権利が人権である。このように，哲学とは自分自身の人生の意義づけと密接に関わってくるのである。

　現代はまさに映像や情報を貪欲に楽しみ消費し尽すことによって，目前の要求を満たしていく時代となった。そこに永続性，永遠性への希求など存在しにくい。今日のあらゆる場面における錯綜した問題を，専門的な知識や情報によって切り抜けることも，当面は必要であるかもしれないが，それだけではしのげないことは多くの人が気づいているところである。教育について思いをめぐらすとき，永続的な価値観の問われる瞬間が必ず来ることであろう。それに真摯に対応することなく，学問においてさえ安易に流行に飛びついてしまうのが，現代の病理であろう。

　ここで哲学に対する2つのとらえ方が生じてくる。まず第一には，生きていくための信念あるいは心構えといった意味で，哲学を考える立場があるであろう。これは人生論としての哲学と呼んでもよいかもしれない。それは教育との関連でいえば，教育者として生きていくための信念といったものを基礎づける働きということになるかもしれない。しかし，それは長い人生経験や教育実践の中で次第に形成されていくものであって，体系化された学問として哲学を考える立場とは一線を画しているといえよう。

　それでは，教育を哲学するという意味での哲学とはどのようなものなのだろうか。それはすでに述べた人生論としての哲学と密接につながりながらも，や

や異なった第二の立場である。この第二の意味での哲学を一言でいえば，諸学の基礎づけ，綜合する働きとしての哲学と要約的に述べることができる。この点をさらに考えてみよう。

教育という営みは，人間および人間に関係するすべてのもの，すなわち歴史・社会・文化，ひいては自然や神をも含めたありとあらゆる事柄の全体的な連関の中でなされる。この，教育に関するある一つの事柄に対する考察として，レベル区分を設ける視座が認められる。まず，ある行為が意図的であれ無意図的であれ，その行為を通じて，あるいはその行為がなされたあとで行為者が継続的・持続的変化を起こした場合，それを成果（負の成果を含む）として意味づけるレベルがある。次に，その認められた成果を，教育，あるいは人間形成といった言葉で評価するレベルへと移行する。ただし，この評価のレベルは単に世間一般の常識あるいは偏見による。それを自覚したうえで，さらに問題意識をともなってその事柄を考察するレベルへと至るのである。こうした一連の営みを教育哲学と称する。

この全体的連関において重要な事象それぞれの独自の位置と独特の機能を見極め，教育に対する包括的な知を追求し，全体的統一性を得ることが教育哲学に課された課題である。すなわち，教育の営みに関わる事柄，たとえば目的・内容・方法・機能・連関など，はそれぞれなぜ生起するのか，またどのようにして教育への援用可能性・援用必然性を根拠づけられるのかを問う部門が教育哲学である。したがって，まず教育哲学とはその取り扱う事柄によって類型化することができよう。たとえば，教育目的論・教育内容論・教育方法論・教育機能論・教育連関論などのように。

また，任意の教育実践，日常会話で「教育」ないしは「人間形成」といわれる行為に対し，対象理論とメタ理論の二領域に区分するのもまた教育哲学の類型説明といえる。対象理論は教育実践に関する科学的命題の確立をその使命としている。いわゆるケーススタディである。一方でメタ理論は教育実践という個別性を超えて，一般化された事柄を分析し，学としての教育学理論に関する科学的命題の確立をその使命とするものである。

また，事象を分析する態度から教育哲学を類型化することもできよう。たと

えば，教育哲学の歴史的発展を見ると，時代の有力な哲学思想に依拠して分析する場合には，「生の哲学／プラグマティズム／実存哲学／分析哲学／マルクス主義」といった区分がなされる。また，教育と社会との連関において分析する場合には，「本質主義／永遠主義／進歩主義／改造主義」のような区分がなされる。

今日では教育学は各学問領域の複合組織体であるがゆえに，そうした各学問との連係によっても教育哲学は類型化される。学際的な統合をめざす「教育人間学」や社会学の見地を融合した「行為研究」，「相互行為研究」などもまた，教育哲学の類型の一つといえよう。

すでに述べたように，教育哲学の一つのあり方が，教育に関わる事柄を，広く全体的な視野からとらえ，その本質的なものを，筋道立てて考えるとすれば，どのような問題群が論究されるのであろうか。哲学的な研究態度の特質は，事象の普遍的把握，全体的把握，根源的把握を求めていくところにあったが，その際，重要であるのは「反省」と「批判」である。このような態度が要請される具体的な課題をここに述べておきたい。

1　教育の論理の検討

すでに上田薫が指摘するように，教育の論理は教育という事象をとらえるために必要不可欠ではあるが，社会一般の出来事を追求する際の論理と矛盾するわけではない。ただ，教育を対象とする場合，論理にある特殊性をもたせなければならない，というのが上田薫の主張である。以下，この点について，上田の論に拠りながら考えてみよう。

われわれがしばしば教育哲学に発する問いは，「教育と何か」という問いである。確かに，この問いに対しては，さまざまに答えることができる。問題は，答えに現れた教育の論理がいかなるものかを分析することであろう。こうした根源的な探求なしには，どのような教育理解も具体的な問題解決ができないと上田は考えている。上田は教育の論理の核心を未来性ととらえている。教育は未来に関わる仕事であるというわけである。そして教育による現在から未来への規定は絶対的規定ではなく，相対的規定であるとする。上田は「教育とはま

さに未来にかかわる新しい普遍の探求」という主張を，動的相対主義として体系化した（上田薫『教育哲学』誠文堂新光社，1971年）。このような上田の論究は戦後日本の教育哲学の一つの遺産であり，教育の論理の探求を課題とした教育哲学の一つの具体的成果といえる。

2　教育学の方法論上の問題

　学問全体の中で教育学がどのような方法をもつのか，あるいは教育学の学問的な特質は何か。この問いも教育哲学上の重要な問いである。現代の教育研究は，多くの教育諸科学へと分かれ，それぞれ独自の学会や専門雑誌をもつ領域へと発展している。それぞれの領域は個別研究の方法論，たとえば，教育心理学であれば心理学の方法論に立脚し，研究が行われている。その結果として，それぞれの分野が細分化し，孤立化する現象を生み出している。それぞれの教育諸科学の研究が深化する過程でこのような現象は必然的に生み出されてくるのであろうが，他方で，教育学独自の問題の把握，解明のあり方が不明確になる傾向がある。教育問題に対する，全体的，究極的な位置づけ，意味づけが現代要請されている。こうした方法論上の問題に教育哲学は答えなければならない。

　ところで教育学を規範的な学として構想したのは，教育学の祖といわれるヨハン・フリードリッヒ・ヘルバルト（Herbart, J. F. 1776-1841）と，ヘルバルト学派と呼ばれる彼の弟子たちであった。ヘルバルトによれば，教育学の出発点は，さまざまな教育理解が存在するということである。19世紀の教育学以来教育学は，ヘルバルトがそうであったように，教育を目的と手段のつながりとしてとらえるとともに，教育学の学としての性格も経験と思弁の間を揺れ動いてきた。

　世紀末から20世紀初頭に至り，心理学研究の進展とあいまって，実験教育学の構想が打ち出された。実験的な方法で子どもの「事実研究」が，教育学を学問として自立するかに見えたが，結局，心理学研究の一部としてのみ有効性をもつにとどまった。

　教育事象に迫り，その事実を明らかにするためには，心理学や社会学などの

実証科学の成果と方法を十二分に活用しなければならない。事実，教育問題に対しても，臨床心理学をはじめ多くの学問が形成されてきている。しかしこれらの新興の諸学が「教育とは何か」に全体的―根源的に迫っているとは考えられない。

現代ドイツを中心とする教育哲学の立場からは教育学の四類型がある。教育学という学問自体が実践的なものであることはいうまでもないが，その理論と実践のつながり方について，4つの立場があるということである。それは「規範的教育学」「経験的教育学」「解釈学的教育学」「システム理論に基づく教育学」である。この点については，本書の以下の章で詳述されている。

3　教育問題を論ずる際の「概念」や「思考法」の検討

教育の論理について議論する際，特に，その前提となるのは，教育を論ずるために使用する「用語」や「概念」の規定である。あいまいな「概念」では，教育研究の成果もまた貧弱になる恐れがある。さらには，議論自体が成立しない恐れもある。つまり，この視点の欠如，無関心が，教育学の立ち遅れ，問題解決能力の不足，不毛性の一因であると考えられる。一般にこうした「言語」への着目は，英米哲学の影響下で成立した分析的教育哲学によって，1950年代以降，世界的に幅広く教育哲学の課題として認知されてきた。わが国では宇佐美寛の先駆的な業績である『思考・記号・意味――教育研究における「思考」』（1968）が目を惹く。ドイツ語圏でもブレツィンカによって『教育科学の基礎概念』（1974）が上梓されている。同様にフランスでもルブールが『学ぶとは何か』（1980）によって，概念の厳密さを探求している。

たしかに現代の英米教育哲学では，「分析」という手法だけではなく，教育において「規範」的な側面の検討が行われつつある。しかし，「概念分析」は単に一流派の視点ではなく，広く教育学（研究）全体の問題であるといえる。

4　教育哲学における理論と実践
　　──教授学の問題を手がかりに

　教授（instruction/Unterricht）とは，知識や技芸の伝授など，教えること一般をさし，偶然的要素を排除し，想定可能な限りの配慮および計画，行為をその視野に入れている。教授に際しては，重要と思われる内容を効果的に生かすため，あらかじめ文化財を適切な内容ごとに精選し，発達段階に応じて系統的に配列・組織化すること，その内容をどのような行為によって伝達するかということが検討される。

　このような検討を行った教育（学）者として，ドイツの教育学者ヘルバルトがあげられる。彼は教授活動を人間の認識過程にそって系統分類した。『一般教育学』において提唱した「明瞭─連合─系統─方法」といういわゆる四段階教授法はその成果である。ヘルバルト主義者であったライン（Rein, W.）はヘルバルトの四段階教授法を「分析─総合─連合─系統─方法」の五段階に修正した。同じくヘルバルト主義者ツィラー（Ziller, T.）はさらに教授者側の営みに着目し「予備─提示─比較─総括─応用」の五段階教授を提唱した。

　他方で，人間の認識過程を考慮する際に学習者側の活動，ないしは学習者側の発達段階に着目する教授法も提示される。それは知的能力の展開における有機的ダイナミズムを重視するもので，その原理はフレーベルの主著『人間の教育』にも見出される。その原理を教授法に援用した代表者は「なすことによって学ぶ」を提唱したアメリカ合衆国の哲学者・教育学者のデューイである。彼は生活経験における問題の解決過程を学習過程として組織し，「問題への直面（問題）─問題の所在の明確化（仮説）─解決試案の作成（資料）─解決試案の推理による検証（検証）─解決試案の行動による検証（適用）」という五段階の問題解決学習を提案した。この方法論の系譜に位置づく代表的なものが，実際の作業の過程から導き出される「目的設定─計画─遂行─判断」という段階を示したデューイの弟子キルパトリック（Kilpatrick, W. H.）のプロジェクト・メソッドである。

教授法に関わるこのような2つの類型を統合する試みとして，モリソンによって1920年に提唱された「モリソン・プラン」における科学型学習の五段階教授方法（「探究―提示―類化―組織化―発表」）があげられる。これは教育内容を科学型・鑑賞型・実用技術型・記憶型・反復実践型に区分したうえで，それぞれにふさわしい教授方法を提唱しようとした点で，ヘルバルト主義の教授者主導型とデューイらの学習者主導型それぞれを折衷し，単元学習への先鞭をつけたと評価される。このことは，近年「教授―学習過程」という考察とも関連することであり，教授者の働きかけと学習者の活動との相互作用によって教えること一般が成立するという考え方を示している。

　このように，学としての教育哲学は，教授という教育実践の基礎となりうる。そして教授という教育的行為との関連で，教育哲学は教育の意味（「何のための教育か」），本質，目的探究の立場から，「教育実践に対して，全体的究極的理念をあたえようとする」（森昭）役割を担っている。その際，主要には，一般に「教育目的論」といわれる人間像，能力に関する考究が行われる。ただ注意すべきは，従来の多くの教育哲学研究にみられたように，単に倫理学や価値哲学一般の応用としての抽象的な「教育目的論」に陥らないように注意すべきであろう。

　以上述べたように，教育を一つの行為と考えた場合，教育の行為の基礎づけとして，教育哲学の重要性を考えることは，教育の理論・実践問題を考える一つの視角である。それにより，教育哲学の教育実践とのつながりを具体的に表すことができるであろう。

推薦図書

［1］　小笠原道雄編『教育哲学』（教職科学講座　第1巻）福村出版，1991年。
［2］　加野芳正他『教育のパラドックス／パラドックスの教育』東信堂，1994年。
［3］　土戸敏彦『冒険する教育哲学』勁草書房，1999年。
［4］　原　聡介ほか編『近代教育思想を読みなおす』新曜社，1999年。
［5］　教育思想史学会編『教育思想事典』勁草書房，2000年。

（木内　陽一）

第2章 教育の目的を哲学する

　本章では，教育の目的の内容はもとより，その設定方法，目的それ自体における特徴について学ぶ。第1節では，目的における疑問について紹介する。そもそも教育の目的は必要なものなのか，それとも不必要なものなのかを，さらに，教育の目的はいつ成就し終えたといえるのか，を。第2節では，教育の目的の具体例を西欧と日本に求め，時代の変化とともにどのように変わってきたのか，そして教育の目的がこれからどのように変わろうとしているのかについて，さらにそのような変化の中で，不変的・普遍的な教育の目的はあるのかないのかなどについて考察する。第3節では，目的そのものがもっている特徴を概観・分析・類型化し，体系化してみる。その結果，教育の目的が意外と大きな枠でくくることができることを紹介する。第4節では，まとめる形で，教育の目的のあるべき姿の試案を提示する。

1　教育の目的における疑問

1　目的の達成度合いにおける疑問

　まず家庭における目的の達成具合を見てみよう。

　学校へ行く前，すべての子どもは家庭で生活をする。家庭では普通，両親を中心として「しつけ」が行われる。しかし，両親の仕事の忙しさのため，他の人に教育や保育を任せているため，子どもの基本的生活習慣の定着度に不完全さが散見される。あいさつなどによるコミュニケーションが行われていない，生活のリズムが狂っている，欲求や衝動がうまく充足されていない，等々。つまり，子どもは家庭において，従来ならきちんと身につけるはずの，マナーやルールをはじめとする日常の言動の面における指導をあまり受けないまま，成長・発達しているケースが少なくない。子どもにとっては，家庭はあってもないに等しい状況にあるといっても過言ではない。すなわち，子どもは，エレン・ケイのいう無家庭の状態の中にあるのである。

次に学校における目的の達成具合を見てみよう。

多くの子どもは一定の年齢に達した後，学校へ通う。最近，学校における子どもの教育問題が続出している。学級崩壊，校内暴力，性非行，殺傷事件，いじめ，不登校，引きこもり等々である。

公表された学級崩壊に関する内容によると，教師の指導不足による場合が7割であり，指導力のある教師でも指導が困難である場合が3割であるという。その原因として，本人の意識の問題や雰囲気の問題，人間関係における信頼関係や信用関係のなさがあげられる。校内暴力の実例では，男子中学生が毎週のように教室の窓ガラスや壁を壊し，他校の生徒と喧嘩をしている。性非行は好奇心に駆られてや親に対する反発などがきっかけとなり，その割合が上昇気味である。殺傷事件はいまだに新聞紙上を賑わしている。最近では，いじめや不登校が引き金になって，引きこもりの数が増加気味である。

最後に，現代社会における目的の達成具合を見てみよう。

子どもは，一方では，家庭や学校にその居場所を求めているが，他方では，社会の中にもその居場所を求めている。子どもは，授業をさぼったりして，社会の中でアイデンティティを求め，年齢的に背伸びをし，大人がやっていることを模倣している場合が少なくない。その具体例は，飲酒，喫煙，性非行，暴力事件，殺傷事件等々である。彼らは，自他の命を大切にすべきであるとする，自分の言動に責任を取るべきであるとする道徳・倫理の精神を理解していない。彼らは，精神的・肉体的ストレスを解消する適切な方法を知っていない。

家庭や学校や社会の現状を垣間見る限り，教育の目的である人間としての諸能力を調和的に発達させることが実現されているとはいいがたい。これらの諸問題は，管理や禁止という手段では解決されえない。子どもと大人との間の意識的なズレが原因であるため，大人は自らの責任を問い直さなければならない。

2 教育の目的設定の方法における疑問

日本の近代教育史を概観しながら，目的設定の方法における疑問をあげてみよう。

明治政府は近代化を図るため，富国強兵と殖産興業を大前提に，欧米諸国志

向の学校教育を設立し，各種の法令，「学制」，「教育令」，「改正教育令」，「各学校令」のもとで教育を行っていった。国民教育の基本は，いずれも「国家のため」のものであった。また，1923（大正12）年の「国民精神作興ニ関スル詔書」や1941（昭和16）年の「国民学校令」によって，国家主義的思想が鼓吹され，教育の目的そのものが皇国民錬成一色となった。

1947（昭和22）年，敗戦後の日本は，軍国主義的・国家主義的傾向の強い教育を反省し，さらに，『アメリカ教育使節団報告書』に基づきながら，「教育基本法」を公布し，引き続いて，6・3制，教育委員会制度を実施した。子どものことが大いに考慮され，将来，真理と平和を希求する人間の育成が求められた。

近年，教育課程の基準が大綱化され，弾力化したため，学校は自主的な判断に基づきながら独創的な学校づくりを展開することが可能になった。その例が，広島県や東京都品川区の学区制の緩和であり，ゲスト・ティーチャー制度であり，クラブ活動の顧問の学校間共同活用制である。教師や地域の人々の教育に対する自主性・自発性が全面的に尊重されている証拠である。

上記のことを分析するとき，「上から」，「上からと下から」，そして，「下から」に基づいて，目的が設定されていることが理解される。「上から」の場合，上意下達方式ゆえに，目的は短時間で達成できるものの，強い権威がともなう場合が少なくない。「下から」の場合，民主主義に基づき，合意のもとで行われるため，目的の内容決定まで相当の時間がかかることが予想される。「上からと下から」の場合，国や社会のこと，それに子どものことが考慮されるため，目的内容決定や目的達成において，合理的に運営されることが予想される。

教育の目的設定の方法は，それを司る国の立場，それを受ける子どもの立場，さらには，目的達成のために時間的ゆとりなどが絡んでいることが理解される。

3　目的それ自体における疑問

ここで，一番新しい学習指導要領に基づいて，目的の内容を紹介しておこう。基礎・基本，記憶，知識・理解，教養，探求心，驚く心，感性，興味，自ら学び，自ら考える力，関心，意欲，技能，思考力，判断力，表現力，行動力，想

像力，直観力，思いやり，自立心，自己抑制力，責任感，共生，寛容，社会性，国際性，情報収集，福祉・健康，個性，人間性，生きる力等々である。

　これら教育の目的内容を具体的に検討するとき，可視的なものと非可視的なものとに，すなわち，測定可能なものと測定不可能なものとに大別される。可視的な能力として，学力を裏づける知識，教養，技能，体力などがあげられ，非可視的な能力として，心の豊かさや広さを裏づける誠実さ，思慮深さ，節制，勇気，正義，同情，慈悲，感謝，謙虚，率直さ，寛容，純粋さ，優しさ，愛などがあげられる。前者は主として，主要教科目で追求される能力を主体としており，そして，後者は主として，道徳，特別活動，総合的な学習などで追求される能力を主体としている。上級へ進級・進学していくに従って，主要教科目が重視されて前面に出て，逆に，後者の学習内容が裏面に隠れてしまう可能性がある。人間形成には両方の能力が必要であるにもかかわらず，現状では前者の能力にウエイトが全面的に置かれ，後者の能力が等閑に附されている。能力の内容面における上下関係，能力の養成過程における前後関係はあってはならないのであるが，入学試験などがそれを許している。それらの関係が正常になるときはあるのであろうか。

2　教育の目的の具体的内容

1　西欧の場合

　ここでは西欧の教育史を繙(ひもと)き，教育の目的の内容の変遷をたどってみよう。

　古代ギリシアでは，ソクラテス，プラトン，アリストテレスが活躍し，ローマ時代ではクインティリアヌスが活躍した。ソクラテスは徳をよりよく生きるための知識ととらえ，その手段として問答教授法（産婆法）を説いた。彼を師としたプラトンは，知恵，勇気，節制，正義の徳を掲げ，とりわけ統治者には哲学する能力が，そして，イデアを観照しそれに到達するためにエロスを働かすことが重要であると主張した。アリストテレスは教育の目的を自由市民の育成であるととらえ，自由人にふさわしい教養を重視した。また彼は習慣から道理へ，身体から魂へ，欲情から理知への方法過程を考えた。クインティリアヌ

スは基礎教育の重要性を指摘しながら，弁論家を理想的人間とみなした。

　中世での教育は，主に，教会，宮廷，都市で行われた。修道院では，理念として清貧，童貞，服従が掲げられ，農作業，手工業などの労働があった。宮廷での教育は，自由7科が教授され，その後，キリスト教的知的活動の基礎教養が教授された。都市では高い知的需要のもとで大学や都市学校が誕生した。都市学校では，商工業者の子弟のために読み書き，計算，ラテン語が教えられた。

　近代では，コメニウス，ルソー，ペスタロッチ，フレーベル，ヘルバルトなどが活躍した。汎知学を主張するコメニウスは，三大目的として，理性的存在としての博識・知，すべての被造物の主人としての徳，創造主の似姿としての敬虔・信仰をあげ，ルソーは理性よりも感情を重視しながら，自然人，すなわち，自由な独立的人格として自律的自己充足的に生涯を過ごすことのできる人間を理想的人間像とした。ペスタロッチは子どもに経済的自立の能力を与えることによって人間的解放と道徳的向上を考え，フレーベルは，教育の目的として，本来宿している神性を諸衝動の刺激を通して発現させ認識させることをあげ，ヘルバルトは教育の目的として，実践哲学から導き出されるべきであるとし，強固な道徳的品性をあげ，それに到達する方法として心理学をあげている。

　現代では，モンテッソーリ，シュプランガー，シュタイナー，デューイ，ボルノーなどが活躍した。モンテッソーリは教育の目的を，子どもの生命の自然的活動力を自由に発現させることであるとし，シュプランガーは教育の目的として，発達の援助，文化財の伝達，良心の覚醒を掲げ，真の価値に向かって努力する意志を強化することを重視した。シュタイナーは教育の目的を，現世を生きる人間が自他共存の運命を自覚して，その生活課題に積極的に取り組んでいくための自律的な心構えと能力を発達させることであるとし，デューイは教育の過程そのものが目的であるという立場から，目的に固定したものを認めなかった。ボルノーは教育目的として，自己の存在の始源へと立ち帰らせ，希望と理性をもって世界への信頼を回復させることをあげている。

2　日本の場合：明治以降を中心に

　日本の場合，明治以降を中心に，教育の目的の内容の変遷をたどってみよう。

西洋諸国と比して50年以上の後れを取り戻すことが最大の課題であると見た明治政府は,「教育ニ関スル勅語」を渙発した。ここでは帝王が国家主義の立場から,臣民に対して忠節と服従を求めるために,儒教思想・儒教倫理・実践道徳を強説している。諸徳目は修身教科書を通して子どもに教えられていった。

大正時代,諸外国からの自由主義に基づく教育思想が入り,新教育運動として展開された。教育の目的は子どもの力をあらゆる方面に解放することであった。児童中心主義,芸術至上主義といわれた。大正デモクラシーは,その後,徐々に国家主義の方向へと転換され,第二次世界大戦へと向かうのである。

1946（昭和21）年,『米国教育使節団報告書』によって,さらには,1947（昭和22）年の「教育基本法」によって,教育の目的は人格を完成すること,平和的な国家および社会を形成する者,真理,正義,価値,勤労,責任,自主的精神を愛し心身ともに健康な者と定義づけられ,「学校教育法」では,心身の発達を前提に,それぞれの学校の特色を生かす方向でとらえられている。

1966（昭和41）年,「教育基本法」を補完する形で,『期待される人間像』が出版された。そこでは,個人・家庭人・社会人・国民として必要な資質が述べられ,経済の発展に応ずるために,仕事に打ち込む人間像が強調されている。1996（平成8）年,中央教育審議会は第一次答申「21世紀を展望した我が国の教育の在り方」において,これからの時代の教育目標として,生きる力を育成することをあげている。生きる力とは,自分で課題を見つけ,自ら学び,主体的に判断し,よりよく問題を解決する資質や能力のことをいう。1998（平成10）年,生きる力の核心に言及している。①美しいものや自然に感動する心などの柔らかい感性,②正義感や公正さを重んじる心,③生命を大切にし,人権を尊重する心などの基本的な倫理観,④他人を思いやる心や社会貢献の精神,⑤自立心,自己抑制力,責任感,⑥他者との共生や異質なものへの寛容,である。

次に,学習指導要領の中で,教育の目的の変遷を見てみよう。

1947（昭和22）年,「学習指導要領一般篇」が刊行され,1951（昭和26）年,改訂された。第3次改訂（小・中学校1958年,高等学校1960年）では,道徳教育の徹底,基礎学力の充実,科学技術教育の向上,生徒の進路・特性に応じた

指導の充実，目的・目標の精選，生徒の能力・適性・進路に応じた教育が求められた。第4次改訂（小学校1968年，中学校1969年，高等学校1970年）では，高度経済成長を推進していくため，能力主義，多様化の強調，人間形成の調和と統一，能力・適性の伸長が掲げられた。第5次改訂（小・中学校1977年，高等学校1978年）では，ゆとりと充実した学校生活が前面に出され，教育の人間化が計られた。基礎・基本の重視，個性や能力に応じた教育が求められた。第6次改訂（1989年）では，心の教育の充実，基礎・基本の重視，個性教育，自己教育力の育成，文化と伝統の重視，国際理解の推進が強調された。そして，自己教育力を育成するため，思考力，判断力，表現力，創造力，直観力が重視された。第7次改訂（小・中学校2002年，高等学校2003年実施）では，ねらいとして，①豊かな人間性や社会性，国際社会に生きる日本人としての自覚を育成すること，②自ら学び，自ら考える力を育成すること，③ゆとりのある教育活動を展開する中で，基礎・基本の確実な定着を図り，個性を生かす教育を充実すること，④各学校が創意工夫を生かし特色ある学校づくりを進めること，があげられている。

　学習指導要領は，社会や時代の流れに即応しながら，徐々に整備されてきた。これから，各学校は新しい立場から，特色ある学校づくりをしなければならないであろう。

3　教育の目的の内容を分析する

1　内容を分析する

　目的の内容を分析するとき，大きく4つに分類される。①個人的目的，②社会的目的，③個人的目的＋社会的目的，④文化的目的，である。

　①の個人的目的としては，天賦の能力を最大限発揮して個性を形成することが考えられる。具体的には，思考力・判断力・表現力などや心を豊かにする精神的能力と振る舞いや行動力を身につける身体的能力である。個人的目的を提示している論として，ルソーの教育論，カントの教育論，ヘルバルトの教育論，ペスタロッチの教育論等があげられる。②の社会的目的としては，人間の社会

の中で正しい言動が取れる社会性形成が考えられる。具体的には，利己主義に陥ることなく，皆と仲良くする力が考えられる。スパルタにおける教育論，フィヒテの教育論，ヘーゲルの教育論，富国強兵策等がその代表的なものである。③の個人的目的＋社会的目的としては，公民としての自覚と振る舞い，社会人としての自覚と振る舞い，国際社会の一員としての自覚と振る舞い等が考えられる。中世の教育（僧院，ギルドの学校，騎士の学校），江戸時代の教育（藩校，寺子屋での教育）などが典型的な例である。④の文化的目的としては，人類共通の精神的財産である文化と伝統を重視し尊重する立場が考えられる。具体的には，その地域や地方，その民族や国々にのみあるものを大切に保存し，担い，受け継いでいく能力を養成することをいう。シュプランガーの教育論やデューイの教育論などがあげられる。

2　設定方法を分析する

　上述のように，歴史を顧みるとき，教育の目的の設定方法の特徴が導き出される。①「上から」，②「下から」，③「上からと下から」，である。①の場合は，国家や社会という大きな力で少ない時間と労力とで大きな成果や効果をあげようとするときに行われる方法である。明治時代の初期段階，明治政府は日本の国民全体を一定のレベルまで引き上げるため，すなわち，西欧諸国に追いつき追い越すために，この方法を取らざるをえなかった。②の場合は，教育の対象である子どもの一般的・特殊的な特徴を大前提にしながら，子どもの発達段階を考慮に入れ，徐々に教育の成果をあげていく方法である。デューイは子ども中心主義の立場に立って，子どもの興味や関心を全面的に認めながら教育を行っていった。そのほかに，モンテッソーリの教育論，ランゲフェルトの教育論，大正デモクラシーの教育論などがあげられる。③の場合は，国家や社会の目的と子どもの一般的・特殊的な特徴の両方を全面的に認めていく方法である。日本の場合，戦後間もなく，過去行った国家中心（上から）の教育を反省しながら，これからは子ども（下から）を考慮に入れる教育方針を打ち出した。ここでは，まさしく両者が歩み寄る形で，両者に重点を置くことによって，教育の目的が示されたのである。

3　目的それ自体を分析する

　目的そのものを検討するとき，①相対立するもの，②三要素でまとめられるもの，③普遍妥当的なもの，④不可知なもの，が導き出される。①の具体的な例として，個人と集団，理論と実践，形式と実質，質量と形相，精神と物質，普遍と特殊，意識と内容，主観と客観などがあげられ，②の具体的な例として，知恵・勇気・節制，信仰・希望・愛，博識・徳・敬虔，生命・愛・精神，身体・心臓・精神，神の子・自然の子・人類の子，知識・情緒・意志，発達の援助・文化財の伝達・良心の覚醒などがあげられる。③の具体的な例として，真・善・美・聖があげられる。④の具体的な例として，決断・決意，良心の覚醒，プラグマティズムの相対的目的などがあげられる。

　とりわけ，教育の目的の内容を三要素でとらえた教育者として，プラトン，コメニウス，ルソー，ペスタロッチ，フレーベル，デューイ，シュプランガーら多数あげられる。彼らが人間を三要素でとらえた理由として，多角形ととらえられる人間の根源が三角形であること，三角形が安定していること，三要素が親しみやすく覚えやすいこと，などがあげられる。

4　目的の根底に位置づけられるもの

　教育の目的は時代や社会の流れとともに打ち立てられてきたが，それらの根底にすでに前提とされている内容がある。それが人間教育および道徳教育の内容そのものである。換言すれば，それらは，教育の内容としてあえて前面に出すことのない，普遍的なものである。教育の目的を考える場合，すでに暗黙のうちに了解されている内容である。あげてみよう。

　コメニウスは人間の生活の仕方として，①植物的生活，②動物的生活，③精神的生活，の3つをあげ，とりわけ，人間が精神的存在であることから，③の精神的生活を推奨している。

　シュプランガー（Spranger, E. 1882-1963）は1952年の論文，「人間らしさへの教育」の中で，人間らしさとして，①自己省察（Selbstbesinnung），②自己評価（Selbstachtung），自己批判（Selbstkritik），③良心（Gewissen），④責任意識（Verantwortung），⑤愛（Liebe），をあげている。この①から⑤までの羅列

の仕方は，発達段階に即しており，順番に，主観的なものから客観的なものへと進んでいる。つまり，真ん中の良心のみが，主観的な内容と客観的な内容とをもっているのである。

　自己省察とは，質問法やソクラテス法によって，矛先をまず自分に向けさせることをいう。自己評価および自己批判とは，理想と照合させる方法や神に直面させる方法によって，アポリア（行き詰まり）を体験させながら，自分自身がいったいどのような存在であるのか，また，自分が発達段階のどの部分にあるのかを内観させる。良心とは，人間の本性の中に先天的に存在するものであるが，生活状況の中で具体的な生き方を密かに聞かせる方法によって，覚醒する。良心が主観と客観とを同居させていることは，他に対して取った言動が良かったか悪かったかを，自己の知に基づく基準に照らしながら判断している事実に基づいている。責任意識とは，道徳的視野を拡大し，道徳的意識を高める方法や仕事および人間に奉仕させる方法によって，理解されるものである。語源的には，掛けられた期待に応えているとき，責任遂行になり，応えることができなかったとき，無責任となる。愛とは，結びついている生活を実践する方法によって理解される。結びつきの対象として，神，人間，自然が考えられる。

　日本の道徳教育は，関わりを中心に，①自分自身，②他の人，③自然や崇高なもの，④集団や社会の4つをあげ，人間の生き方を導き出している。

4　教育の目的に関する研究の今後の展望

1　新しい学力観：「生きる力」

　新学習指導要領では，新しい学力観とは，関心・意欲・態度，思考・判断をもとに，この激しく変化する社会の中で主体的に生き抜いていく力である。

　1996（平成8）年15期中央教育審議会の第一答申は，諸能力を調和的に発達させながら，よりよい自己形成を図る能力をキーワードとして，生きる力を提唱している。1998（平成10）年，中央教育審議会の答申では，生きる力が定義づけられている。自分で課題を見つけ，自ら学び自ら考える力，正義感や倫理観などの豊かな人間性，健康や体力，であると。この生きる力を裏づけるもの

は，①柔らかい感性，②正義感や公正さを重んじる心，③基本的な倫理観，④他人を思いやる心や社会貢献の精神，⑤自立心，自己抑制力，責任感，⑥他者との共生や異質なものへの寛容，の6項目である。心の教育がそのまま知・情・意に関する意識の教育につながり，そのことが生きる力に直結していることが明示されている。

各学校は，総合的な学習の時間を活用し，体験・経験学習による心の教育を通して，個性形成と社会性伸長をもとに，生きる力を育んでいくべきである。

2 人間の本質観から「生きる」を考える（1）

前節の日本の道徳教育の関わりをヒントにし，内容的に整理・統合したものが存在論的人間観である。下の図（図2-1）から人間の生き方について考察してみよう。

この図から，人間の存在が規定される。①自己との関わりの中で生きる存在，②他者との関わりの中で生きる存在，③歴史の流れの中で生きる存在，である。

人間とは唯一無二の存在であり，代替ができない。人間とは自己の身体・精神・心などと，価値や意味とうまく関わりながら，生きていく存在である。人

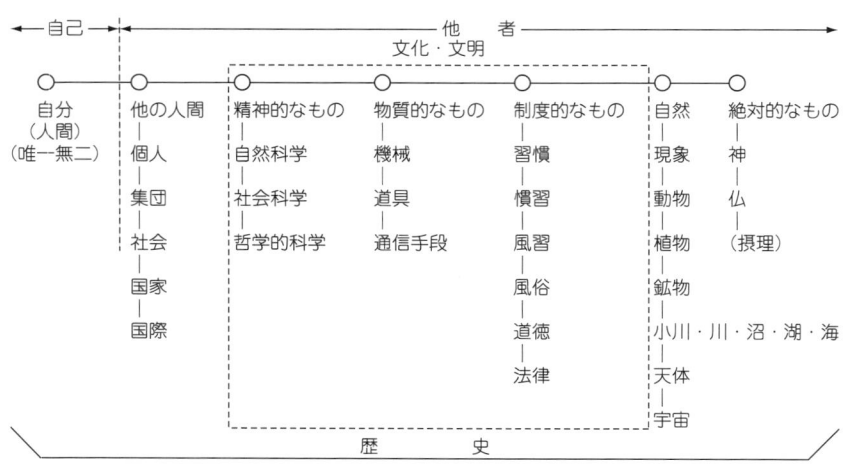

図2-1　存在論的人間観

（出所）　山﨑英則『シュプランガー教育学の基礎研究』学術図書出版社，1997年。

間とは他の人間（個人・集団）・社会・国家のもっている価値や意味とうまく関わりながら，生きていく存在である。人間とは文化・文明（精神的なもの・物質的なもの・制度的なもの）のもっている価値や意味とうまく関わりながら，生きていく存在である。現在，中央教育審議会の答申にあるように，大学で高い教養とそれに基づく広い視野と推論する能力の教育が求められているのは，人間と精神的なものとの関わりが再考されていることを示している。人間とは自然（現象・動植物・鉱物・川・湖・海・宇宙）のもっている価値や意味とうまく関わりながら，生きていく存在である。人間とは絶対的なもの（神・仏）のもっている価値や意味，もしくは摂理とうまく関わりながら，生きていく存在である。人間とは過去，現在，未来という歴史のもっている価値や意味とうまく関わりながら，生きていく存在である。つまり，人間であれば誰でも，人間として生きていくためには，価値や意味を前提にしながら，自己および他者との関わりを豊かにしつつ，歴史を作っていくことを目的としているのである。

3　人間の本質観から「生きる」を考える（2）

　人間の生き方について，今度は，哲学的人間観から考察してみよう。
　図 2-2，図 2-3 から，人間の存在規定が明らかになる。人間とは，①主観的所与性，②客観的所与性，を特徴とする存在である。
① 主観的所与性
　人間とは唯一無二であるため，不可代置性を特色としている。人間であれば誰でも，次の3つの能力，すなわち，道具を作りそれを使用する能力，言葉をもちそれを使用する能力，自分を律することができ，他人と協力する能力，を兼ね備えている。すなわち，人間は生活の中で，未だないものを頭の中に思い浮かべ，それに基づいて新しい道具を作り，さらに，それを使用しながら，改良を加えることができる。人間は言葉を受容・発動しながら，他の人間との交流によって，直接経験や間接経験を行い，語彙力を増やすことや思考力や判断力を機能させることができる。人間は状況を的確にとらえ，本能や衝動を抑えることができ，他の人間との協力によって，より高いものをめざすことができる。この事実は，人間が社会的動物であることを如実に物語っている。

第1部　教育活動の根本を考える

```
                               人　間
Unersetzlichkeit    ┌ ○道具の製作・使用 ┐     ┌ 生の経験 ┐
Unvertauschbarkeit  │ ○言葉の使用       │  =  │ 意識の面 │
不可代置性          │ ○道徳的・社会的存在│     │ 行為の面 │
唯一無二            └                    ┘     └          ┘
```

――――――― 歴史全体の流れ ―――――――→

```
       ┌ ① 精神的文化：諸科学
  文 化 ┤ ② 物質的文化：機械，道具，通信手段
       │ ③ 制度的文化：慣習，習慣，道徳，法
       │ ① 集団的に把握され支持される文化
       │ ② 選ばれた個を通して支持される文化
  文 明：物質的に発展し，人間が尊重され，責任をともなう自由
       が保障されているような社会状態
```

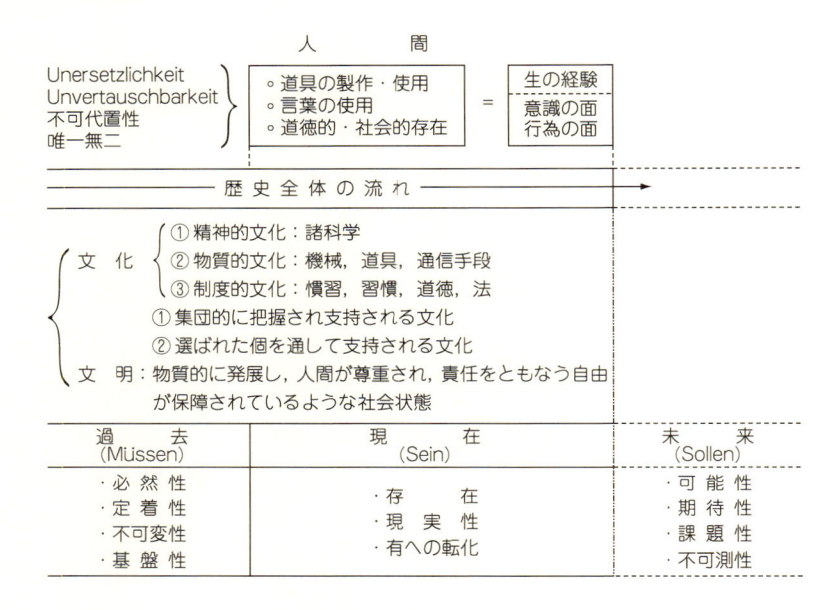

過　去 (Müssen)	現　在 (Sein)	未　来 (Sollen)
・必然性 ・定着性 ・不可変性 ・基盤性	・存　在 ・現実性 ・有への転化	・可能性 ・期待性 ・課題性 ・不可測性

図 2-2　哲学的人間観とは

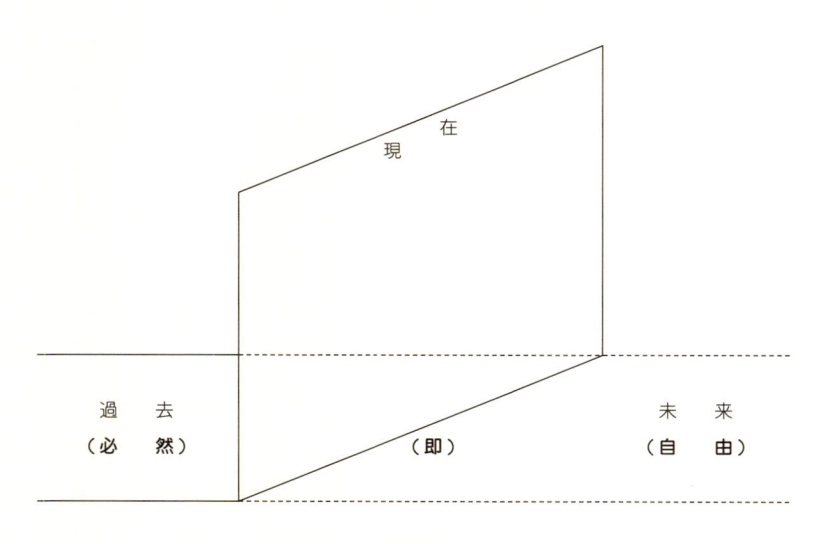

図 2-3　歴史的現実とは

(図2-3: 過去（必然）― 現在（即）― 未来（自由）を示す台形図)

第2章　教育の目的を哲学する

つまり，人間とは意識の面と行為の面とをもち合わせ，それらによって生において経験を蓄積・豊富化することのできる存在である。

② 客観的所与性

人間は誰でも，有無をいわさず，いまという時代の文化・文明や社会状況の中で生を受け，やがてそこで死を迎える存在である。この意味で，人間は与えられた環境の中で，生かされている存在であるといえる。文化とは，精神的文化，物質的文化，制度的文化に大別され，集団的に把握され支持される文化と選ばれた個を通して支持される文化とに分けられる。文明とは，物質的に発展し，人間が尊重され，責任をともなう自由が保障されている社会状態のことをいう。文化も文明も，人間の精神の中に一度は入り，その後，意図や意志により，別の形になって現れ，人間にとって共有可能になったものをいう。

人間は過去，現在，未来の中に存在する。過去とは無くて有るもの，けっして変えることのできなもの，基礎・基盤となっているものであり，現在とは過去の意味を変化させ未来によって限定されているところ，すなわち，現在とは過去と未来とが一瞬にして転化し合うところ，すなわち即であり，未来とは現在はないが，現在の自分の働きによって有るようになるもの，変えることができ，期待をかけることができるが，けっして測ることのできないものである。この意味では，人間は誰でもこの歴史的現実，すなわち必然即自由からけっして逃れることはできない。人間は「歴史においてある存在」である。しかし，人間は，人間にのみ与えられた3つの能力を文化・文明と関わらせることによって，歴史を築き上げていくことができる。人間は「歴史を超える存在」である。この「歴史を超える存在」に，人間の生き方の方向が見出せる。その方向とは，(1)生成即建設，発展即行為，(2)連続と非連続の統一，(3)主観と客観との結合，の3つである。この意味で，人間は与えられた環境の中で，生きている存在であるといえる。

(1)について。生成は自由な働きや自由な行為によって裏づけられる。発展は新たな足跡，輝かしい業績によって裏づけられる。歴史を離れて，行為，建設は考えられない。(2)について。過去の特徴と未来の特徴，すなわち，連続と非連続とが自己の中で統一されるとき，歴史が作られる。(3)について。主観であ

るかけがえのない自己を意識し自己の生命力を完全燃焼させながら，客観である文化・文明を吸収・創造していくとき，歴史は前進していく。

　つまり，人間は，自己自身の存在を歴史の中で意識するとき，自ら生きているのである。人間のもつ基本的な力が統一的，調和的に現れるとき，それが人間にとって最高の善となる。人間の生きる目的の原点がここに求められる。

4　人間にとっての幸福感
① 　幸福とは

　イギリスの思想家ラッセル（Russell, B. 1872-1970）は，『幸福論』の中で幸福論を展開している。彼は幸福を勝ち得た理由として，自己発見できたこと，取捨選択できたこと，関心を外部に向けたこと，をあげている。そして，彼は不幸の原因として，①競争，②疲れ，③ねたみ，④罪の意識，⑤被害妄想をあげ，それらの除去・排除を提案している。彼は幸福への秘訣として，①熱意，②愛情，③家族，の3つを提示している。なぜなら，熱意は，いろいろなものとの経験を豊富化させ，人生を退屈から解放させるからであり，愛情とは，安心感を抱かせるからであり，家族とは，命ある者が愛情によって結ばれている集団であるからである。彼は幸福な人を定義づけている。客観的に物事を見，客観的な生き方をし，自由な愛情と広い興味をもっている人である，と。

② 　生き甲斐とは

　武者小路実篤は『人生論』の中で，生き甲斐が感じられるときは，人間がお互いの自我を守り，お互いの自己を生かすことで，益々お互いに信頼でき，尊敬できるようになるときであるととらえている。白石浩一は『夫と夫婦の生きがい学』の中で，生き甲斐を探求する指標を7つあげている。①生きる目標設定，②目標へのチャレンジ，③たしかな手応え，④生涯をかけても悔いのない目標，⑤洞察力の機能による目標設定，⑥価値創造による目標の把握，⑦意識改革，である。そして，白石は目標設定とそれに向かうために，①自主性と主体性，②「ゆとり」ある邁進，が必要であることを指摘している。

③ 　死とは

　生きがいを裏からとらえたとき，死に甲斐，いい死に方につながる。人間は

死に直面したとき，まず，否認する，そして，怒る，取り引きする，抑鬱になる，そして最後に，受容する，といわれている。

ヤスパースは人間のどうしても逃れることのできない，あえぐようなぎりぎりの状況を「限界状況」と呼びながら，死が人間にとって恐怖の対象であり，人間に否応なく訪れるものであることを指摘している。岸本英夫は『死を見つめる心』の中で，死が恐れに直結し，死というものが実体ではなく，生命に対する別れであると考え，確実にいま生きていることを踏まえ，平生から立派な最後の別れができるように心の準備を怠らないことを提案している。

参考文献

（1） 山﨑英則『教育哲学——シュプランガー教育学研究序説』教学出版，1981年。
（2） 長尾十三二『西洋教育史』東京大学出版会，1991年。
（3） ラッセル，安藤貞雄訳『ラッセル 幸福論』岩波書店，1991年。
（4） 山﨑英則『シュプランガー教育学の基礎研究』学術図書出版社，1997年。
（5） 山﨑英則『シュプランガー教育学の研究』渓水社，2005年。
（6） 草薙正夫『ヤスパース』牧書店，1965年。
（7） 神谷美恵子『生きがいについて』みすず書房，1966年。
（8） 武者小路実篤『人生論』岩波書店，1938年。
（9） 白石浩一『夫と夫婦の生きがい学』海竜社，1986年。
（10） 岸本英夫『死を見つめる心』講談社，1973年。
（11） 中村真一『死を考える』筑摩書房，1988年。

推薦図書

［1］ ウルフ，周郷 博訳『どうしたら幸福になれるか』（上下）岩波書店，1960年。
［2］ ウエイン・W.ダイアー，渡辺昇一訳『自分のための人生』三笠書房，1992年。
［3］ 戸川行男『人間とは何か』思索社，1975年。
［4］ 小林 司『「生きがい」とはなにか 自己実現へのみち』日本放送協会，1989年。
［5］ E. キューブラー・ロス，川口正吉訳『死ぬ瞬間』読売新聞社，1971年。

（山﨑 英則）

第3章 教育内容の根本問題を追求する

　カリキュラムの概念は，大きく分けて，教育内容の計画としてのカリキュラムと子どもの学習経験の総体としてのカリキュラムとに区別することができる。現在後者のとらえ方が優勢になりつつある。

　第1節では，カリキュラムを，学習経験の総体としてとらえることの重要性を認めつつも，教育内容の計画としてとらえるべきであることを示す。

　第2節では，共通カリキュラムの哲学的根拠を検討する。初等教育，前期中等教育では，教育内容はほとんど必修となっているが，これは哲学的に正当化できるのかどうか。いいかえれば，すべての子どもに同じ内容の学習を強制することは正当であるのかどうか。正当であるとすれば，どのような根拠によるのかを明らかにする。

　第3節では，多様なカリキュラムを提供する哲学的根拠を検討する。後期中等教育以後は，教育内容は子どもたちによって異なる。知識は差異的に配分されている。このような差異的配分は正当化できるのかどうか。正当化できるとすれば，どのような根拠によるのかを明らかにする。

　最後に，教育哲学はカリキュラムを決定することはできないが，カリキュラムの決定において考慮すべき議論を提供できるということを示唆する。

1　カリキュラムとは何か
——教育内容の計画か学習経験の総体か

　現在，カリキュラムという言葉は，「学習指導の計画」「活動計画」「コースの内容」「学習経験の計画」「意図された学習の結果」「学校が支援する経験」「学習経験の総体」などさまざまに定義され，用いられている。こうした混乱を解消するのは容易ではない。本節では，次節以下の議論のために必要な限りにおいてカリキュラムの概念を明らかにする。

　「カリキュラム」という言葉は，「走る（curere）」というラテン語から派生しており，古代ローマにおいては競技場のゴールに向かって引かれたコース

（走路）を意味していた。そこから「カリキュラム」は「子どもの教育のために設けられたコース」を意味する言葉として使われるようになった。

子どもの教育のためのコースとしてのカリキュラムは，さらに制度化されたカリキュラムと計画されたカリキュラムに区分することができる。また，カリキュラムという言葉のさまざまな用法も同じように区分することができる。

以下，それらについて簡単にみておこう。

① 制度化されたカリキュラム

制度化されたカリキュラムとは，国や地方の教育行政機関が定め，どこの学校でも教えなければならない教育内容のことをいう。このカリキュラムは一人ひとりの子どもの興味や経験，教師の意図や構想に関わりなく，教育活動に先立って存在し，教室での実践にともなって変化・発展することはない。教育目的，教科目，教育内容の学年配当，教育目標，授業時数などの大まかな枠組みがこれに含まれる。

② 計画されたカリキュラム

計画されたカリキュラムとは，教育目標を達成するために，教師が事前に準備する教育内容の計画，すなわち学校の教育の全体計画，各学年や教科の指導計画のことをいう。制度化されたカリキュラムと計画されたカリキュラムをまとめて，教育内容の計画としてのカリキュラムと呼ぶことができる。

③ 経験されたカリキュラム

経験されたカリキュラムとは，学習経験の総体としてのカリキュラムのことである。

教師が授業に先立って計画した内容と，教室で子どもが実際に学習した内容とは一致せず，そこには大きなギャップがある。子どもは教室で意識的，無意識的に，教師の意図や構想を超えて，さまざまな経験をし，さまざまなことを学んでいる。教室で実際に学んでいるカリキュラムは，教師の指導計画以上のものである。したがって，教室で子どもが実際に学習した内容に限定してカリキュラムと呼ぶべきであると主張する見解がある。実際に子どもが学んでいるのが教育内容であるととらえられる。

子どもたちは，さまざまな関係やさまざまな影響のもとで，さまざまなこと

を学んでいる。では,子どもたちはどのような文化,どのような知識,どのような態度を学んでいるのであろうか。それらを明らかにしていくことは,子どもたちによって経験されるカリキュラムの実態と構造の解明につながるのであり,それはカリキュラムを構成するという実践的課題の基礎となる。

このようにカリキュラムを子どもの学習経験の総体としてとらえることは,事実として子どもたちが何をどのように学んでいるのかを明らかにするために,検討するに値する。しかし,実際に子どもたちが何をどのように学んでいるのかには関わりなく,子どもたちに教えようとしていることが価値あるものであるかどうかを検討することは,教育目標を達成するために必要である。

以下では,カリキュラムを教育内容の計画としてとらえ,この概念を基礎として,共通カリキュラムと多様なカリキュラムの問題点について検討する。

2 共通カリキュラムの正当化

共通カリキュラムとは,学校ですべての子どもたちが共通に学習しなければならないカリキュラムのことである。すなわち,学校教育においてすべての子どもたちが,共通に学習するように計画されたカリキュラムは共通カリキュラムと呼ばれる。

1 共通カリキュラムの問題点

共通カリキュラムについては,次のような疑問点が指摘されている。

(1) 共通カリキュラムはすべての子どもたちが一定の水準に到達することを求める。しかし,共通カリキュラムが求める水準にすべての子どもたちが到達できるかどうかは疑問である。かなりの子どもたちがその水準に到達できるかどうかが疑わしいとすれば,子どもたちに共通カリキュラムを与えるのは適切なのだろうか。逆に,ほとんどすべての子どもたちが達成できるほど共通カリキュラムの水準が低く設定されていれば,その共通カリキュラムは教育的に意味があるのだろうか。共通カリキュラムについては,多様な能力をもっている子どもたちがそれを理解することができるかどうかが問題とされる。

また，共通カリキュラムの内容は，特別の才能に恵まれた子どもたちの能力を開発するための計画を視野に入れていない。

　(2)　特定の文化をすべての子どもたちが学ばなければならない教育内容として教えることは，社会の文化的アイデンティティの形成・維持という点では重要であるが，しかしそれらとは別の文化において育ってきた個人にとっては多数者の文化に同化させられることであり，文化的アイデンティティの変容を求められるのであって，その意味では文化的抑圧ともいえなくはない。

　共通カリキュラムは支配階層が自らの存続を図るために，自らの文化や教養をすべての子どもたちが学ばなければならないものとして「共通」の名のもとにそれらを子どもたちに押しつけるものである。その意味で，共通カリキュラムは支配階層が自らの存続を図るための装置（手段）であるといえよう。

　共通教育の名でなされているものも，実は特定の文化と価値，すなわち，多数者の支配的な文化と価値への馴化にほかならない。このように，価値の多元性を前に共通のカリキュラムを設定することは，状況によっては，たとえばマイノリティをマジョリティに同化させ，文化的共同体の特色を消滅させる結果にもなりうるのである。

　(3)　子どもの選択の自由との関連で，共通カリキュラムをすべての子どもに強制することが問題視される。カリキュラムは子どもの興味や関心に対応すべきであり，そのためには何を学びたいのか，いつ学びたいのかなどを子どもに決めさせなければならない。

　子どもの選択の自由を尊重するのであれば，すべての子どもが共通に獲得すべき基礎的・基本的な内容などから解き放つことが必要である。子どもによる選択を基本とし，共通に履修させる内容は最小限にとどめるようにする必要がある。しかしながら，上記の3つの見解は正当ではない。次のような理由が考えられるからである。

　第一に，教育は子どものためだけに行われるのではない。社会にために少なくとも最低水準の全面的能力を目標としなければならない。子どものどのような能力を伸ばすのかは議論の問題であり，価値判断の問題である。カリキュラムは，子どもの価値判断だけで決められるのではない。

第二に，何が子どものためになるかは，現在を考慮に入れるだけでなく，子どもの将来をも考慮に入れなければならない。学校は子どもが一人前の大人になるまで，その利益を守る責任がある。それゆえ，子どもの興味や必要によって教育内容を決めるのは子どもの成長・発達を短期的に見たときの傾向を考慮するだけであり，長期的に見たときの必要を考慮に入れていない。したがって，それらが子どもの利益にかなっているとはいえないのである。

2 自律性と共通の基礎教育の必要性

根本的な問題は，すべての子どもたちに同じ内容を教えることは原理的に正当化できるのかどうかである。すべての子どもたちが学校で同じ内容を学習することは平等主義の考え方に基づいて自明のこととされているけれども，教育内容を一律にすべての子どもたちに学習させることは正当化できるのだろうか。

知識や技能の学習が継続して行われるためには，その土台となる一定の一般的な知識と技能の学習が不可欠である。その他のすべての知識の学習の条件であるこのような基本的な知識の習得と，そのために必要な開かれた態度を育てる教育は，すべての子どもたちに共通に与えられなければならない。すなわち，すべての子どもたちのために共通の基礎教育が必要である。

どのような社会であれ，教育は子どもが一人前になり，自律した生活ができるようになることをめざしている。自分で考え，自分で決めて，自分がしたことについては責任を負うような自律した人間や市民になることが期待されている。自律的にするためには，すなわち，子ども自身に自らの生活設計を選択させるためには，事前にできるだけ幅広く多方面の知識をもたせておかなければならない。そうした多様な知識を学習しておくことは，生き方の選択のためには不可欠である。

共通カリキュラム（基礎教育）は子どもたちの自律性の前提条件である。自律性が子どもたちのためになるとすれば，基礎教育（共通カリキュラム）は子どもたちのためになる。

子どもたちが共通に学ぶべき内容は必ずしも自明ではない。それゆえ，共通カリキュラムをどのように設定するかという問題が問われなければならない。

しかし，これは哲学的議論によって答えられる問題ではなく，議論によって解決されなければならない政治的な問題である。

3　カリキュラムの多様化

1　多様なカリキュラムの正当化

　中等教育や将来の生活の準備のために共通の基礎教育が必要であるが，それはあくまでも必要条件であって，十分条件ではない。社会にはさまざまな産業や職業があり，仕事の世界はますます多様化し，流動化している。他方で，子どもたちは多様な能力，適性，関心をもっており，それらを開花させることは本人の自己実現のためにも，また社会のためにも役立つ。そうであれば，将来の生活に向けて，すべての子どもたちが同じ準備をすることが彼らのためになるとはいえないだろう。

　教育は共通カリキュラムを提供することによって，社会的な統合の維持に関する役割を果たすとともに，他方で，社会の中での子どもたちの多様な生き方を援助する役割をも果たす。人々の目標が多様であり，教育はそのような多様な目標に対応するのでなければならない。したがって，カリキュラムは共通の基礎教育と一般的な中等教育（普通教育）を継続しながら，多様な職業に就こうとする子どもたちに多様な選択肢を用意しなければならない。

2　カリキュラムの多様化への批判

　(1)　カリキュラムの多様化は階層分化を反映し，不平等を拡大する。したがって，カリキュラムを多様化するのではなく，すべての子どもたちに対して，将来の生活に向けて役立つよう一般的に準備させる，リベラルなカリキュラムを提供しなければならない。

　親から子どもへの文化資本の伝達が上層出身の子どもたちを有利にし，逆に，文化資本の欠如が下層出身の子どもたちを不利にする。

　子どもの多様性に対応して，カリキュラムが選択できたとしても，その結果として社会の中の下層に追いやられるのであれば，そのような多様化を肯定す

ることはできない。能力や適性に応じてカリキュラムを多様化するということは，現実にはそのような結果を生じさせているのである。

(2) 学校の主要な機能の一つは子どもたちに仕事に就く準備をさせることである。しかし，職業生活のために準備をする専門的なカリキュラムは不可能である。それゆえ，カリキュラムはもっと一般的に子どもたちを仕事のために準備させる必要がある。

それでは，カリキュラムの多様化は放棄すべきなのか。否，すべきでない。

【(1)について】

共通カリキュラムの考え方は，最もよいカリキュラムが一つあり，それをすべての子どもたちに提供するというものである。カリキュラムに子どもたちを合わせるのである。これに対して，多様化は子どもにカリキュラムを合わせる，いいかえれば一人ひとりの子どもにふさわしいカリキュラムを用意するのである。

どのようなカリキュラムが一人ひとりの子どもにふさわしいのか。それは教育する側が決めるべきものではなく，子どもが自由に決めることである。

社会的立場に応じた，多様なカリキュラムがある。それぞれの立場の子どもたちの独自性が尊重され，多様なあり方が保障されるカリキュラムが求められている。

【(2)について】

産業・職業の多様化が進み，雇用形態も多様化し，離職転職も増えている。そういう状況の中で，子どもたちが明確な職業展望や人生設計をもつのは無理である。技術革新が進むこれからの社会を考えれば，そうした変化の激しい社会に備える幅の広い教育内容を用意しなければならない。職業指導だけを重視するのではなく，生き方を拡げてくれるような教養としての教育が必要である。それがどのような知識でなされるのかについて真剣に議論されなければならない。

4　教育哲学とカリキュラムの関係

カリキュラムの内容は哲学的議論によって決定することはできない。教育目

標が社会のすべての人々による議論によって決定されるように，カリキュラムによって影響を受けるすべての人々，またはその代表による議論によって決定される。その意味で，カリキュラムの決定は政治的な問題である。

　しかし，人々の議論によって決定されるからといって，カリキュラムの内容の選択が必ずしも恣意的に行われるということではない。カリキュラムの構造は認識論的な条件に従って決定されなければならない。哲学的議論はカリキュラムが一定の構造をもたなければならない根拠を提供することができる。すなわち，すべてのカリキュラムは，将来の自律的な学習の基礎となる共通の基礎教育を含まなければならないし，さらにこれらの基礎教育のうえに多様なカリキュラムが必要である。これらの認識論的な条件を無視するカリキュラムは，それに従って学習する子どもたちに不利益をもたらすことになるからである。

参考文献

（1）　グループ・ディダクティカ編『学びのためのカリキュラム論』勁草書房，2000年。
（2）　安彦忠彦編『新版カリキュラム研究入門』勁草書房，2001年。
（3）　マイケル・W. アップル，門倉正美・宮崎充保・植村高久訳『学校幻想とカリキュラム』日本エディタースクール出版部，1986年。
（4）　宮寺晃夫『現代イギリス教育哲学の展開――多元的社会への教育』勁草書房，1997年。
（5）　宮寺晃夫『リベラリズムの教育哲学　多様性と選択』勁草書房，2000年。
（6）　柴田義松『教育課程――カリキュラム入門』有斐閣，2000年。
（7）　藤田英典・志水宏吉編『変動社会のなかの教育・知識・権力――問題としての教育改革，教師，学校文化』新曜社，2000年。
（8）　佐藤　学『カリキュラムの批評』世織書房，1996年。
（9）　黒崎　勲『現代日本の教育と能力主義――共通教育から新しい多様化へ』岩波書店，1995年。
（10）　梅原利夫編『カリキュラムをつくりかえる』国土社，1995年。

（神崎　英紀）

| 第4章 | 教育方法の根本問題を追求する |

19世紀から20世紀にかけて，科学技術の発達を背景に，さまざまな教育方法が開発・蓄積されたにもかかわらず，不登校，いじめ，学級崩壊，児童虐待などの教育問題は深刻さを増している。近代における教育方法の発達が，じつは危険性をともなっていることをわれわれは認識する必要がある。教育目的を達成するための手段が教育方法であるが，それは，教育形態，教育内容，教授法という3つのレベルで構成されている。近代以後，教育方法はそれぞれのレベルで堅固な制度を作り上げたが，同時に教育方法が発達するにつれて，教育目的との乖離（かいり）が進んできた。その結果，現代では，教育方法が発達し，整備されていることが，逆に教育目的の正当性を担保するという倒錯現象を起こしている。現代の教育哲学の課題は，教育方法と教育目的とを関連づける方策を探求することである。

1 教育方法の発達

1 教育方法の起源

　教育とは何かを考える前から，人類は教育を実践してきた。子どもを育てるとき，農業や工業の技術を伝達するとき，古代から誰もが試行錯誤を繰り返しつつ，工夫を重ねてきた。そのような意図的な人間形成の営みが教育であるとすれば，教育の実践は必ず方法をともなっていた。教育学の語源となったペダゴジーが，古代ギリシアでは子どもを導く技術を意味していたことが示唆しているように，教育学は技術の学から始まったのである。

　しかし，中世までは，家族や共同体や国家の形成と持続を目的として，そのためにはどのような人間を形成するかが追求された。教育という営み自体は目的として自覚されていなかった。教育について論じた著名な思想家は古代より少なくないが，彼らにとっても教育は家族や共同体や国家の機能の中にほとんど埋没していた。たとえば，プラトンは『国家』の中で，アリストテレスは

『政治学』の中で，教育について論及していた。共同体の中で，あるいは家族の生活の中で，さまざまな活動を通じて，人間は形成され，文化の継承が行われていたのである。

　教育についての思索が家族論，政治論，国家論などから独立したのは，近代になってからであった。その背景には2つの要因が考えられる。一つは，社会構造が複雑化し，産業技術や文化が高度化したために，これらを世代から世代へと継承することが困難になったことである。そのため，意図的かつ組織的に若い世代を教育することが必要になった。そこで，学校などの教育機関が発達し，組織化されたのである。もう一つは，子どもの特殊性の発見である。18世紀には子どもを小さな大人と見るのではなく，子どもという発達段階を重視する思想が，ルソー（Rousseau, J-J. 1712-78）らによって表明され，その後の教育思想に大きな影響を与えた。

　こうして，教育が課題として出現したのと同時に，教育の方法が自覚的に追求されるようになった。宮澤康人は論文「近代的子ども観の発明」の中で，近代の主流をなしている教育を，進歩の担い手である個としての子どもの内面に目的意識的に働きかける技術，と定義した。この定義には，技術こそが近代教育の本質をなしているという洞察がある。近代にはこの技術が蓄積され，体系化されて，教育方法の中核となったのである。これを近代的教育方法と呼んでおこう。

2　19〜20世紀における教育方法の発達とジレンマ

　19世紀から20世紀にかけて，義務教育制度および教員養成制度の確立，教育課程研究の進展，教育関係諸科学，とりわけ教育心理学の発展を背景に，学校教育制度が整備され，教育方法は目覚ましい進歩を遂げた。それにもかかわらず，現代の学校教育は，いじめ，不登校，学級崩壊など，多くの問題を抱えている。学校教育だけではない。経済的な豊かさを享受するようになったはずの地域や家庭においても，その教育力の低下がしばしば問題となっている。教育方法の発達は，現在の教育問題の解決に貢献しないのであろうか。あるいは，教育方法の発達こそが教育問題を生み出しているのであろうか。

教育方法の発達は2つのジレンマを含んでいる。一つは，教育方法が確立するにつれて，経済，社会や文化などの影響から独立した技術としてとらえられるようになることである。どのような教育方法であれ，それは特定の社会の中で，経済的，政治的，文化的な背景のもとで，採用されている。ところが，教育方法が学校教育の授業における教授・学習指導の技術として解釈されると，教育実践に影響を与えている政治や経済や文化との関係が見えなくなる危険性がある。しかも，技術は限界を越えようとする指向性をもっている。高度な技術であれば，環境からの制約を乗り越えて，効果的な教育を可能にするという幻想を与えてくれる。その結果，環境を変えることよりも，与えられた環境を前提として，そのもとで教育の効果を上げることが目的となる。効果的な教育方法であればあるほど，この幻想は強められる。

　もう一つは，教育方法の発達がすべての子どもにとって望ましいとは限らないということである。たとえば，子どもの発達の過程や心理状況が詳細に解明され，それに応じて新しい教育方法が開発されたとしても，すべての子どもに必ず効果があるとはかぎらない。人間の発達や心理は科学で解明され尽くすことはない。100人のうち98人に効果がある教授法はたしかに優れたものといえるかもしれないが，残りの2人がそれでも救えない存在であることを示すものでもある。優れた教授法であればあるほど，その2人の子どもには重い課題をつきつけることになる。

　だが，すぐれた教育技術に則したマニュアルが教育現場に普及すると，マニュアルに従うことが自己目的化する。教育実践に直接に携わる教師は，マニュアルに従ったという事実によって，自己の教育実践に対する責任を免れることができる。医師は，当時の最高の技術をもって治療を施したならば，たとえ患者の病気が治癒しなくとも，責任を免れることができる。それと同じように，教師も最高のマニュアルに従えば，責任を免れることができる。問題の原因を，「よくできたマニュアル」ではなく，「できの悪い子ども」に帰することができるからである。

　教育方法の発達にともなう危険性は，どうすれば対象化することができ，どうすれば解明することができるだろうか。これは現代の教育哲学の重要な課題

である。世界史の中で，教育の技術や方法が最初に発達した西洋を中心に見ていこう。教育の方法が単なる日常経験の繰り返しではなく，体系化されたのは西洋近代においてであったと考えられるからである。

2 近代的教育方法の特質

1 教育目的から教育方法へ

　近代における教育方法は，教育の目的を明示して，それにふさわしい方法を組織的に追求することから発達した。人間の設定した教育目的を実現するための手段として教育方法が考案されたのである。それを最もよく示しているのは，教授学の父といわれるコメニウス（Comenius, J. A. 1592-1670）であり，科学的教育学の創始者であるヘルバルト（Herbart, J. F. 1776-1841）であった。

　コメニウスは17世紀前半の三十年戦争の中で，世界の平和と人類の救済を追求する使命感をもって生き，教育にその夢を託した。彼の主著『大教授学』は，序章と33章からなっているが，彼はその初めの6章で教育の目的について論じ，7章から12章で学校の必要性について，13章から19章で教育技術について，そのあと各教科教育法等について論じている。彼の場合，教育の目的は，神の似姿である人間をその正しい姿にすることであった。この目的に即して，人間が人間を教育する方法を論じたのである。この書は，人間が，神に頼るのでなく，人間の力で，人間を正しく教育することができるという宣言であり，方法への信頼を表明している。

　ヘルバルトの主著は『一般教育学』として知られているが，その正式のタイトルには，「教育の目的から演繹された」という修飾語がついている。そのタイトルが示している通り，彼も教育の目的を道徳的品性の陶冶として明示し，それを実現するための体系的教育学を構想した。その内容は，知識習得と人格形成とをともに可能にする教育的教授の方法であった。

　このように，近代的教育方法の特徴は，教育目的から導かれた理論であることに見出される。現代のわれわれは，教育目的を確認して，教育方法を採用し，教育を実践しているはずである（図4-1）。

```
教育目的 ⇒ 教育方法 ⇒ 教育実践
```

図 4-1　教育方法の概念

2　教育方法から教育実践へ

　現代の教育学においては，教育方法と教育実践は厳密には区別されないことが多い。具体的な教育実践から教育の方法を導き出し体系化することが，教育方法学として認められつつある。たとえば，佐藤学は『教育方法学』の中で，教育方法学は教育実践の様式と技術を原理的に探求する学問であると定義している。たしかに，教育方法には，教育実践を反省することによって形成される側面があることは否定できない。

　この傾向の背景には，戦前のわが国の教育学に対する反省がある。すなわち，戦前においては，教育実践に直接に携わる教師は，文部省の方針にそのまま従うかそれともアカデミズムを追求する教育学者の理論を受け入れるかによって，授業を定型化していった。その結果，学校教育は理論を実践に移す場となり，一人ひとりの教師が教育実践に基づいた教育の理論を作り上げることは軽視された。このような反省に立って，現在の教育界では理論と実践の統一が課題となっているのである。

　しかし，原理的には教育目的に基づいて教育方法が作成され，教育が実践されるという構造を見失ってはならない。教育方法は教育目的から導かれた理論の体系であり，教育実践は教育方法に基づいて行われた教育活動である。いいかえると，教育方法は教育目的と教育実践を媒介する理論である。ただし，教育実践は，教育目的を完全に達成したものではありえず，教育実践と教育目的の間には必ずズレが生ずる。このズレが明確になったとき，教育方法が教育目的の実現を意図して見直されるのである。

　教育方法が理論であることを強調することは，教育実践を軽視することではなく，教育方法を教育実践から区別するためである。教育方法を教育実践と混同することは，教育実践を生み出した現状を正当化する危険性がある。教育実践は，特定の条件下で，特定の子どもを対象としての実践である。だから，ある教育実践において有効であった教育方法でも，その効果はつねに限定的である。教育実践が方法を修正したり，あるいは目的の修正を促したりすることは

あるが、教育実践から教育方法や教育目的を導くことはできない。

3 近代的教育方法の陥穽(かんせい)

以上のような近代的教育方法を根底で支えているのは、教育する主体と教育される客体の存在である。そして、その両者の関係はさまざまな制度によって支えられている。この両者の関係の中に、近代的教育方法の特質を見出すことができる。

教育主体と教育客体との関係は、近代になって初めて出現したのではない。古代より、教会や職場や家庭で、古い世代から新しい世代へ知識や技術の伝達が行われてきた。近代におけるその関係の特質は、それが教育方法によって支えられ、伝達の技術が組織化されていることにある。たとえば、19世紀には教育の専門家として教師が出現し、教育方法はこれらの専門家を中心に開発され、蓄積された。また、19世紀末に各国で成立した義務教育制度は、教育主体と教育客体との関係を強固なものにした。

たしかに、子どもの自発性や自己教育を強調する教育者は少なくない。ルソーは消極教育を主張したし、フレーベル（Fröbel, F. W. A. 1782-1852）は子どもの中に神性を見出し、自発的な遊びを保障しようとした。この主張は20世紀初頭に世界的に広がった新教育運動において、さらに明確に表明され、理論的な根拠を与えられた。たとえば、モンテッソーリ（Montessori, M. 1870-1952）は子どもの内的リズムとそれに基づく自発活動を尊重することを強調した。

しかし、逆説的だが、教師が子どもの自発活動を強調すればするほど、強調する主体である教師の存在は明らかになってくる。教師が制度に支えられているかぎり、教師は教育主体と教育客体の関係を否定することはできない。理想的な教師は、子どもの自学や自己教育を促す方法を心得ている人にほかならない。近代的教育方法はこのような関係を前提にしているのである。近年では「学びの共同体」が提唱されることがあるが、学びの共同作業をするからといって、教師と子どもの関係が解消しているのではない。教師は子どもとの共同作業の環境を作るために周到な準備をしており、目に見える形での指導はなくても、教育の主体であることを免れえない。つまり、近代的教育方法は、教育

主体と教育客体の存在を前提としつつ，その対立を見えなくするための巧妙な技術を含んでいるのである。

そこでわれわれが留意しなければならないことは，教育方法の発達が教育目的を見えにくくするということである。教育方法は，本来は教育目的によって支えられているはずである。しかし，実際には教育方法が発達すればするほど，教育の主体が見えにくくなる一方で，教育目的はつねに存在しているという幻想が出現する。この幻想を分析するには，教育方法の構造をさらに詳細に検討しなければならない。

3　教育の基本構造と教育方法のレベル

1　教育構造の重層性と教育方法のレベル

教育方法が教育目的を達成するための手段であることを確認すれば，その対象は，教育行政・財政，学校制度，学校経営，教育課程，学習指導など，さまざまな要素を含むことになる。これらの諸要素を教育目的に即して関連づけ，組織だてることが教育方法である。

教育方法の構造を考えるうえで，海後宗臣が『教育編成論』の中で提出した教育構造論，すなわち，陶冶，教化，形成という3つの基本構造を参考にしたい。陶冶の基本構造は，学校での授業のように，教育者が被教育者に教材を教授する形式である。教化の基本構造は，教育者は姿を現さないが，教育内容を用意しておいて，被教育者が自主的にそれを学習する形式である。たとえば学校には自学自習用の教材があり，博物館にはいろいろな陳列品があるが，そのような教材や陳列品を学習したり，見学したりすることが，人間の育成につながる。形成の基本構造は，教育者も教育内容も目に見える形では現れていないのに，人間が相互に作ったその関係が人間を育成するという形式である。たとえば，家庭の家風，学校の校風，職場の気風などである。形成においても，その場面を背後で編成している目に見えない教育者が存在している。

陶冶，教化，形成の3つの基本構造は重層的である。被教育者が現れているならば基本構造は形成となり，被教育者と教材が現れていれば教化となり，被

教育者，教材，教育者の三者が現実に現れていれば陶冶となる。したがって，形成の基本構造の中に教化の基本構造があり，さらに教化の基本構造の中に陶冶の基本構造があるとみなされる。

　たしかに学校の授業では陶冶の構造が主であるように見えるが，そこでも教化や形成は同時に起こっている。授業時間中でも，子どもは教室にある掲示物や授業では使わない参考書などの影響を受けている以上，教化の構造は存在している。また，校風が子どもの性格や授業を受ける態度に大きな影響を与えることもある。たとえば，受験指導に熱心な学校に進学したために猛烈に勉強する子どももいれば，逆に，勉強嫌いになったり不登校になったりする例もある。授業以上に校風が子どもの人生を左右することもあることを見逃してはならない。陶冶の構造を教化の構造が，教化の構造を形成の構造が，それぞれ制約しているのである。

　3つの基本構造が重層的であるならば，それぞれの基本構造における教育方法は3つのレベルを示している。陶冶の典型として海後があげた授業は，教化および形成の基本構造の一部でもある。学校での授業に焦点を当てて，教育方法の構造とレベルを探ってみよう。

2　教育形態

　形成の基本構造では，人間関係を作ることが教育方法の課題である。人間関係を作っているものとして，物理的な環境構成に着目し，それを教育形態と呼ぶことにする。教育形態の基本要素は空間と時間である。それらをどのように構成するかは，通常は教育行政・財政や学校経営の課題とされているが，教育目的を達成するための手段である限り，教育方法に含まれる。

　教育形態は人間関係にとって決定的に重要な意味をもっている。たとえば，小学校の教室で，1人の教師が30人の子どもを対象に，一斉授業を行っている風景を想像してみよう。この授業の中の人間関係はどのようにして作られ，どのように働いているのであろうか。

　まず，授業の空間構成が人間関係に与える影響について考えてみよう。授業を営んでいる場所は学校であり，その中にある一つの教室である。学校には選

ばれた子どもが来る。たとえ公立学校であっても，誰でも授業を受けられるのではなく，年齢や住居のある場所によって制限されている。入学する子どもの性格は学校のある地理的条件に左右される。農村にある小規模な学校と，大都会の人口移動の激しい所にある大規模な学校とでは，人間関係のあり方は異なるであろう。このように，子どもの資格，学校のある場所，学校制度などが，授業に参加する者を決定し，人間関係を性格づけている。

教室の中を見ても，授業を受ける子ども集団の構成方法はさまざまである。学級の構成員は，能力別に決められる場合もあれば，年齢で決められる場合もある。学級の人数も40人であったり20人であったりする。机の配置や教壇の位置も，子どもの人間関係に影響を与えている。また，日本のように子どもが一日中同じ教室にいる場合と，アメリカ合衆国のように教科毎に子どもが教室を移動する場合とでは，人間関係の作り方は異なってくる。このようなさまざまな要因が人間関係を作っているのである。

次に，授業の時間構成，たとえば，学校の開校日数，開校時間，授業時間の長さ，時間割の編成なども，人間関係の作り方を根本的に制約している。年間100日開校している学校と200日開校している学校とでは，人間関係の作り方は異なってくるであろう。また，授業時間割を柔軟に編成したり，時間によっては別の学級との合同学習を設定したりするならば，そこでできる人間関係も，固定された学級での授業とは異なってくるであろう。

このように，授業が営まれている空間と時間が教育形態を構成し，人間関係を決定づける。海後宗臣がいう校風はこれらの条件のもとで作られていると考えられる。この教育形態は形成の基本構造となっていると同時に，教化や陶冶の基本構造の基盤にもなっているのである。

3　教育内容

教化の基本構造では，教育内容もしくは教材の編成が教育方法上の主要な課題となる。教育内容を編成することは一般に教育課程論と呼ばれている。これも教育の目的を達成するための手段であるから，教育方法に含めることができる。

学校の授業は教化の構造の一部である。教育内容を編成する者が教育者であるとすれば，教育者は授業場面には現れないが，教室には教育内容を体現した教材とそれを使う子どもが現れている。つまり，隠れた教育者が，教育目的に即して教育内容を編成し，子どもがそれを学習している。教育内容は，授業が成立する以前に教育者が準備したものであって，それが授業のあり方を決定づけている。

教育内容の中で主要なものは，学習指導要領と教科書である。学校で教える内容は学習指導要領に従わなければならないし，教科書は授業で使わなければならない主たる教材である。教師はその内容に反することは教えられないし，その内容を疑うことは許されない。学習指導要領や教科書は教育の目的に即して作成されていることが自明視されている。

学習指導要領や教科書の影響は学校の授業に限定されていない。子どもは自習時間や家庭学習でも教科書を利用する。家庭で自主的に学習する参考書や問題集までを含めれば，子どもの学習する内容のほとんどが，学習指導要領に準拠しているといってよいだろう。つまり，学習指導要領や教科書は陶冶の構造だけでなく，教化の構造においても大きな影響力を及ぼしている。

このように影響力が大きくかつ強固な枠組みである教育内容を，無限に広がっている文化の中から子どもが学習すべきものとして編成することは容易なことではない。そこで，学習指導要領や教科書の作成等，教育内容の編成は専門家に任せられているのである。隠れた教育者とは彼らのことをいう。教師にできるのは，学習指導要領に即して学習指導を展開することに限られている。それは教育内容というよりも教授法のレベルの対応である。つまり，教育内容が教授法を制約しているのである。

4　教授法

陶冶の基本構造においては，教育方法の課題は教師が子どもにどのような方法で教材を教授するかである。それは一般には教授法または学習指導法と呼ばれている。教育目標を達成するための授業の工夫である。教育形態と教育内容が決定した後に，教授法の探求が可能になる。教授法は，近代になって各国で

第1部　教育活動の根本を考える

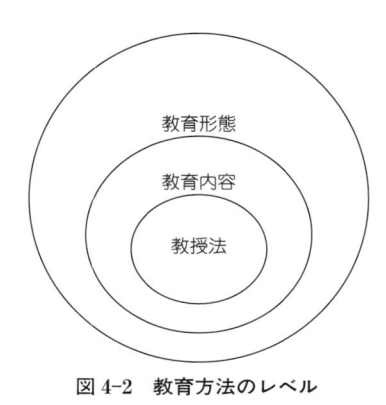

図4-2　教育方法のレベル
（教育形態　教育内容　教授法）

出現した学校教育制度の中で、最も組織的に探求されている。たとえば、ペスタロッチ主義、ヘルバルト主義、問題解決学習などである。とりわけ義務就学制度のもとでは、教授法を修得していることは教師になるための基本的要件とされているのが通例である。

教授法は、教育者と被教育者、両者を媒介する教材の存在を前提としている。学校の授業についていえば、教師と子どもと教材が目に見える形で存在しており、最も効果的な教授法を教師は追求する。教師にとっては授業の技術を磨くことが最大の関心事なのである。

教育の目的は教育基本法や学校の方針の中で示されているが、学校の授業においては具体的な教育目標に置き換えられる。たとえば、子どもが分数の足し算ができるようになることなどと表現される。教師はこの授業の目標を達成すれば、授業者としての責任を果たしたとみなされる。

しかし、授業の目標と教育の目的とのつながりを明確にすることは実際には難しい。それどころか、授業の目標が明確であり、授業の手続きがよく構成されているために、かえって教育の目的と授業の目標とが乖離することもある。教師が教育の目的を意識する必要がなくなるからである。つまり、陶冶の構造が強固であることは、教授法が教育目的から乖離する危険性をはらんでいる。

以上に述べてきた教育形態、教育内容、教授法の相互関係を示せば、図4-2となるであろう。

4　教育方法改革の課題

1　教育方法の発達と教育問題の深刻化

西洋において出現し、今日のわが国にも大きな影響を与えている近代的教育方法は、教育行政、学校制度、教育課程、さらに教授理論や授業などさまざま

な側面で，着実に発達を続けてきた。教育を支える物質的な条件も向上した。教職の専門化は不十分ながらも，進みつつある。近年では心の専門家も出現した。それにもかかわらず，いじめ，不登校，少年犯罪，児童虐待など，教育問題は次々に噴出し，現代の教育が混迷の中にあることは否定できない。教育改革の必要性が声高に語られるのも理由のないことではない。

　では，どこに改革の方向を見出せばよいのだろうか。一つの方向として，近代的教育方法の未熟さを明らかにし，教育方法の改善を図ることが考えられる。教育方法がどれほど発達したとはいえ，教育の目的が人間の育成にある限り，完璧な教育方法はありえない。だから，教育実践を積み重ねたうえで，その結果を客観的に評価して，さらなる教育方法の改善をめざすのである。実際に，さまざまな教育問題に対処するために，教育心理学，臨床心理学，カウンセリングなどいろいろな技術が開発され，それらは学校教育の現場にも応用されつつある。

　しかし，現代の学校教育が抱える問題が，この方向で解決できると考えるのは安易にすぎよう。もしも，近代的教育方法そのものが何らかの欠陥をもっているとしたら，この方向は逆効果となる可能性もある。教育方法の発展につれて，教育問題が深刻さを増すという現状はその危険性を示唆している。

2　教育目的の不可視化

　われわれは，教育方法の発達があらゆる教育問題を解決してくれるという幻想に囚われてはならない。人類はあらゆる分野で，新しい技術を開発し，蓄積してきた。それは人類の英知の結晶である。現代の文化はその上にある。近代的教育方法は，主に自然科学の分野で開発された物を作る技術，つまり工業技術を，人間を形成する方法に応用することによって進歩してきた。しかし，物を作る技術が進歩を続けているのだから，それを応用した人間を形成する方法も進歩し続けると考えるのは，技術への過信ではないだろうか。

　教育の方法は，先人の英知や物づくりの技術からだけで得られることはない。なぜなら，教育目的がそれらから導かれることはないからである。われわれは先人の英知を利用することはできるが，その技術から教育の目的を直接に見出

すことはできない。教育の目的はあくまでも一人ひとりが世界と直面する中で，一人ひとりが自力で見出さなければならないのである。それは近代人の宿命ともいえる。そうでない限り，教育の方法は目的との関連をもちえない。

現代における教育目的と教育方法との乖離を如実に示している例は，経済の規制緩和に対応して，教育界にも広がりつつある自由競争を推進しようとする動きである。自由競争の奨励は，何が目的であるかが見えなくなっている状況にほかならず，競争に勝利したものが善きものであるという信仰の表明に過ぎない。人間の育成にとって，何が最善であるかを人間が主体的に決定することを放棄した証拠である。たとえば，教育の多様化・個性化や学校選択に見られるような，競争のルールづくりが教育方法の主要な課題となっている。競争を進めるための複雑な制度を作ることは教育形態の改革である。だが，それと教育の目的を達成することとはじつはあまり関連はしていないのである。

教育方法は教育する技術が体系化されたものであると同時に，教育目的に即して組織化されていなければならない。教育目的と教育方法が乖離している状態は教育方法の空洞化といわざるをえない。

3　教師の仕事

近代の教育は，教育の目的を明確にして，そのための方法を探求することから始まった。現代では，教育の方法が蓄積され，教育形態，教育内容，教授法が，それぞれのレベルで高度に組織化され，制度化されている。こうして築き上げられたのが教師という職業である。教師には，教育の専門家として，教育方法を開発し，教育を実践する特権が与えられているとともに，専門職として教育の技術と方法をさらに磨くことが強く要求されている。

しかし，教師は，その存在自体が近代的教育方法の所産である以上，近代的教育方法そのものが含んでいる危険性も同時に引き受けざるをえない。すなわち，教師の専門性が高まり，その地位が制度によって守られるようになったこと，いいかえると，教育方法が組織化されたことによって，教師は教育の目的を自ら探求するよりも，教育の技術を磨くことに専念する傾向が強まるのである。その前提には，教育方法の存在が教育目的の存在を証明しているような錯

覚がある。教育方法は発達したが，教育の目的が見えず，教育方法と教育目的が乖離しているのが現代の教育の問題状況であろう。教師がその問題を生み出している要因の一つであることは間違いない。

したがって，教師の仕事は，教育方法と教育目的を改めて関連づける方策を探求することでなければならない。まず，教育方法を成り立たせている構造を認識しなければならない。その構造が明確になったとき，見失われていた教育目的が再び見えてくる。そしてそのときに，教師は教育の目的への反省を始める。教育形態，教育内容，教授法という3つのレベルから教育方法をとらえてみたのは，教育方法の構造を認識するための試みであった。このような反省ができるのも，教師の特権なのである。

参考文献
（1） コメニウス，鈴木秀勇訳『大教授学』明治図書出版，1962年。
（2） ヘルバルト，是常正美訳『一般教育学』玉川大学出版部，1968年。
（3） 海後宗臣『教育編成論（改訂版）』（海後宗臣著作集第2巻）東京書籍，1980年。
（4） 宮澤康人「近代的子ども観の発明」小林　登他編『新しい子ども学』（第3巻）海鳴社，1986年。
（5） 柴田義松他『教育実践の研究』図書文化社，1990年。
（6） 細谷俊夫『教育方法（第4版）』岩波書店，1991年。
（7） 稲垣忠彦『明治教授理論史研究（増補版）』評論社，1995年。
（8） 天野正輝『教育方法の探究』晃洋書房，1995年。
（9） 佐藤　学『教育方法学』岩波書店，1996年。
（10） 宮澤康人『教育文化論』放送大学教育振興会，2002年。

推薦図書
［1］　アリエス，杉山光信・杉山恵美子訳『〈子供〉の誕生——アンシャン・レジーム期の子供と家族生活』みすず書房，1980年。
［2］　バーンシュタイン，佐藤智美訳「階級と教育方法——目に見える教育方法と目に見えない教育方法」カラベル／ハルゼー編『教育と社会変動』（上）東京

大学出版会，1980年。
［3］　森　昭『人間形成原論　遺稿』黎明書房，1985年。
［4］　森田伸子『子どもの時代——エミールのパラドックス』新曜社，1986年。
［5］　沼田裕之『教育目的の比較文化的考察』玉川大学出版部，1995年。

（宮本　健市郎）

第5章　教師の〈権威〉とは何か

　プロ教師の会の河上亮一は，〈権威〉について次のように述べている。「権威とは，言うなれば，他人がその人に一目おいて，その人の言うことはとりあえず聞いておこうという気にさせる力である。私たち教師は，これなしには学校で何もできない」。彼のこの言葉に，おそらく多くの教師は共感をもつことだろう。なぜなら，教師にとって〈権威〉とは，おのれのアイデンティティ（自己同一性）そのものであり，それを失うことは，自分の教師としての拠り所そのものをなくしてしまうことに等しいからである。しかし今日の学校現場において〈権威〉はまさに危機に瀕している。学校における〈権威〉喪失は，一方で子どもの無秩序と反抗を，他方で指導の術をもたぬ教師の暴力を生み出している。学校秩序の回復のためには，教師の権威の復権が必要だという声も強まっているが，それはむしろ学校を息苦しい場所にし，矛盾は深まるばかりである。現場教師には自明のものでありながら，世間一般では批判の的となっている教師の〈権威〉という概念を相対化，歴史化し，さらには新たな概念の構築を模索しようというのが本章のテーマである。それが，いずれ教育現場に立つ学生にとって何らかの示唆を与えるものとなることを期待したい。

1　〈権威〉とは何か

　教師の〈権威〉について考察する前に，そもそも〈権威〉とは何か，その一般的定義をまず確認しておかねばならない。しかしながら〈権威〉概念を，ある統一的な観念のもとに把握することは困難である。なぜなら，それはいわばカメレオン的性質をもち，単一の歴史的定義は存在しないからである。それはつねに歴史的，社会的に条件づけられており，「模範」「信望」「尊敬」「畏敬」「優越」「地位」「威光」「影響」「指導」「権力」「強制」「暴力」「支配」等多様な概念と関連している。そこでここでは，さしあたってマックス・ウェーバー（Weber, M. 1864-1920）の方法に依拠し，現実の〈権威〉関係から純粋な理念

型の〈権威〉を抽出することによって〈権威〉概念一般の内実を確定しておきたい。

1　純粋な理念型の〈権威〉

　純粋な理念型としての〈権威〉は，個人に固有の属性ではなく，諸個人の間の社会的関係の質を示すものである。そして〈権威〉は，ある一定の状況における他の人物，集団，制度に対して，どのような根拠からでも，影響や指導の要求を妥当なものにする。これによって，その〈権威〉はどんな動機からでも意識的にあるいは無意識的に，正当なものとして認められるので，〈権威〉所有者は，〈権威〉服従者に対して，その感情，思考，行為に実際に影響を与え，課題を解決することや目標を実現することを，外的強制や暴力を用いることなしに可能にする。

　また，このような〈権威〉関係は心理的に影響を与える社会形態の一つであり，それは継続的な上下の秩序を前提するか，あるいは権力関係や強制関係，暴力関係にもなりうるような社会的不等性を生み出す。ただしそれは，〈権威〉服従者の承認もしくはその根拠づけ，正当化の機会や必然性をもつという点で，権力や強制とは区別される。つまり〈権威〉所有者には，服従を要求することができると同時に，義務や正当性の基礎を尊重する責任性が生じる。他方，服従者は，処罰や脅しではなく，信頼，忠誠，畏敬に基づいて従うが，〈権威〉所有者が，正当性の基礎を踏み越えたときはいつでも従順を拒むことができる。

　では，そのような〈権威〉所有者の正当性は何によって基礎づけられるのであろうか。それは，ウェーバーの「権威による支配」の類型に従えば，①指導者のもつカリスマ的性質（カリスマ的権威），②信仰，風俗，慣習など集団の伝統（伝統的権威），③価値合理性と目的合理性の二重の意味における，課題，目標，手段についての集団の合理的合意と結合（合理的権威）である。そして，それぞれの場合において，各集団の社会生活，文化的信念・意味・説明の体系から生じるある共通の価値についての合意が必要とされる。

　以上のことから，〈権威〉の特徴は，その確固さよりもむしろその不安定性にあるといえる。〈権威〉は従う者の意志なしには成立せず，〈権威〉関係の背

後には従属する主体の自発性と共働性がさまざまに隠れている。また共通の価値合意が〈権威〉関係成立の条件であるならば，それは自ずとその限界性をも示すことになる。つまり〈権威〉は，ある特定の価値が合意される範囲でのみ成立可能であり，それゆえにけっして絶対的，普遍的に維持することのできるものではない。

2　現実の〈権威〉関係

　このような理念型としての〈権威〉関係は，わずかな力の落差をともなった自然発生的な第一次集団（地縁，血縁などに基づく集団）に広く見出されるが，家族関係や社会的に制度化された権威関係は，権力関係の内に埋め込まれており，この権力関係の安定化のために，その都度新たな〈権威〉が獲得されなければならない。そのために，あらゆる権力者は，〈権威〉を要求し，その承認を道徳的価値あるいは合理的根拠によって正当化しようとする。だが現実の〈権威〉を，純粋に理念化された〈権威〉関係へと一元化することはできない。なぜなら，現実の〈権威〉関係は，つねに理念的表象と物理的暴力の間の緊張関係において生起するからである。それは絶えず不安定であって，理念と現実，合意と強制の間を揺れ動く両義的な存在なのである。

2　教育的〈権威〉とは何か

1　近代教育理論における〈権威〉

　教育学において〈権威〉という概念がどのように理解されてきたか，ここでは近代以降の西欧の教育理論を中心に概括しておこう。

　近代教育学において〈権威〉との結びつきは必然的であり，かつまた教育と教授の基礎づけに必要な条件として理解されてきた。つまり世代間の関係ならびに社会的発展に向けた教育プロセスの前提に，ある固有の〈権威〉関係が要請されるのである。それは，フィヒテ（Fichte, J. G.），ヘルバルト（Herbart, J. F.），シュライエルマッハー（Schleiermacher, F. E. D.），デュルケーム（Durkheim, E.）ら多くの教育理論家によって探究されてきた。

しかし，近代教育学の中心的な関心は，教師の〈権威〉，すなわち教育的〈権威〉をどのように確立し維持していくかではなく，被教育者の増大する自立・解放・成熟に従って，それをどのように制限し克服していくかということであった。つまり〈権威〉は，教育が行われる形態としては服従に対応するものでありながら，教育が行われる意義，目的としては自由に対応するものであった。それは，たとえばルソー（Rousseau, J.-J.）の理論のうちに，それから20世紀初頭の新教育論や改革教育学の内に見ることができる。だがこの問題は一つのジレンマを有しているために，実践的な場面ではつねに問題化し，何らかの仕方で解決されてきたものの，今日まで理論的に十分に解明されてきたとはいいがたい。

このことを，20世紀初めドイツ改革教育学期の教育思想家ヘルマン・ノール（Nohl, H.）を例に跡づけてみよう。ノールによれば，教育者と子どもの関係は，「愛と権威」あるいは「愛と服従」によって規定されている。そのときの「権威」と「服従」は，大人による強制的権力や子どもの盲目的服従とは区別される。つまり子どもの服従は，内的な意志関係の表現としての自発的従属を意味するのである。こうして彼は，伝統的な教師の〈権威〉論を子どもの「自発性」あるいは教師と子どもの「相互性」を強調することにより，「新教育」的な子ども観と接合しようとした。

しかも「愛と権威」に基づく教育関係は，「自立」という仕方でそれ自体の解消をめざす弁証法的関係である。そこには教師の形成意志と子どもの自発性・成長意志との両極的な緊張関係が存在する。だがそれはノールにとって単なる矛盾ではない。むしろその緊張関係にこそ教育的行為の創造的秘密があるというのである。その場合に教師に求められる能力は，「教育的タクト」と呼ばれる。それは，その両極性の内部にあって，時々の状況に応じた「正しい布置」を感じ取り，その状況にふさわしい言動を選び取る能力である。しかしながらそれは〈権威〉の維持と克服のパラドックスを，教師の個人的な実践や技術の領域に委ねようとするものであり，その理論的解決は放棄されたに等しいということができる。

2　現代における教育的〈権威〉批判

　さらに現代の教育的〈権威〉をめぐる議論の流れを概括しておこう。1930年代には、ファシズム研究とそれに触発された「権威主義的性格」の諸研究が活発に行われた。30年代にホルクハイマー（Horkheimer, M.）らの共同研究『権威と家族』、40年代にフロム（Fromm, E.）の『自由からの逃走』、50年代にはアドルノ（Adorno, T. W.）らの『権威主義的パーソナリティ』があいついで著された。だがそれらはほとんど教育学に貢献するようなものではなかった。

　さらに60年代の学生運動の高揚を契機に、〈権威〉に関わる教育学的構想が再び取り上げられるようになった。ニイル（Neill, A. S.）らの唱えた「反権威主義教育」の理論と実践が、フリースクール運動の普及とともに注目を集めるようになった。またモーレンハゥアー（Mollenhauer, K.）らが「コミュニケーション的教育学」の概念のもとに「教育の解放」を訴えた。これらは教育における〈権威〉の発生を分析し、その抑圧性を明らかにしたが、そこには、歴史的に規定された〈権威〉の諸形式を疑問視するか、それを教育一般とともに拒絶する傾向があった。

　70年代半ばには、教育的〈権威〉に関する議論は沈静化し、精神科学的伝統に立つ教育学は、教育的〈権威〉に対して肯定的傾向をもち、ほとんど全会一致で「反権威主義的教育」を拒絶した。にもかかわらず、他方で、教育者の人間的、制度的、専門的〈権威〉の連関といった原理的問題は相対化され、それに対してアリス・ミラー（Miller, A.）らの「反教育学」やフーコー（Foucault, M.）の『監獄の誕生』における議論に見られるように、処罰と服従の問題のような否定的側面がよりいっそう皮相的に論究されるようになった。

3　教育における〈権威〉危機

　今日、教師と学校の〈権威〉は危機に瀕している。にもかかわらず、教育関係者の間では、戦前における権威主義的教育への反省、その後の「反権威主義」的な学生運動や学問研究の影響によって、〈権威〉を論じること自体を忌み嫌う傾向がある。他方で、学校の権威主義的体質やその権力的構造が繰り返し批判の的となっている。しかしそのような学校批判だけでは、教師はますま

す袋小路に追いつめられるように思われる。現実には多くの教師たちが〈権威〉の呪縛にとらわれつつ日々の教育活動に悪戦苦闘している。そして教師の権力性があからさまになるのは，〈権威〉など失っているにもかかわらず，それにしがみつかざるをえない状況においてなのである。

　今日の教育における〈権威〉危機の背景には次の2つの原因が複合的に関係している。それは，第一に〈権威〉はそれを前提し生み出すと同時にそれを批判可能にしなければならないという，教育的〈権威〉関係のもつ本質的なアンビヴァレントであり，第二に社会の産業化，情報化による社会・文化的生活状況の急速な変容である。すなわち，近代教育が本来的に抱えているジレンマが，現代社会における価値変容のインパクトによって大きく動揺させられているのである。とりわけ，社会・文化の急速な変容のもとで，今日，教育的〈権威〉の正当性という問題が著しく先鋭化している。児童虐待，学校や家庭での体罰をめぐる論議の高まりに見られるように，教育における〈権威〉問題は依然として重大である。その際に旧来の伝統的・制度的〈権威〉にしがみつくような議論は，もはやそれらが正当性をもたない事態を隠蔽するだけであろう。

　こうした危機から教育的〈権威〉を救い出す試みとして，たとえば純粋かつ正当で有益な「解放的権威」を，純粋でも正当でもない抑圧的な「権威主義的権威」から切り離そうとする傾向が存在する。しかしながら，このようなポジティブな〈権威〉とネガティブな〈権威〉の区別は，教育学に理念的・実践的ジレンマをもたらすだけで現実に寄与するものはほとんどない。なぜなら，ポジティブな〈権威〉概念という規定は，現実性と内実性に乏しく，実際のネガティブな〈権威〉への移行の可能性，すなわち教育的〈権威〉の両極的な構造を，それだけではうまく分析できないからである。

4　教育的〈権威〉概念の関係論的把握

　それでは，こうした限界を乗り越えうる新たな教育的〈権威〉概念を構想することはいかにして可能だろうか。その可能性を〈権威〉概念をいかに把握するかという観点から考えてみよう。

　前述したように，〈権威〉はまず関係概念として把握されなければならない。

〈権威〉は，それを所有する者とそれに従う者との関係性において成立するのである。教育的〈権威〉は，神や国家の〈権威〉から転移したものであるにせよ，個人的能力であるにせよ，これまでもっぱら「教師の権威」として，つまり個人に帰属するものとして理解される傾向があった。それを相互作用的なものあるいは関係論的なものとしてとらえ直すのである。

　もちろんこれは，ウェーバー以来の多くの〈権威〉論に，あるいはノール以降の教育関係論にも見られる発想であるが，これまで教育学においては，〈権威〉を教師に帰属するものとして理解する傾向が強かったように思われる。たとえば，新堀通也は『新教育学大事典』で「教師の権威」の項目を執筆しているが，その中で「権威の源泉」として，社会的地位，専門的能力，人格の3つをあげている。その場合，もはや教師がその地位によって尊敬を受けうるような時代ではない以上，専門的力量と道徳的資質を磨くことが，まずは教師に求められることになる。だがこの教師個人の自己修養を求める議論も，生徒たちの教師観，学校観を無視していては限界にぶつからざるをえない。それはさらに教師を＜権威＞の呪縛へと追いつめるだけである。なぜなら，問題の背景にあるのは，教師の専門的力量や資質の低下というよりも，知識や価値をめぐる教師と生徒の間のずれだからである。

　ただしこの関係論的発想にも問題がないわけではない。その発想からは，〈権威〉関係は，それをもつ者ともたない者，すなわち二者間のヒエラルヒー的関係として把握されることになる。大人と子ども，教師と生徒の関係は，本質的に水平ではありえない。たとえそれが相互依存的な側面をもつとしても，教育的関係は「距離」（デュルケーム）あるいは「落差」なしには生じえない。しかしそのようなヒエラルヒー的な関係把握は，つねに正当性なき〈権威〉に転化する可能性をもっている。

　そこで〈権威〉関係の，二者的でもヒエラルヒー的でもない別様なモデルを考えてみたい。それは，教育的〈権威〉を，教師と生徒の二者関係でなく，教師・生徒・〈権威〉の三者関係としてとらえようというものである。そのとき教育的〈権威〉とは，教師と生徒の支配・服従関係から生じるものではなく，教師と生徒のコミュニケーションにおいて生じる何ものかである。いやこのコ

ミュニケーション自体が，そのもとで教師や生徒という個人を統制するという点では，一つの〈権威〉を構成する。このような概念構想は，次に示すように，フリードリッヒ，ハーバーマスあるいはアレントにおける〈権威〉あるいは〈権力〉をめぐる議論に見ることができる。

3　新たな教育的〈権威〉概念の構想

1　フリードリッヒ，ハーバーマスのコミュニケーション的〈権威〉

政治学者のフリードリッヒ（Friedrich, C. J.）は，その著書『権威と伝統』（1972）の中で，〈権威〉概念を，「権力」や「支配」から区別し，政治理論の中に積極的に位置づけようとする。従来，民主的な政治理論も保守的な権威主義者も，ともに理性と〈権威〉をあいいれないものとみなしてきた。しかしフリードリッヒは，むしろ両者は密接に結びついていると主張する。そして〈権威〉を「納得のいくよう丹念に説明しうる能力あるいは可能性」と定義づける。つまり〈権威〉とは，ある人物の発する命令や主張が，それを受け取る人物がその理由を聞くなら，納得いくよう丹念に説明されうるような性質をもっているということなのである。その意味で，権威は理性に代わる別のものではなく，理性の中に基礎をもっている。しかも〈権威〉は，命令を発する者が所有する能力でもなければ，崇拝といった命令を受け取る側の主観にねざすものでもない。それは，いわば発する者の専門的能力と受け取る者の承認とが交錯するコミュニケーションの中に内在する。権威をもつ者とは，コミュニケーションを行う主体というよりもむしろコミュニケーションそれ自体なのである。

ではこのような意味における〈権威〉を実現する条件は何であろうか。フリードリッヒは，価値こそが〈権威〉の必要条件を構成すると考える。なぜなら，価値は〈権威〉を成り立たせるところの納得のいくよう丹念に説明するための基礎を提供するからである。〈権威〉の喪失と獲得とは，価値および信念体系の変化に関係している。権威の発生は価値が変わる結果であり，権威の崩壊は価値が消滅した結果なのである。ある人物の〈権威〉は，その人物による理由づけが，服従者の奉ずる価値と噛み合わなくなったとき急速に凋落する。だが

新たな価値への転換が生じれば，新しい〈権威〉の基礎も作られる。

しかしながら，〈権威〉の基盤を共通の価値に求め，その喪失の問題を価値転換の問題としてとらえ，そこに新たな〈権威〉を展望するというフリードリッヒの構想は，もはや時代に適合しないように思われる。なぜなら，現代は，古い価値が新しい価値によって乗り越えられようとしている時代というより，統一的価値が喪失し，多元化あるいはカオス化した時代として認識されるからである。「大きな物語」が崩壊し，それに代わるべき新たな「物語」を想定しえない時代において重要なのは，いかなる価値転換が生じるのかではなく，いかにして混沌から新たな価値や秩序を形成していくのかという問いなのである。

この点で参考になるのが，ハーバーマス（Habermas, J.）の「コミュニケーション的合理性」の議論である。彼は，ウェーバーに従って，宗教や伝統の〈権威〉が喪失した近代社会において，形而上学的＝宗教的世界像の意味構成的な統一が解体してしまい，自律化した諸々の価値領域の間で，神々の秩序あるいは宇宙論的秩序という超越的な観点から解消してしまうことのできないような対立が生じてしまったとする。いわば，統一的価値と〈権威〉の喪失こそ，ハーバーマスの現代に対する時代診断なのである。

そこで採用されるのが「コミュニケーション的合理性」と呼ばれる理論戦略である。彼もフリードリッヒと同様に，説得力ある論拠に基づく合理性に〈権威〉の基盤を見る。ただし，そのような「理性としての権威」は，フリードリッヒの考えるように〈権威〉をもつ者と従う者との間で生じるものではない。異なる価値をもつ諸主体の相互的コミュニケーションの遂行を通じて形成される合意こそが，それぞれを拘束するところの〈権威〉となるのである。たしかに「神聖なるものの権威」は喪失した。しかしそれは，説得力ある論拠のみを有効と認めるような合理的コミュニケーションにおいて形成される〈権威〉，すなわち，「合意の権威」に取って代わられるのである。

2 アレントにおけるコミュニケーション的〈権力〉

こうしたコミュニケーション的〈権威〉の議論は，さらに政治哲学者のアレント（Arendt, H.）の〈権力〉論につなぐことができる。彼女は，アテネ，ロ

ーマの政治的伝統ならびにアメリカ市民革命の事例に依拠しながら，〈権力〉概念を，支配─被支配モデルに依拠するウェーバー的概念把握から明確に区別しようとする。アレントにとって〈権力〉とは，ある人物が所有し行使する何ものかではなく，多様な人々の共同活動やコミュニケーションを通じて生まれる空間である。しかもそれは複数の人間の自発的相互約束からなり，けっして強制的なものではない。それはまた複数の人々が互いに活動のために結びつく場合にのみ存在し，その結びつきがなくなれば消滅する構成的空間である。

　さらにアレントの〈権力〉概念の特徴を示すならば，それはまず他者を客体化あるいは手段化するような「目的合理的行為」でなく，相互主体的な「コミュニケーション的行為」としてとらえられる。このようなコミュニケーションを通じて生起する「公的空間」において，人間は，多様な人々と交わり，自己を開示し，他者に見られ聞かれることを通じて自己のアイデンティティを確かなものにしていく。いわば自己形成と自己表現の機能がそこには含意されているのである。また〈権力〉が作り出すこの空間は自由の空間でもある。アレントによれば，人間にとって自由であるということは，彼を取り巻く他の人間によって自由な存在として認められ，相互に認め合い，結びつき合いながら，新しい何かを始めることができるということを意味する。しかも，この自由の空間において人々はほかでは味わえない幸福感を与えられる。なぜなら，われわれの喜びや満足は，仲間と交わることによって，あるいは活動をともにし，言葉と行為でもって自己をこの世界に現すことによって生じるからである。

　アレントのイメージする〈権力〉空間とは，フーコーが描くような個人を統制・支配する空間ではなく，むしろ個人を世界へと開き，自由を構成する空間である。それを学校という一つの空間に置き換えるならば，そこには，規律・訓練装置としての学校像ではなく，多様な存在としての教師や子どもたち（そして親たち）が，自己を表現し，創造する公共的な場としての学校像が想起される。

　またアレントにとって〈権力〉を生み出す公的空間は，人間の複数性，つまり個々人が平等であると同時に異質であるということを条件としている。多種多様な人々が言論と活動を通じて各自の自由なパフォーマンスを展開し合う公

的空間において，重要なのは諸個人の唯一性に由来するパースペクティブの相違である。仲間の中で生活する人々にとって人間の討議の尽くしがたい豊かさは，いかなる一つの真理よりも重要であり意義深いとアレントは考える。なぜなら，何か絶対的な真理や価値を決定することは，人々の多数性を奪い，「画一主義」をもたらすからであり，人間を代替可能な存在へとおとしめるからである。

だが彼女にとってそれは必ずしも混沌を意味するわけではない。アレントは，意見の多数性を保持しつつも，より妥当な意見を形成することは可能であると考える。そしてそのような心的能力をアレントは「判断力」と呼ぶ。それは事柄を自ら自身の視点からだけではなく，そこに居合わせるあらゆる個人のパースペクティブで見る能力であり，他者との先取りされたコミュニケーションにおける潜在的な合意から，それ自身の妥当性を引き出す能力である。

3　アレントの〈権力〉概念への批判

以上のアレントの議論には，いくつかの批判点が存在する。一つは，意見の多数性の保持というアレントの立場に対するハーバーマスの批判である。コミュニケーションがめざすのは，討議による規範の普遍妥当性の追求であり，最終的合意の形成であるとするハーバーマスは，アレントの議論があまりに非現実的であると批判する。現実のコミュニケーションにおいては，われわれの意見は，無意識にイデオロギー的影響をこうむることがある。したがってそれを区別する何らかの判断の基準が設定されなければならない。たとえコミュニケーション的な〈権力〉であろうとも，討議によって原理的に批判可能な妥当性の要求が掲げられ，正しい判断か誤った判断かが峻別されなければならない。たしかにアレントの議論では，コミュニケーションにおける合理性の側面が軽視されている。その点で新たな「権威」概念の構想においては，ハーバーマスの論点を十分考慮したうえで，両者を相互補完的にとらえる視点が必要であろう。

さらにもう一つ，アレントの議論への批判的論点として，彼女の「親密圏」に対するネガティブな理解があげられる。斎藤純一によれば，人々の間には，

共通の問題関心から成り立つ「公共圏」と同時に、具体的な他者の生/生命への配慮・監視によって維持される「親密圏」が存在する。前者は言論と活動によって生じるが、後者は愛や信頼といった感情によって成り立つ。この親密圏は、アレントにおいて必ずしもポジティブな位置づけを与えられなかったが、その親密性の空間においてこそ、人は自らの存在を肯定し、言論と活動の空間へと出て行く力を身につけていくができる、と斎藤はいう。

アレントの構想をハーバーマスや斎藤の批判によって補えば、公的空間としての学校や学級は、これら複数の領域が交差する空間としてイメージできる。それは、言論と活動による自己表現、討議による真理と正義の探求、そして共感と信頼による自己肯定という複数の機能をもった重層的空間なのである。

4　「教師の権威」論を超えて

フリードリッヒ、ハーバーマス、アレントの構想から導かれるのは、ヒエラルヒー的、非合理的〈権威〉概念から、共同的、合理的あるいは共感的〈権威〉概念への転換である。そのとき〈権威〉とは、支配と被支配の間から生じる何ものかではなく、複数の人々のコミュニケーションを通じて生み出される秩序空間である。そして、互いのコミュニケーションを通じて生み出されるこの空間こそが、一つの〈権威〉として互いを拘束するのである。だがその〈権威〉は、人々を一つに束ねるものではなく、個々のアイデンティティとパースペクティブの多様性を保障するもの、あるいは安心と信頼を維持、形成するものでなければならない。最後に、こうした新たな〈権威〉概念のイメージが教育実践の場においてどのように具体化されるか、その一端を、東京の小学校教師今泉博の実践を事例に示してみたい。

今泉は、小柄でおだやかな印象の教師であるが、「荒れ」た学級克服の実践では定評がある。受け持ちのクラスをようやく卒業させた後、彼は再び6年生を受け持つことになった。これまでになく「荒れ」たクラスで、担任の希望がなく、結局彼が担任をすることになったのである。4月当初の状況は「いじめ」「仲間はずし」「暴力」「暴言」が蔓延するきわめて深刻なものであった。

クラスに何とか「人の話を聞ける」「一つのことをみんなで考え合う」ことのできる状況を作り出さねばならないと考えた今泉が，まず力を入れたのは授業実践であった。子どもたちの自己否定感の源は多くの場合，勉強の「わからなさ」に由来する。だからこそ，「わかる」「できる」体験を通じて，授業を自己否定の場から自己肯定の場へと転換する必要がある。

また今泉は，授業において討論による共同学習を何よりも重視する。なぜなら，討論によって対象をとらえるさまざまな視点が提起され，一つの考えをめぐって多様な意見が出されることで，子どもたちは個人では所有できなかった豊かで高度な認識を獲得することができ，学習が活気づき，面白くなっていくからである。こうして当初授業の成立しなかったクラスも次第に落ち着きを取り戻していった。

だがそれだけでクラスから「荒れ」がなくなるわけではない。5月に入って彼が提起したのが，いじめ・暴力克服のための「紙上討論」であった。教師がいくら「いじめや暴力はいけない」と説いたところで，子どもたちの心には届かない。彼ら自身がそれを自分の問題としてとらえ，話し合いを通じて自律的・集団的に解決させるような取り組みが必要であるが，現状では話し合いも難しい。

しかし書かせることならできるのではないか。いじめの事実やその苦悩を書いてくれる児童が一人でも出てくれば，それに共感を示す児童が必ず出てくるに違いない。そしてそれがさらなる共感の輪を作り出すはずである。そう考えた今泉は，学級通信の中で「きみの勇気ある発言・行動が，いじめ・暴力・差別のない楽しい学校を創る」と呼びかけ，いじめ・暴力がなくなるまでこの「紙上討論」を続けると宣言した。彼は連日，ＨＲを利用して，全員に紙を配り，回収し，一人ひとりの文章に赤ペンを入れ，これはと思うものを通信に匿名で掲載した。

その結果，沈黙していた子どもたちが次々にいじめの深刻な事実を書き始めた。悲痛ないじめられ体験が本人によって綴られ，いじめに対する批判の声も次々にあがっていった。いじめっ子たちも，自分の行為がどれだけ人を傷つけていたか否応なく認識させられ，その内面に変化が現れた。およそ2週間で

「いじめ」,「暴力」は姿を消し,「紙上討論」は終了した。

　今泉学級で,なぜ「荒れ」が沈静化していったのか。少なくともそれは,教師の〈権威〉や力に頼って子どもたちを抑え込んでいったからではない。教育的〈権威〉とは教師の所有する何ものかではなく,教師と子ども,子どもと子どもの相互的コミュニケーションによって自律的に生み出されるものである。今泉は,授業という共同の学習空間を作ることを通じて,子どもたちに「わかる」喜びと自己肯定感を取り戻させていくと同時に,「紙上討論」という場を設定することで,「いじめ」を否定する子どもの自律的コミュニケーションを生み出していった。それは互いの苦悩を分かち合うことで癒し合う相互共感的なコミュニケーションである。その中から,いじめっ子もいじめられっ子もともに許し合い認め合う関係,互いに安心できる空間が生まれ,それが子どもたちの自己肯定感を高め,攻撃性やストレスを沈静化させていったのである。

　教育的〈権威〉とは,教師が権威者として子どもの前に立ち現れることを意味するのではない。教師に求められるのは,授業の中で子どもにとって安心でき,自信のもてる空間を作り出すことであり,子どもたちが自ら相互共感的関係を作り出せるような取り組みを組織することである。そこから教師と子どもたちの間に互いの信頼感に裏打ちされた共同的「秩序」が生み出される。それこそが,真の意味での教育的〈権威〉にほかならない。

参考文献

（1）　Roland Reichwein, *Autorität*, Enzyklopadie Erziehungswissenshaft: Bd. 1, Klett-Cotta, 1983.（第1節から2節の内容は主にこの論文を参考にした。）
（2）　マックス・ウェーバー,世良晃志郎訳『支配の諸類型』創文社,1970年。
（3）　C. J. フリードリッヒ,三辺博之訳『権威と伝統』福村出版,1976年。
（4）　J. ハーバーマス,小牧　治・村上隆夫訳『政治的・哲学的プロフィール』（上）未来社,1984年。
（5）　H. アレント,志水速雄訳『人間の条件』ちくま学芸文庫,1994年。
（6）　今泉　博・山崎隆夫『なぜ小学生が"荒れる"のか』太郎次郎社,1998年。
（7）　宮野安治『教育関係論の研究』渓水社,1996年。

推薦図書
［１］　H. アレント，志水速雄訳『人間の条件』ちくま学芸文庫，1994年。
［２］　M. フーコー，田村　俶訳『監獄の誕生──監視と処罰』新潮社，1977年。
［３］　今泉　博・山崎隆夫『なぜ小学生が"荒れる"のか』太郎次郎社，1998年。

（木村　浩則）

第6章　子ども

　近代において子どもはそれ自体で子どもとしてあるのではなく，〈子ども―大人〉という対立的関係の中で制度化され，周辺化されている。そのイデオロギーが発達モデルであり，そこでは①社会の犠牲者としての子ども，②社会への脅威者としての子ども，③学習者としての子ども，④精神的価値としての子ども，という子ども観が描かれる。しかし，高度情報・消費社会のもとで，これまでの子ども観を支えていた制度そのものが崩壊しつつある。映像文化が子ども期と大人期の境界を突き崩し，子どもが消費市民として立ち現れてくるからである。こうした脱制度化の中で，通時的な発達モデルとは異なる，新たな共時モデル，新たな〈子ども―大人〉関係を構想することが求められている。そのオールタナティヴとなるものとして，①子どもと大人の公共圏の創出，②「必要とされることを必要とする」相互関係，③ライフステージ・モデルからライフサイクル・モデルへの転換が提案されている。

1　関係としての子ども，制度としての子ども

1　関係としての大人と子ども

　すでにアリエス（Ariès, Ph.）が指摘したように，子どもは近代において大人によって発明された歴史的・社会的な構成物であって，それだけで子どもとしてあるのではない。大人との対比的な関係においてのみ子どもとして位置づけられる。たとえば，理念的な人間とそうでない人間というようにである。カント（Kant, I. 1724-1804）によれば，人間の本分は自分の理性によって，社会の中で自分の諸能力を開化し，社交的能力をもった市民へと文明化・市民化し，倫理原則に従って行為するよう道徳化することである。これに対して，子どもは野性的・動物的であり，開化されておらず，怜悧といった社交的関係能力もなく，道徳的に行為する力をもたない。それゆえ，子どもは，教育を通じて野性を抑制するように訓練され，開化され文明化・市民化され，道徳化されなけ

れ␣ばならないとされる。

　しかも，カントにあっては，公共的な人間たる市民とは成人男性だけで，女性と子どものみならず，徒弟，奉公人，小作人，家庭教師たちも排除されている。「市民的人格性」とは，自分の生存と維持を自分自身の権利と諸力に負うことができる「市民的自立性」であり，この人格性を持ちうる者は，私的所有者としての能動的公民としての男性に限られている。つまり，近代にあっては，公共的な人間とは完成された理性的な男性であり，完成した諸能力に基づいて生産的活動を行う私的所有者である。だから，「人および市民の権利宣言」に対してオランプ・ドゥ・グージュ（Olympe de Gouges, 1748-93）が「女性および女性市民の権利宣言」を対置したのである。

2　大人の自己準拠性としての子ども，自己定義を剝奪される子ども

　ではこうした対比はなぜ行われるのか。それは，まず何よりも，マジョリティである大人がこうした区別との対比において，自己の「一人前の大人である」という社会的アイデンティティ（「大人らしさ」）を確認するためにである。大人は，一方ではマイノリティの子どもに「大人という一人前ではない」存在というレッテルを貼り，「子どもらしさ」という属性をもっぱらその存在に押しつけ，自己から絶えず排除し続けるとともに，他方では「大人らしさ」を内面化するという二重の作業によって，自己を「大人」として確認し確立していく。それは，男性が「男性」になるためには，一方で自己の内にある「女性性」を絶えず否定し排除し抑圧し続けながら，他方では「男性性」を内面化するという二重の作業が必要なのと同じである。

　だが，子どもの側は，こうしたマジョリティの側からの「子どもらしさ」の定義に基づいてのみ，自己を定義し特徴づけざるをえない。後で見るように，発達モデルに基づいてなされる「制度化」と「周辺化」によって，子どもは大人の社会的生活と公共生活から切り離され隔離され，マイノリティの子どもから，「自己を語り聞かれる」場所と機会が剝奪される。その一方で，諸制度とメディアを通じて，大人から絶えず「子どもらしく」あることが求められる。こうして，子どもは，自己定義することを剝奪されるばかりでなく，大人とい

う他者から下される「子どもらしさ」という定義を受け容れていくことになる。これはまさに「自己定義の剥奪としての暴力」である。このような意味において，「子ども」とは大人との対立的関係においてのみ存在する。

とはいえ，子どもは同時に身体的存在として，ある制約をもたざるをえない。身長，体重，身体内的器官などが成長・成熟過程にあるという制約である。問題は，この身体的制約が，生物学的性差（sex）が社会的性差（gender）によって固定・拡大されているのと同じように，子どもの社会的規定である「子どもらしさ」によって，社会的な制限にまで固定・拡大されていることである。身体的制約も，大人の子どもに対する関係のあり方に侵食されている。

3　制度としての子ども
① 「生徒」としての子ども

子どもは，近代資本制社会にあっては，さまざまな制度，とりわけ教育制度やケアシステムを通じて，カテゴリー化され，「子ども」へと仕立て上げられていく。たとえば，義務教育制度とその普及によって，大人と子どもの関係は〈教師―生徒〉関係へと狭隘化され，子どもは「生徒＝躾けられる者（Zögling）」としてカテゴリー化され，そうした扱いを受ける。子どもという人間は，大人に服従して教育を受けなければ自立することができない存在とされるのである。この〈服従―教育―自立〉のトリアーデは，ヘルム（Helm, J.）の〈教育〉概念に典型化されている。ヘルムによると，教育では，成熟し大人になって発達した教育者と，未熟でいまだ発達せず大人になっていない生徒という二人の人格が向き合い，教育者は能動的に生徒に働きかけ，生徒は受動的に自分へと働きかけてもらう。しかし，この教育が成立するのは，未熟な生徒が教育者の意図を自主的に自己のものとするときである。こうして子どもは，イリッチ（Illich, I.）のいう「教育を必要とするヒト」（homo educandus）へと捏造されていく。また，社会が制度化・教育化されていくにつれて，放課後の活動もスポーツクラブや塾という形で組織化されカリキュラム化されて，子どもは，個々ばらばらにされ，指導を要する存在へと造り変えられる。

もっとも，この制度化は，子どもだけに限られない。そもそも近代資本制社

会は，渋谷望が指摘しているように，人間のライフサイクルを男性の場合には，誕生→学校教育（学校前教育も含む）→労働市場→結婚→退職→死というライフステージとして段階的・通時的に秩序化し，それに見合った制度を創り出し，人々に人生の各段階に応じた社会的役割を課す。そしてこれを通じて，子ども期→大人期→老年期を創出・強化していく。こうした秩序化・制度化が「年齢差別制」（ageism）を産み出す。この点で〈子ども―大人〉関係は，近代資本制社会におけるジェンダー関係を特徴づける「資本制的家父長制」概念とのアナロジーで，フッド＝ウィリアムズら（Hood-Williams, J. and Fitz, J.）のように「年齢家父長制」と呼ぶこともできよう。

② 家族としての子ども

子どもの生徒化は，同時に，子どもの「家族化」を促進する。学校教育が普及・発展するにつれて，家族・家庭環境が「教育的か否か」がますます問題視されるからである。学校教育を補完し下支えするものとして，親がこうした教育を促進・支援するような態勢にあるかどうかが問われる。すでに明治に公教育の実施と同時に，家族問題がクローズアップされ，明治30年代には，親の品性やあり方が国家社会の基礎をなす社会的問題として位置づけられ，「清浄なる家庭」が要求される。しかも性別役割分業に基づいた「スウィートホーム」で，積極的に子どもに「服従」「愛情」「責任」「公徳」といった徳を涵養することで，家庭は「小国民」を教育する場とならねばならないとされる。こうして親には，子どもの発達・学習を励まし援助する教育者としての役割と，子どもを有害な環境から保護する監視者（caretaker）としての役割が求められると同時に，「品性ある大人」であることが要求される。

③ 周辺化される子ども

また子どもの制度化が進めば進むほど，子どもはますます，大人の社会的労働生活や公共生活の中心から排除され，周辺化される。社会的労働からの排除，すなわち児童労働の禁止によって，子どもは「必要な賃金を稼ぐ子ども」から無職者へと追いやられ，もっぱら「大人にとって価値ある子ども」へと変容させられる。そして社会的労働の代わりに，オールドマン（Oldman, D.）のいう「学校労働」が「アンペイド・ワーク」として割り当てられ，義務教育が強制

される。制度化を通じて，子ども自身も，男性は社会的労働，女性は家事労働，子どもは学校労働といった社会的分業システムの一環に組み込まれ，大人の中心的生活から切り離される。そればかりか，制度化によって子ども集団は壊され，子どもたちは相互に寸断されるのみならず，個々の子どもの生活も諸制度へと断片化されていく。ツァイハー（Zeiher, H.）のいう「子ども生活空間の島化」が進行していく。

2　発達モデルと4つの子ども観

1　発達モデルの特徴

　以上に述べた制度化や周辺化は，進化論的な発達思想ないしはそれに基づく「発達モデル」や「発達パラダイム」によって補強・強化される。周知のように，「発達」（development）概念は，もともとは「包んであるものを開くこと」を意味していたのだが，近代の「進歩」史観やダーウィンの進化論と結びつきながら，次第に不完全で未熟な状態から完全で成熟した状態へと展開・進化していくプロセスととらえられるようになった。すなわち，個人のレベルでいえば，発達はもっぱら，未完成・未熟な子どもが，他の人間から切り離された一個体として，その身体的・精神的諸機能を開花させて，完成態としての大人へと至る，目的論的な上昇的変化過程をさす概念として用いられるようになった。その際，近代工業と学校の発展，ビネーらによる知能テストの開発ともあいまって，知能を中心とした能力がとりわけ発達において重視されるようになる。その完成した典型例はピアジェ（Piaget, J. 1896-1980）の認知発達段階説に見ることができる。

　この発達モデルのもとでは，第一に，子どもは大人と同じ「人間存在」（human being）として位置づけられず，もっぱら「人間に成りゆきつつある存在」（human becoming）あるいは「形成途上にある大人」（adults-in-the-making）として位置づけられる。つまり，子どもは，ブラウンミュール（Braunmühl, E. v.）のいうところの「劣った人間パラダイム」（Mindermensch-Paradigma）という位相のもとに眺められ，自立していない未完成な人間，未

発達な人間とみなされる。しかも，子どもは，社会や他の人間との関係を捨象された一人の個人として，アトム化されて考察される。子どもはいわば個人で完結した独立の存在であるかのように，他の人間関係から切り離されて扱われる。

　第二に，子どもは大人へと「成りゆく」存在とされるので，その現在性においては評価されず，もっぱら「大人」という未来との関係において，どの発達段階にあるかどうかで査定評価される。子どもの時間は大人へ向かって「過ぎゆきつつある時間」としてのみ位置づけられる。逆に，大人にとっては，子ども期は「過ぎ去ってしまった時間」として，ノスタルジアの対象とされたり，あるいはいまわしい記憶，すなわちトラウマをもった過去とされる。

　第三に，この発達モデルでは，ルソー（Rousseau, J-J. 1712-78）の消極的教育論に典型的に見られるように，子どもが「自然に」発達できるように，発達プロセスにできるだけ社会的影響，特に害悪が入り込まないようにされる。子どもは，ゲーテ（Goethe, J. W. v. 1749-1832）が描いた教育ユートピア的共同体「教育州」へと囲い込まれ，保護される必要があるのである。そしてその中で，子どもは大人によって「正しい」とされる方向へと導かれる。これこそが「子ども保護」思想である。

2　4つの子ども観

① 　無垢で傷つきやすい子ども

　こうした発達思想や保護思想の根底には，特徴的な子ども観が見られる。第一は，子どもは本質的に無垢で弱く傷つきやすいとする子ども観である。その典型が，鈴木三重吉らの童話雑誌『赤い鳥』である。河原和枝によれば，その作品群に描かれる子どもは「良い子」「弱い子」「純粋な子」という3つの基本的なイメージからなる。そして，この3つのイメージを支えているのがヨーロッパ・ロマン派に由来する「無垢」の観念である。この子ども観では，子どもは大人社会からの影響を一方的に浴びやすい受動的な存在とされるので，子どもは，もっぱら「大人社会の犠牲者」として描かれることになる。

② 　社会への脅威者としての子ども

しかし，逆に，子どもが大人の十分な保護を欠いたり，発達モデルから逸脱した場合には，子どもは発達の規格化から外れた者として，一転して「社会への（潜在的）脅威者」とみなされる。そもそも無垢で傷つきやすいという子ども観にあっては，子どもは大人社会の害悪にも染まりやすい存在であるから，この子ども観自体，潜在的な脅威者としての子ども観を内包しているといえる。この子ども観は非行対策のうちに見られる。たとえば，プラット（Platt, A. M.）によれば，アメリカ合衆国では少年裁判所制度が作られることで，犯罪といえないような行動，「飲酒，物乞い，街頭をぶらつくこと，ダンス・ホールや映画館に頻繁に出入りすること，喧嘩，異性交遊，深夜の外出，手に負えない行状」までもが，社会を脅かす行為として，「非行」ないしは「前非行段階」として処罰の対象とされる。つまり，非行対策の中で，大人社会にとって脅威で「好ましくない」とされる子どもの行動が発見され，それが「非行」のカテゴリーへと括られる。そして，この子どもたちを不道徳な親や有害な環境から引き離し，矯正施設へ隔離・保護することで，社会統制を維持しようとする。これこそ，大人たちが教育と保護という名目で自己の行為を正当化するという意味で，「〈教育〉的パターナリズム」と呼んでいいものである。

いま述べた2つの子ども観は，絶えず混在して登場する。たとえば，2000（平成12）年12月に出された「教育改革国民会議報告——教育を変える17の提案」では，子どもは「ひ弱で欲望を抑えられ」ない存在だから，「有害情報等から子どもを守る」ことが主張されると同時に，「問題を起こす子ども」への厳罰的な対処が求められるといった具合である。

③ 大人文化の学習者としての子ども

第三に，発達モデルでは，子どもは発達するためには，既成の大人文化を学習し習得しなければならない存在とされる。子どもは，大人文化を学習しなければ，あるいは学習し損なえば，完成した大人へと発達することができないというのである。ソーン（Thorne, B.）によれば，この「社会化アプローチ」はこれまでのジェンダー研究でも主流となっており，もっぱら，どのようにして子どもたちは，大人のセックス／ジェンダー・システムによって既成の「男らしさ」「女らしさ」を内面化してゆくかということに焦点が当てられてきた。

そこでは，子どもたちは受動的な「大人文化の学習者」とみなされ，彼らの現在における経験は絶えず，「想定された未来，すなわち大人期の終点」へと一方的に関係づけられる。

④ 大人にとっての価値としての子ども

近代家族には「男は仕事，女は家事・育児」といった性別役割分業システムが導入され，「母性愛」の名のもとに，母親に子どもの発達と教育の責任者としての役割が担わされる。教育家族が成立する1920年代には，ケイ（Key, E. 1846-1926）の影響を受けて「母性愛」がさかんに強調される。たとえば，小原國芳は，「母の愛」が「教育の根本力」であり，「母の真の活動は，真の使命は，真に生命がけで活動すべき仕事は，子どもの教育だ」とまでいい切る。そして「清い，強い，美しい，すこやかな，よい子を生むこと」，つまり優等生や善良児を育てる義務が母親に課せられる。ここに結婚前教育として優生学が導入される。しかし，この親の「愛情」は「無償の愛」ではなく，「条件つきの愛」である。すなわち，「お前が，私の言うとおりにしなければ，お前を愛さない」という条件つきで，親の愛情が示される。だから，愛され教育される子どもは「よい子」として，親よりも先に，親に対して「従順ないい子」として服従を示さなければならない。これこそが親に対する「愛情」であり，子どもが真っ先に親に対して示す「感情労働」とさえいうことができる。

この愛情のポリティックスの中で，子どもは，柏木惠子のいうように，「明るさ，活気，喜び，安らぎなど肯定的な気持ちを親に抱かせてくれる存在」となる。しかも，この肯定的存在として期待されるのは，どちらかというと男子よりも女子の方である。女子の方が子育てが楽だし，結婚後も情緒的な交流が持続するからである。こうして，近代家族にあっては，女性に子育ての責任が委譲されるばかりでなく，その女性が男子よりも女子を求めるようになる。まさにジャンセン（Jensen, A-M.）のいう「子ども期のフェミニズム化」と男性の排除が進行する。

3 優生思想との親和性

先に見たように，精神的価値としての子どもは，優生思想と親和性をもって

いる。その先駆例がケイである。ケイはF. ゴールトンとニーチェを引き合いに出しながら，「新しい人間」を造り出す女性に優生思想を求める。女性は，自分が生命を与える新しい存在を，「優しさと純潔さ，健やかさと麗(うるわ)しさ」の中で，2人の完全な調和・意志・幸福のもとで創らなければならないというのである。まして，女性の多様な生き方が開けてきている今日では，子どもは女性の存在証明とさえなる。あえて結婚し退職してまで出産・育児に専念するには，相当の覚悟とエネルギーが必要で，またそのエネルギーを子育てにかけた投資の分，子育ての「証」が欲しくなるからである。その証とは，まずは子どもが出産コントロールの中で，障害もなく「パーフェクト・ベビー」として生まれること，そして次に，子どもへのよりよい教育の結果，わが子がほかの子どもよりもパーフェクトに育つことである。子どもの発達・保護と教育を完璧に行おうとすることそれ自体，優生思想を呼び込むことになる。

以上の4つの子ども観には，共通した特徴がある。第一の特徴は，子どもがそれ固有の価値をもった現在的な存在として扱われていないことであり，第二は，子どもが社会から一方的に影響を被る受動的な存在としてとらえられていることである。すなわち，子どももまた大人と同じいまという社会を生きている構成員であること，しかも自己の社会的生活を能動的に生きている主体であること，これらのことが把握されていないのである。

3　「制度としての子ども」の終焉

1　子ども期の死

1980年代以降の未曾有の高度情報・消費社会の到来によって，これまでの子ども観を支えてきた制度と秩序そのものが崩れ，「子ども期の消滅」とか「子ども期の死」とまでいわれるような事態が生じている。高度情報・消費社会は，子どもをターゲットとして消費戦略を展開し，子どもを大人世界へと巻き込んだ。わけても，テレビを中心とした映像文化は，これまで築かれてきた子ども期と大人期との境界を突き崩した。印刷文化によって読み書きのできる大人とできない子どもとの間に設けられた区別そのものが，いまやテレビの普及によ

って突き崩されている。テレビを見るには読書に必要な読み書き能力も特別な集中力も必要としないばかりか，テレビは視聴者を選ばないからである。テレビを通じて子ども期とともに大人期も消滅し，ポストマン（Postman, N.）のいう「大人—子ども」が出現してくる。このテレビ・ビデオの普及は，これまで大人文化としての本というフィルターを通して大人社会の情報を得ていた時代の終焉を告げる。テレビやビデオを通して，さまざまな大人社会の知識と情報，たとえば，犯罪情報，政治情報性情報，環境破壊・戦争情報等がビジュアル化されて，子どもにダイレクトに入り込むからである。大人社会の光と影のすべてを，映像を通して，子どもたちは幼い頃から「知ってしまう」のである。しかし，こうした事態を子どもの「生きられた経験」として冷静に受け止める必要がある。この点で，ポストマンが「子ども期の消滅」を否定的に見ることには問題がある。そこには子どもがメディアの一方的な受け手であるとするような，「社会の犠牲者としての子ども」観が潜んでいるからである。

2　情報・消費市民としての子ども

　また高度情報・消費社会の中では，子どもは，大人の側から「情報・消費市民」として「小さな大人」扱いされる。学校と家庭へと制度化されてきた子どもは，いまや消費文化という第三の固有な世界を，学校や家庭をまたぎ，かつ両者に浸透させながら，生きている。中西新太郎がいうように，従来の〈家庭・地域—学校〉という振り子型世界ではなく，〈家庭・地域—消費文化—学校〉のトライアングル型世界を生きている。子どもは，一方では，学校とその補完装置としての家庭の中では，「創造的・自主的に行動しなさい」といわれても，結局は「生徒＝躾けられる者」として生きてゆかざるをえない。しかし他方では，子どもは，大人にはまったく理解できないサブカルチャーのもとで，さまざまなメディア装置，たとえば携帯，ファミコン，ＰＣなどを駆使して，自分の周りに意味ある「現実」世界を紡ぎ出し，それをもとに世界を模擬実験（シミュレート）してもいる。また，消費と情報を通じて子どもたちはますます個別・分化させられるが，同時に消費共同体をも作り出す。もっとも，この共同体は，それ自体公共的な開かれた共同体となるわけではなく，そこには「イケテル—イケテ

ナイ」という価値基準に基づいた同調競争や排除もある。しかし，子どもがこれまでの〈大人―子ども〉関係とは異なった世界を消費市民として生きていることだけはたしかである。

3 個人化と道徳主義的共同体化

　他方，権力の側も，資本の側からの要請で，これまでの制度化による支配・管理システムを見直し，規制緩和や「自由化」の名で新自由主義的に再編しようとしている。たとえば，文部科学省は，これまで統制・管理してきた学校制度を「規制緩和」し，学校選択の「自由化」，学校評議員制度の導入やコミュニティ・スクール構想などを打ち出すとともに，「主体的に問題を発見し，設定し，解決に導くことのできる能力」を，「個性の尊重」の名のもとに個々の生徒の自己責任として求めている。これまで学級集団によって統制してきた子どもを個人化・分断化して競争させ自己責任を取らせる，新自由主義的な子ども観である。もっとも，学校の自由化と幼児教育産業の隆盛のもとで，就学前教育や学校外活動はますます制度化されているのではあるが。

　だが，この規制緩和は，カウンセリングやボランティア活動とワンセットになっている。子どもは，制度の自由化のもとで，一方では個性化競争の中で絶えず自己責任を負った主体であることを求められ，相互に分断される。しかし，そこで絶えず湧き起こってくる不安や葛藤はカウンセリングに吸収され，子どもの「心のあり方の問題」として，カウンセラーによって処理され解消される。他方，子どもが制度から浮遊し，自己主体たらんとして「みんなと違った自分であろうとすること」は，中野敏男のいう「ボランティア動員型市民社会」のもとでは，「自己本位な自分」や「思いやりのない」人間として，糾弾される。子どもたちは，ボランティア活動を通じて，地域共同体，ひいては国家への「道徳主義」的参加へとしっかりとつなぎとめられる。この中で子どもが生き延びるためには，自己定義を放棄して自己演技せざるをえない。しかし，そうしても，絶えず自己の身体からはいら立ちや怒り，ムカツキの感情が溢れ出る。またこの感情さえも先に見たように，「心がけの問題」として自己の内に還流されてしまうから，自虐的に感情を自己の内面へとぶつけるか，あるいは，真

に「思いやり」「やさしさ」を必要とする「寄る辺ない，無防備な」社会的弱者へ向けるしかない。こうして，子どもたちの間にあるいは子どもと大人の間に，敵対関係が作り出されていく。ドゥルーズ（Deleuze, G.）のいう敵対関係に基づく「管理社会」が作られていく。

しかし，大人も同じ消費世界を生きる人間として変容せざるをえない。労働を基準として職を得て経済的・社会的自立を果たすという従来の「一人前」像は，雇用流動化と消費社会のもとでは消失し，消費文化そのものがテレビのように，「大人」にする契機をもたないからである。

4 〈子ども―大人〉関係の新たな構想へ向けて

1 子どもと大人の公共圏の創出

発達モデルの子ども観であれ，消費市民としての子どもであれ，そこには大人と子どもとの世代間対話や，そこから当然生じるであろう葛藤や対立は排除されていた。このことは第一に，アレント（Arendt, H.）にならっていえば，子どもも大人も他人によって見られ聞かれることから生じるリアリティを奪われていること，公共性の喪失を意味する。また，既成の大人文化が対立と葛藤を経て乗り越えられ次世代に継承されていかないという点で，「世代交代の危機」でもある。この対話を取り戻すためには，まずは，子どもを，ジェイムズとプラウト（James, A. and Prout, A.）のいうように，「自分自身の社会的生活をうちたて決定する行動者」として承認することが必要である。それは同時に，子どもをいまという社会を生きる共同的生活者として，社会的・公共的生活への正統な参加者だと位置づけ直すことである。レイヴとウェンガー（Lave, J. and Wenger, E.）によると，さまざまな徒弟制度では共同体メンバーは周辺から多様な形で仕事に参加することを通して，共同体への「十全的な参加」を徐々に果たしていく。その際，この「正統的周辺参加を通した学習」というプロセスは，熟練者たちが「教授的権威者」として振る舞い，徒弟をもっぱら「教えこまれるべき」新人とみなす場合には，学習そのものが妨げられてしまう。ここから示唆されるように，ここで大事なことは，子どもを，身体的制約

をともなった固有の価値をもつ存在であると同時に，大人と同じ共同的生活者とみなし，子どもの社会的参加を促すこと，またそのための権利を保障することであろう。とりわけ消費社会のもとでは，子どもたちに，メディアへのアクセス権を初めとした権利を保障することが必要となろう。メディアが一方的に流す子ども像に対して異議を申し立て訂正させる権利をもたないかぎりは，子どもは，その子ども像によって自己を定義されてしまうからである。

2　「必要とされることを必要とする」相互関係

すでに情報・消費社会にあっては，子どもが大人に「躾け」られ，発達段階的順序を追って大人になるというパースペクティブは失われた。とすれば，発達モデルとは異なる，いわば共時的・水平的なモデルを構想することが必要となる。この点で，寺崎弘昭の教育の再把握は示唆に富む。大人は次世代である子どもを必要とし，それとの関係行為において，子ども以上に大人が自らを生き自らのライフ・クライシスを渡っている，これこそ教育だという。大人であれ子どもであれ，人間は誰か他者に必要とされることを必要とする。必要とされる存在であるから，生きている意味があるし，必要とされる存在がいるからこそ，他者に関わろうとする。しかし，発達モデルのように，子どもをもっぱら自己活動的な教育の客体＝「躾けられる者」として扱うことは，「誰からも必要とされない人間」として，その存在理由を奪うことに等しい。これに対して，先の共同体への正統的参加者は，新参者でもその共同体にとっては欠いてはならない存在である。たとえば，アルコール依存者たちの自助組織では，新参者は古参者に援助されてアルコール依存という自分のこれまでのアイデンティティを壊し，新しい自分のヒストリーを創り上げていくばかりではない。古参者の方も新参者と交流する中で，これまで受けてきた自らの否定的体験を思い出しながら，それを積極的なものに創り上げている。ここでは新参者も古参者も互いに必要とされることを必要としている。こうした大人と子どもの，相互に「必要とし，必要とされる」関係，これこそいま求められている関係であろう。もっとも，この関係は共依存的関係に陥りやすい。自分が相手からいつも「必要とされる」ように，相手をコントロールしがちとなるからである。そ

第6章 子ども

うならないためにも，相互を固有の権利をもった社会的主体として承認し合うことが必要なのである。

とはいえ，大人は，身体的制約をもつ子どもに対しては，「保護」の義務を負う。「子ども期固有の価値」とは，生きながらえ成長していくために必要なことは何でも大人に要求できるし，それに必要なことを試したりできることであり，これに応答する責任は大人にある。この意味で大人には子どもを「保護する」義務がある。ただし，ここで「保護する」とは，相手の主体としての権利を尊重し見守るということである。それでも，この保護関係の中で，子どもあるいは大人が相互に対して不当な干渉をすることは起こりうる。それゆえ，人権を守るという自己防衛の権利は当然双方に留保される必要がある。双方が双方からの不当な干渉に対しては，「介入」して自己を「護る」権利がある。こうした二重の意味を込めて「保護」概念も解釈し直されなければならない。

3　ライフステージ・モデルからライフサイクル・モデルへ

これまで，大人への上昇志向的な発達ステージが設定され，ライフステージもそれに沿って制度化されていた。しかし，この制度そのものが崩れつつあり，また消費文化の中で大人期と子ども期が相互浸透しつつある今日，こうしたステージとして人生をとらえることはできない。また，人間は他者の世話を絶対的に必要とする者として生まれ，成長し年老いてまた再び他者の世話を絶対的に必要とする存在となりゆく。このことを考え合わせれば，子どもと大人の関係も両者の往還的関係であり，人生もステージの連なりというよりは，誕生から死への往還，すなわちサイクルとしてイメージされよう。すなわち，人生とは，誕生から出発し，子ども期から大人期，老年期を経て死に至り，誕生へと戻るサイクルであると同時に，3つの時期相互の間にも往還的な関係が存在するといった，二重のサイクルと構想される。これを「ライフサイクル・モデル」と呼ぼう。ここでは，子ども，大人，老人が共在しており，「子ども」「大人」「老人」であることも，一義的に規定されるわけではなく，相互往還の中では身体的制約を受けながらも，多様なイメージをもつことになろう。

第1部　教育活動の根本を考える

参考文献

（1） Archard, David, *Children : Rights and childhood*, Routledge, 1993.
（2） Buckingham, David, *After the Death of Childhood : Growing up in the Age of Electric Media*, Policy Press, 2000.
（3） Helm, Johann, *Handbuch der allgemeinen Pädagogik*, 1894.
（4） Honig, Michael-Sebastian, *Entwurf einer Theorie der Kindheit*, Suhrkamp, 1999.
（5） 池谷壽夫『〈教育〉からの離脱』青木書店，2000年。
（6） James, Allison and Prout, Alan(ed.), *Constructing and Reconstructing Childhood: Contemporary Issues in the Sociological Study of Childhood*, The Falmer Press, 1990.
（7） Qvortrup, Jens et al.(ed.), *Childhood Matters, Social Theory, Practice and Politics*, Avebury, 1994.
（8） Kant, I., "Die Metaphysik der Sitten," *Über Pädagogik*.
（9） ケイ，小野寺信・小野寺百合子訳『児童の世紀』冨山房百科文庫，1979年。
（10） レイヴ／ウェンガー，佐伯　胖訳『状況に埋め込まれた学習――正統的周辺参加』産業図書，1993年。
（11） Thorne, Barrie, "Re-visioning Women and Social Change: Where Are the Children?" In *Gender & Society*, Vol. 1, No. 1, March, 1987.
（12） Zeiher, Helga, "Kindheitsräume, Zwischen Eigenständigkeit und Abhängigkeit", In Beck, Ulrich/Beck-Gernsheim, Elisabeth（Hrg.）, *Risikante Freiheiten*, Suhrkamp, 1994.

推薦図書

［1］ アレント，志水速雄訳『人間の条件』ちくま学芸文庫，1994年。
［2］ 柏木惠子『子どもという価値』中公新書，2001年。
［3］ 河原和枝『子ども観の近代――『赤い鳥』と「童心」の思想』中公新書，1998年。
［4］ 中西新太郎『思春期の危機を生きる子どもたち』はるか書房，2000年。
［5］ ポストマン，小柴　一訳『子どもはもういない　教育と文化への警告』新樹社，1985年。

［6］　プラット，藤本哲也・河合清子訳『児童救済運動──少年裁判所の起源』中央大学出版部，1989年。
［7］　寺崎弘昭「近代学校の歴史的特異性と〈教育〉──『学校』の近代を超えて」『講座学校1　学校とはなにか』柏書房，1995年。

（池谷　壽夫）

第7章　発達と教育を考える
――教育をもっと深く考えるために

　教育の目的，歴史，方法，実践，評価，教育関連法規また学習指導要領，教育学会の主題さらに各種指導解説書には，必ず，発達の段階に応じてという語句に出会うように，発達という語が登場する。

　教育と発達の関わりは深く，重要な意味をもつ。変化の激しい現代社会においては，発達の課題解決なくして生き方や学び方を学習し，心の教育を実施することなどは到底できない。しかしながら，発達における疑問点や問題点は，教育学・教育哲学など理論的な面だけでなく，教育現場という実践の場においても見られる。そこで，この疑問点および問題点を，発達の歴史的・社会的解釈から始め，発達と学習さらに生涯学習の関わり，生涯学習における発達の意義，発達を踏まえた教育論，生涯学習さらには発達のこれからについて考察する過程を通して考え，明確にすることを試みることにする。

1　発達について

1　発達の一般的な定義について

　発達（英語 development）は語源的に，dis（否定）と velop（包む）とから成る合成語である。『哲学辞典』（平凡社，1987年）によると，発達は包みを開いて中身をさらけ出す意味をもつ。そこから，個体内に潜在する可能性が発達過程において次々に顕現することを意味した。不完全な状態からより完全な状態へ展開する（evolve）進化の意味を含み，定向進化論説の顕現原理を中軸に発展した概念である。発達にはすでに完成予定図は確定し，その現実態化のためにのみ時間経過その他適切な条件の介入を必要とする先決論の意味が含まれる。これは現象をも意味する。

　発達には狭義な定義と広義な定義がある。前者には，生涯発達，すなわち，上昇的変化（進化的発達）と下降的変化（退化的発達）の両方をもつ。発達的変化は，直接観察可能なまたは測定可能な単純な類のものから，行動の体制化の

様相や水準のようにより複雑な総合的指標で具体化される理論的構成概念をも含む。

他方，ヴィゴツキー（Vygotskii, L. S.）に代表される後者は，個体発生のみならず系統発生の過程，人間といわず他種生物をも発達研究の対象に含む。ここでは，生体一般の個体発生の過程，系統発生の過程，両者の相互関連，比較発達的研究，それにより鮮明にされる種特有の発達様相などすべて含まれる。

彼は，個体発生・系統発生の両過程以外，人類の社会・文化・歴史的発達をも研究対象とした。文化遺産の蓄積とその伝達は，系統発生的進化とは別の進化過程である。文化的発達と社会・歴史的環境が個体発生の重要な条件をなす。

2　発達心理学における発達について

発達心理学では，「人の生命活動は，受胎の瞬間から死に至るまで続く。この時間的経緯のなかで，生理的・身体的・精神的に，さまざまな変化が生じる。そのなかで，偶発的な・一時的な状態の変化でなく，方向性をもって進行し，ある程度持続的，構造的な変化が発達」である，とされる。

発達心理学は，あらゆる人間に繰り返される発達段階を同種の現象として記述し，その発達段階を人間の全体的発達の意義と対照させて解釈する学問である。人間は胎児期，幼年期，幼児期，少年期，思春期など，成長しているかぎりすべて経験する。人間の発達過程には，この恒常性が存在する。これを実証できるのは，生物身体的発達や生物心理的発達においてである。

ピアジェ（Piaget, J. 1896-1980）の自然恒常性は，形式的かつ構造的観点から確認される。なぜなら，彼は，認知的発達を感覚運動的行動から象徴的行動へという不変の連続的生起として解釈するからである。

しかし，この恒常性に関して，これは人間の精神的・文化的生存の内容的側面には妥当するとはいえない。精神文化的領域における人間発達にとって決定的なものは，その時々の歴史的環境である。すなわち，この環境は，文明や文化，家庭，仲間集団などであり，近年では，この環境に代わって，情報伝達，国際化，教化，教育の諸活動，最も広義の相互作用，すなわち家庭における啓発や学校における教授過程，マスメディアによる情報や同輩仲間と接しての経

験などによって教授される。一定の学習環境が一定の発達現象を生じさせる。

　一定の環境に対して、身体および精神における生得的反応の仕方を変化させたり、新しい行動様式を獲得したりして、その環境に対していっそううまく適応するようになる過程を学習と定義する。また、学習とともに発達に深く関連する概念に成熟がある。この意味は、①環境がその種に適合していることを前提として、種のすべての通常成員に必ず生じるような発達的変化、または、②個体間の差異が環境の差異よりも、それぞれの個体間にそれ以前からあった差異と相関しているような発達的変化、である。ところで、発達心理学は、発達を成熟による発達と学習による発達とする。一般には発達は、成熟による発達と学習による発達の総合されたものとして広義な意味で考えられる。発達と学習との関係問題を考える場合、発達に及ぼす学習の影響（成熟と学習との関係）と学習に及ぼす発達の影響（学習レディネス）とから考えることになる。

　これまで発達心理学は、発達に及ぼす遺伝と環境の影響、あるいは、成熟と学習の影響については、生得説、経験説、輻輳説で説明してきた。

　ゲゼルとトンプソン（Gesell, A. L. and Thompson, 1929）は、①学習は成熟の要因でかなり規定される。ことに幼児においてそうである。②行動が複雑になるにつれて、成熟の要因よりも学習の要因が強くなる。いいかえれば、種族発生的活動よりも、個体発生的活動の方が学習の影響を受ける。③身体的活動よりも、精神的活動の方が学習の影響を受ける。④各行動には、練習によって最も変化を受けやすい臨界点がある。この臨界点は、学習に対する用意・準備（readiness）のできていることを示すことになり、教育計画を立てるうえに重要な問題となる、と結論づけた。

　学習に及ぼす発達の影響（学習レディネス）は、心身の発達が、あることを学習するのに適した状態にあることを意味している。学習レディネスについての考え方は、①知的発達の早さと究極の水準とを促進しようとする努力によって子どもの可塑性が増加することを認めたこと、②自分の可能性を最大限に発展させる、いわゆる自己実現に対する個人的社会的関心が高まり、早期の準備を重視したこと、で大きな変化があった。

　レーヒイ（Lahey, B. B.）とジョンソン（Johnson, M. S.）は、『心理学と教授』

(*Psychology and Instruction*, Scott, Foresman and Company, 1978) の中で，発達理論を展開説（unfolding theories），形成説（造型説 molding theories）に分類している。前者はゲゼルに代表される生得説で，後者はワトソン（Watson, J. B.）に代表される経験説である。さらに，展開説から形成説までの系統づけは，ピアジェ（Piaget, J.）→ブルーナー（Bruner, J. S.）→ハント（Hunt, McV.）とブルーム（Bloom, B. S.）→ビジョー（Bijou, S. W.），ベアー（Bear, D. M.）それにバンデューラ（Bandura, A.）の順である。

　発達心理学では，子どもを研究対象としたが，人間の人格や人間の行動に関する総合的理論については一般的にほとんど取り扱っていなかった。

　発展（英語 development）は，欧米では発達と同じ単語である。発展は，より簡単なより低次な段階から，より複雑なより高次な段階への移行を意味する。運動，変化の最も高度な形式である。発展は単に事物の状態のみでなく事物の本質までが変化する場合に使われる。篠原助市の発達の第四にあたるものである。

　デューイは，『民主主義と教育』（1916）の中で development を使用している。帆足理一郎は，これを発展と翻訳している。彼は，「発展は単に事物の状態のみではなく事物の本質までが変化する場合に使われる」ことに力点をおいて発展と訳したと考えられる。デューイによると，生命は発展であり，逆に成長発展は生命である。ここは発展よりも発達と翻訳する方が適訳である。

　子どもは各自特殊な能力をもっている。これを無視すると，子どもの成長諸機関の働きは休止し悪化する。成人は環境改造のために，自分の能力を使い自分の力を新たに指導し発達を継続する新刺激を喚起する。子どもも成人もともに成長する。両者の違いは，相違した事情に適応する成長の様相の違いにある。

　発達は，ある目的をもったものではなく，成長そのものが目的である。成長は，生の特質であるがゆえに，教育は成長に関わることである。生命は成長を意味する。それゆえに，教育は年齢に関係なく，つねに成長を可能にしほどよい生活をすることができるために必要なすべての条件を供給する営為である。成長しようとする力は，他の人たちの存在と可塑性があることを必要とする。可塑性，すなわち，経験から学ぶ能力は習慣を養成する。習慣は環境を支配し，

それを人生の目的のために利用する力を与える。習慣は，馴致力および新奇な事情に処するために行為をやり直していく能力である。馴致力は，成長の土台を築き，やり直していく能力は成長そのものを構成する。

この視点や彼の社会的探究理論からも生涯学習が構想される。

デューイの探究理論と生涯学習について，早川操は次の3つについて指摘している。

第一に，学習社会，すなわち探究共同体は，生涯相互成長促進に目的がある。相互成長の本質は，社会的探究過程に従事する複数の探究者が協力し合い，それによって相互の意味体系を拡充することにある。

第二に，精神の自由という観点から展開される相互成長は，社会的探究方法の完全使用で可能となる。自由な知性の持ち主は，探究方法を熟知し，それを不断に洗練し続けられる訓練された心をもつ人である。訓練された自律的探究者は，一対一の人間関係における意味共有の大切さを十分に理解する人である。

第三に，生涯学習における一対一の人間関係の具体的な形態は，相互の立場・役割を交換できる柔軟なリーダー＝フォロワーという関係をもつ。この関係作りにふさわしい方法は，討論である。討論の方法は，リーダーとフォロワーという役割の交換を通して種々の意味を共有する。この関係は，個性を豊かにし，能力を伸長する母胎であり，相互成長の基本である。専門家でありエリートである教師は，社会的探究による生涯成長を自らも実行できる人間でなければならない。教育者自身，生涯にわたる自律的探究者となる必要がある。

2　発達をふまえた教育論（1）

1　デューイ教育学における発達について

デューイ（Dewey, J. 1859-1952）は，発達を経験の連続的な再構成と考え，教育は経験を指導する力を増す経験を再構成，再組織することであると考えた。彼の発達観が連続説でありながら，その教育思想は段階説に近いものとされる。それは，段階説が精神構造の変換を認めるところに類似するからである。

彼の相互作用は，個体が環境に能動的に働きかけると同時に働きかけた結果

を環境から受け取るという2つの側面をもち，その過程を通して個体の発達に寄与するものでなければならない経験において，機能する。発達は個体と環境との相互作用を通して生じる。その源泉は相互作用の媒体である経験（行為）にある。これは相互作用説的発達観を表し，この発達観は彼の認識論にある。

2 ハヴィガーストの発達課題

　発達を人生上の課題達成として理解すること，すなわち，成長する人間に段階的に順次与えられる，また，与えられなければならない人生の課題達成と考えるハヴィガースト（Havighrst, R. J. 1900-　）の主張は，発達事象に関する教育学的定義である。

　彼は，発達と環境の問題のために発達課題の概念をもち出した。この考えは，発達を単に成熟という面からとらえるのではなく，教育の力または広い社会の圧力として環境の影響のみを考えるのではなく，これらの中間概念としてとらえる。

　発達課題の概念の源泉は，第一に，身体的成熟の歩行学習や，青年期における異性に対する関心などである。第二に，社会の文化的圧力から生じるもので，それは読み方の学習や市民としての社会参加の学習などである。第三に，個人的な動機や価値からくるもので，職業の選択や準備，人生観の形成などである。

　彼は，発達課題の達成と評価に関する次の4つの仮説設定をし，その検証を実施している。①ある年齢で，ある発達課題が達成できれば，次の年齢でそれに似た課題をうまく達成できる。②ある発達課題が達成できれば，同じ年齢で他のいろいろな課題達成もできる。③ときには，一つの発達課題をうまく達成することが，うまくできなかったいろいろな課題の補償として利用されることがある。④パーソナリティの特徴が発達課題の成功や失敗に重要な意味をもつ。

　発達課題の概念は，教育者にとっては学校において教育目標を発見し設定する手助けになり，また，教育的努力を払うべき時期を示すため，非常に役立つ。

　発達課題の概念は，基本的に教育の場から生じた教育概念であること，そして，発達各時期に順次出現する子どもの要求を，できるだけ満足させるように教育すべきであるという考え方を修正して，社会的要求を導入し，両者を満足

させるべきものとした。それゆえ，この概念は最初から社会と個人の要求の統合として理論的に考えられたものではなく，個人の要求の発達だけでは不十分な点を社会的な要求で補おうとしたものである。

この研究目的のために10・13・16歳の各年齢が容易に明示され，簡単に評価可能発達課題，すなわち，①適切な性的役割の学習，②両親および他の大人たちからの情緒的独立達成，③良心・道徳性および一連の価値品等力を心に発達させること，④同年齢の友だちと仲良くすること，⑤知的技能の発達，が選ばれた。

発達課題の概念は，教育の2極理論である「自由の理論」と「強制の理論」との中間的領域にある。この課題は，個人の欲求と社会の欲求の中間にある。それゆえ，その課題は両方の性質をもっているということができる。

3　発達をふまえた教育論（2）

1　成長する人間の学における習慣と学習について

デューイの教育学は，成長し形成されていく人間の学である。人間は，完成された先天的「能力」（faculty）が内部にあるのではなく，人間の反応を呼び起こす環境の作用によって成長し，形成されていく。環境は，人間の能動的な反応を内から呼び起こすことによって，人間の活動の傾向に方向を与える。これは，物理的刺激に対する有機的反応についてもいうことができる。精神的作用の場合には，さらにもう一つの重要な性質が加わってくる。精神的作用は，「意味のうちにある事物への反応」である。物理的刺激に対して，有機的反応が人間を含めた動物に起こる。しかし，物理的刺激が人間を介して意味をもつ，すると彼（彼女）は意味のうちにある事物へ反応する，すなわち，精神的な性質をもった行動をする。いいかえると，その人は，精神をもって行動することになる。

精神は，人間が先験的・先天的に備えている既成的実体的な能力ではなく，事物を知覚し，知覚に基づいて，その事物に対して，あるいは，その事物を使って，何かを意図的に行動することによって，次第に形成されてくる。人間が

より精神的になっていくことが学習であるとすると、人は「なすことによって学ぶ」ということになるのである。その時のなすことは、単なる生理的有機的な活動や単なる身体的な活動ではなく、意味をもった行動である。精神を込めた行動によって人は学習する。それは、「意味のうちにある事物」に反応するようになることである。

　デューイによると、人間が言葉やその他の事物を互いにコミュニケーションすることによって、社会は存在する。精神の成長はある共同の意思をもって行われる協働的諸活動へ参加することによって規定される。彼は、習慣という概念を「これまでの活動によって影響された、獲得された人間の活動の仕方」と考え、後天的に獲得され形成された情緒や意思や知識、これらをすべて習慣という。また、何かを後天的に獲得することが学習でもあるので、習慣論＝学習論の関係が成り立つ。習慣は、単に有機的諸活動と環境との均衡の役割を果たすだけでなく、同時に「新しい諸条件にうまく対処するように、活動を再調整する活動的能力」である。また、あらゆる習慣は、ある種の活動への要求であり、自我を構成している。そこから、諸習慣は意志であるといえる。

2　ロートの発達教育学と発達課題

　発達を促し助勢する教育の主導的役割を強調する発達教育学は、ロート（Roth, H. 1906- ）独自の教育的人間学として位置づけられた。彼は、人間の現存（Sein）に関わる陶冶可能性（人間の可能性）と当為（Sollen）に関わる教育目標・到達目標の規定（助勢すべき人間の発達・学習の方向性）の2つの基本概念の相互関連を問題にする。なかでも、彼は人間の主体的な自己形成力、すなわち自己を実現し、一人前に成熟し、批判能力と責任をもち、決断力のある生産的で創造的な人間形成を現代社会における教育目標にしている。

　発達教育学の目標は、学習環境を発達段階の展開に組み込むことである。それは、発達をありうべき教育、すなわち、社会化作用と合わせて探究することである。さらに、この教育学は、効果的な教育要因に関して、発達が順調に経過するためにそのときそのシチュエイションに最適なものは何かについての認識を試みている。発達教育学は、認知的・情意的・社会的・道徳的発達におけ

る諸現象を探究する。これは、どの発達段階にも不可欠な教育と学習と社会化の諸要因を認識することにおいて究極点に達する。これらは、それぞれ自立した市民になることを確実に保障するうえで必要な統轄能力を発達させる諸要因である。彼は、事物認識的・社会認識的行動、価値認識的行動を習得する諸条件を究明し、事物統轄能力に向けての発達や教育と、社会的統轄能力、道徳的統轄能力に向けての発達や教育とを区別している。

ここには、発達教育学を理論的に基礎づける教育科学と従来の発達心理学との対決が存在する。発達教育学は発達において成熟過程と学習過程と創造過程を区別しながら叙述し、これら諸過程の社会経済的、社会文化的過程環境に対する依存性や教授・教育過程に対する依存性を論証し、発達を規定する全要因が支配的な人間像やイデオロギーに依存していることを論証している。なお、この過程の成功は教授学的に最適な学習条件の充足によって再度規定される。

さらに、ロートは、発達理論を教育理論と結びつけて論証し、発達の質が、教授学的優位性の原理に関わり、教授・学習過程や教育・社会化過程の質に依存することを論証している。いいかえると、彼は、人間の陶冶性と目標規定（学習目標）の問題を取り扱い、両者の相互依存を論証し、そのうえで、成人にふさわしい自己規定（使命）へとつながる発達と学習と教育の諸過程を論じている。

ロートは、発達教育学において人間の人格や行動能力に関する、人間や社会という視点をもつ理論を取り扱うことから出発している。発達要求と発達課題との相互関係を継続的に修正することが、教育の課題である。そのうえでこの相互関係において連続性が存在するか。存在するとするのであれば、その相互関係がより強固なのは発達する個人の側においてなのか、それとも環境側においてなのかが問題になる。発達は、個々人と環境との関係によって生起する。このことに関して次の3つの問題領域に注意を払う必要がある。①継続的に修正さるべき個人と環境の相互関係である。②学習は、あくまでも、社会や文化によってあらかじめ規定された社会構造ならびに社会文化的な諸条件の枠に沿って行われる。③教育と教育学の見地から、人間の発達を生涯学習に対して開かれたものにしておくことが重要である。

第7章 発達と教育を考える

　まず，教育人間学と発達教育学に関連させて，ロートは発達課題の原理的性質に関する問題に取り組んでいる。現代の人間像の特徴は人間の可変性にある。人間はどこまで陶冶可能な（変化・学習可能な）存在であるかという問題である陶冶性と人間の学習可能性はいかなる方向に向けて発達させられるべきなのかという目標規定との対決から，人間に関する変化の見解が教育学に対してもつ意味や結論を明確に示した。

　人間が陶冶性と学習能力をもつ大きな存在であるならば，人間の中において発達させられるべきものは何なのか，そして，それはいかなる方向でいかなる目標に向けて発達させられるべきものかという問題も，発達理論にとって中核的に重要な問題となる。これは真の教育とは何か，真の教授・学習とは何かという問題なのである。これは，無限に開かれた（あるいは開かれているべき）陶冶性が無限に開かれた人間の自己目標規定ないし自己使命に関わりがあることを示している。さらに，ある一つの社会が理論的に企画し実際に到達できる教育のみが陶冶性と目標規定（使命）との間の不確かな関係を個人と社会を内包しつつそれらをともに解放する関係へと転換させることができ，同時に社会も教育に個人と社会との間の学習過程に対して見通しを与え，責任を負わせることができる。陶冶性と目標規定（使命）に関する研究が発達課題の性質決定に関わる問題，すなわち，発達課題が個人と社会を最もよく助勢するのに役立つべきであるということに深く関わる。それゆえ，この研究は「発達と教育」研究の前提となり，前提となるべきである。

　その理由として，以下のことが考えられる。①発達はある一つの包括的な人格理論と行動理論の大枠で考えられなければならない。②人間性に関する可塑性の程度は，主要な人間諸科学による実証的な研究成果からの知見を手がかりにして，あらかじめ計量規定され，個々詳細に証明されて然るべきものである。同時に，人間の陶冶性の問題に関する膨大な個別的知見は，教育的人間学をめざす教育学的問題設定のもとで一つの妥当な理論的準拠体系へと当然統合されるべきである。③陶冶性と目標規定の対置によって，人間の陶冶性と学習能力が発見されるとともに，人間の「目標規定」に関する観念も変化しなければならないことが当然認識されなければならない。

人間の未来は開かれたものであり，人間自身がその責任を取らなければならない。それゆえ，人間性が発達や教育の方向を規定するほど確実なものではないし，また，人間の社会的文化的目標規定（使命）が一義的に確定できない。その場合，教育的人間学の残っている課題として，第一は，教育学的な発達＝教育理論の提案であり，ある文化における生産的・力動的なもの，すなわち，文化を創造し生き生きと保持する生産的・力動的なものを，子どもにおける力強い可塑的で生産的なものと関係させることである。これは，この両者の生産性の間にできる関係を研究することである。

　第二に教授学的優位性の原理が整備されることである。

　成熟や成人性，批判能力や生産性や創造性，責任をもった決断能力などの諸概念である生産的・力動的なものは，子どもたちに呼び起こされ，生き生きと保持されなければならない。また諸問題は克服されなければならない。

　問題解決的思考や認識の諸能力を認知領域において発達可能な最も生産的な能力とするなら，これらは幼児期に発達させることができる。そのためには，これらの能力が自発的に生じるところでは，絶えずそれらの強化が必要であり，それらの能力が状況的に触発されるところでは，それらの挑発が求められる。

　自然科学の実験的方法とそれに照応する諸理論の伝達のため，その教育において，子どもたちに早期伝達の重要性と自然科学の急激な陳腐化に関する考え方を導入し，未来を志向し形成する諸科学のカリキュラム導入の必要性がある。

　「発見的教授方法」は，多くの学習領域において他の教授領域に較べて，学習の動機づけの発達に関して，また科学的な思考や行動一般に対する積極的態度の確立に関して，より効果的である。

　第三に，あらゆる教育のジレンマが取り上げられていることである。個人を生産的・力動的な諸能力の方向で助勢しようとすれば，個人と社会との関係において葛藤が生じる。この場合，教育には不可避な葛藤が生じる。教育はこの葛藤克服に取り組まなければならない。

　しかし，これに直面しても，教育は勇気をもって個人と社会を，さらに両者の関係を道徳的進歩という理念に少し関わる発達という展望のもとに注視すべきである。あるがままの現実とあるべき理想との両世界を教育するためには，

諸結果の伝達としての教育と諸過程の伝達としての教育が必要である。

教育は，個人および個性の自己実現と自己規定を望んでいる，と同時に，社会における個人の役割のための準備というジレンマないし軋轢(あつれき)を調整し，個人の自由と自己実現のための教育とを可能なかぎり生産的かつ効果的に調停しようとする不断の試み以外のなにものでもありえないことを望んでいる。いいかえれば，これは教育の原理的な二律背反であり，人間の環境における記号的な形象状況的要因や環境的要因，触発的な状況や人間による刺激，すなわち，教授・学習過程が社会的・文化的態度を規定している。これは，発達を自己実現の課題として解釈することができる。

教育にとって，発達のあらゆる次元が問題となる。発達とは，有機体と環境，成熟と刺激，また学習欲求と社会欲求に，自発的な好奇心と学問的な相互作用関係を形成することである。それは，われわれが批判能力のある公民になるべき者と期待される個人が自由に自己実現できるようにするためである。

4　発達のこれから

教育研究が人間，特に子ども・青年の人間的成長・発達に関わる教育のあり方の探究に方向づけられるなら，その研究は成長・発達の過程における諸問題（校内・家庭内暴力，不登校，いじめ，いじめによる不登校・自殺，キレる子，学級・学校崩壊，児童虐待など）の解決策の模索，これらに関わって発達を抑圧する内・外的阻害要因の分析とそれら要因の除去方法を探究する必要がある。

発達教育学は，これらの問題に具体的に関わり，そのアプローチをするところに歩むべき道が見出される。この教育学は，1988年京都大学大学院で「教育学と臨床心理学の統合を志向して構想された」臨床教育学の領域の知見を共有し，相互に創り出し，それに学びながら，さらにより総合的な人間科学としての発達教育学を発展させることが予想される。臨床教育学の課題とその学問的性格の探究と深く関連する発達教育学は，教育内容の研究を子どもの成長・発達との関連を問うことと，さらに広く，子ども・青年の内面の成長・発達と文化のありよう，社会関係のありようを問題にする。

ところで，臨床教育学は，堀尾輝久によると，子どもを「診断」「治療」の対象と見るのではなく，教育の対象に主体である子どもを見て，「子どもがさまざまな困難を克服し，より大きな自己と世界に対する積極的な展望がもてるように支援することであり，その対象は子どもの精神的な『生まれ変わり』，人格的な『成長』である。子どもを理解するには，彼らが現に経験している生活の，彼らにとっての『意味』と，彼らの隠れた『未来』への展望を知る必要がある」。

1　臨床教育学の課題

教育者にとって「問題」と見える子どもや事態は，教育者がそれまで自明としてきた教育者自身の教育方法と教育観，いいかえれば，教育観の問題性を覚醒し，教育・教育学自体の自己変革・更新の契機である。和田修二によると，臨床教育学においては，問題の子どもたちのカウンセリングやセラピー中心ではなく，クライエント自身の危機的な経験を契機とする人格的な成長，「新生」のための援助という観点から統合することやそのような子どもの臨床経験を媒介として大人自身の既成の教育観や人間観を再度問い直し吟味すること，これら2つの課題を中心に遂行することが求められる。これは，個々の子どもの実際的な教育相談という経験を基礎として，既成の教育と教育概念を批判的に再構築に向かう具体的で個別的・実践的な教育学である。

教育学は，実践の知の性格が臨床の知として，個々の子どもたちに応じて独自により深い探求が求められる。教育学は，急激な社会変化にともない子ども・青年の発達状況の変化が生じる中で既成概念が揺れ，新たに臨床の知をもって再生する必要がある。現にこれまでの教育学の本質そのものが問われているのである。

教育は子ども問題と未来に関わり，子どもの中に未来（ヴィジョン）への志向を育む営為である。その実践の知は創作的働きかけの知であり，それは変化する人間存在の動態への作用であり，よりよい成長を希求する作用である。

2　生涯学習への展開

　今後臨床教育学と発達教育学は，両者の課題を克服し組織的な協力の必要性がある。後者の立場からいえることは，前者の知見を包含し，人間を原点としてより包括的で，歴史的，社会的視点を含む総合的な人間学である教育学へと発展するということである。またそれらは，ベニィのアンソロポゴジー（anthropogogy）（デューイの「成長としての教育【学】」）との関連も望まれる。

　デューイ教育学者でアメリカ教育哲学会元会長であったベニィは，人間を教育する学問を意味する学，アンソロポゴジーという新語を創り，生涯学習の構想を展開した。Anthropoは，pedagogyの接頭語であるpedoが子どもを意味しているのに対して，人間を意味している。すなわち，現在のシチュエイションにおいてあらゆる世代の人間が学習と再教育のさまざまな過程に導かれる必要がある。アンソロポゴジーは，道徳的・社会的・感情的・芸術的な発展を否定することなく知的発展をも求め続ける。この教育学では，教師の追求するものは学習者の増大する自治と人間の尊厳である。再教育は諸価値を評価し理解するためのより共通した基礎に到達するところにある。要するに，その目的はさらなる民主主義社会準備のために人の諸価値や諸理解を変えることである。

　ロートやハヴィガーストの提唱した発達課題は，急激な社会変化により，人間の行動を教育の諸問題との関連から考察する必要性を主張する人たちにとって重要な概念である。そこから生涯学習は，コミュニティの権威をもって個人の欲求と社会の欲求の中間領域である発達課題を達成する，すなわち，自己受入・理解による自己実現を達成する過程を通して遂行され続けるのである。

参考文献
（１）　東　洋「発達とは何か」詫間武俊・飯島婦佐子編『発達心理学の展開』新曜社，1982年。
（２）　上寺常和「デューイにおける子供の認識論――ピアジェの認識発達の比較において」『日本デューイ学会紀要』第22号日本デューイ学会，1981年。
（３）　早川　操『デューイの探究教育哲学』名古屋大学出版会，1994年。
（４）　デューイ，原田　実訳『経験と教育』春秋社，1996年。

第1部　教育活動の根本を考える

（5）　J. デューイ，帆足理一郎訳『民主主義と教育』春秋社，1970年。
（6）　R. J. ハヴィガースト，荘司雅子訳『人間の発達課題と教育・幼年期より老年期まで』牧書店，1959年。
（7）　梅本堯夫・麻生　誠編『発達と環境』教育学講座3　学習研究社，1981年。
（8）　Heinrich Roth, " Pädagogische Anthropologie Bd. II," *Entwicklung und Erziehung Grundlagen einer Entwicklungspädagogisk*, Hannover, 1971.
（9）　H. ロート，平野正久訳『発達教育学』明治図書，1976年。
（10）　香川正弘・宮坂広作編『生涯学習の創造』ミネルヴァ書房，1994年。
（11）　小林　剛・皇　紀夫・田中孝彦編『臨床教育学序説』柏書房，2002年。
（12）　S. E. トーザ，上寺常和訳『K. D. ベニィの社会的および教育的思想における権威の概念』日本教育研究センター，1998年。

推薦図書

［1］　辰野千寿編『発達と学習』図書文化社，1981年。
［2］　J. デューイ，清水幾太郎訳『哲学の改造』岩波文庫，1920年。
［3］　杉浦　宏編『アメリカ教育哲学の動向』晃洋書房，1995年。
［4］　D. ライアン，合庭　惇訳『ポストモダニティ』せりか書房，1996年。

（上寺　常和）

第 8 章　評価の根本問題を追求する

　学力テスト，入学試験，通知票。これらはなぜかわれわれの体を緊張させる。学力テストの結果や入学試験の結果を知らされるときの不安は誰しも経験したことがあるだろう。だが，なぜわれわれは評価に緊張し，不安を抱くのであろうか。本来，評価は，精神にダメージを与えたり，われわれを学びの場から逃走させるような性質のものではないはずである。いったいなぜ評価はこれほどまでに大きな存在になってしまったのであろうか。その原因はいろいろ考えられるであろうが，ここでは心理学に注目したい。心理学は，教育における評価のあり方をわれわれに意識させたものの一つである。心理学はいったいわれわれにどのような意識を生み出したのであろうか。そしてこれから心理学はどのような意識を生み出していくのだろうか。

1　評価の問題性

　2000（平成12）年12月，教育課程審議会はこれからの評価のあり方についての指針（「児童生徒の学習と教育課程の実施状況の評価の在り方について（答申）」）を提示した。審議会において，これまでの評価のあり方が反省され，評価についての基本的な考え方が修正された。答申では，これまでの相対評価法に代わって，「目標に準拠した評価（絶対評価）」と「個人内評価」が重視されている。2001（平成13）年には，この答申に沿って指導要録の改訂も行われた。これからは，学習指導要領が示す目標に照らして，その実現状況を評価する「目標に準拠した評価（絶対評価）」，および児童・生徒のよい点や可能性，進歩の状況などを評価する「個人内評価」が行われることになるのである。

　だがひるがえってみると，従来の相対評価法の問題はいったいどこにあったのであろうか。本章では，相対評価法が問題であるとされた状況を手がかりに，評価のより根本的な問題，すなわち，評価の暴力性の問題を追求していきたい。

1 相対評価法の問題点

　まず相対評価法が採用されるまでの経緯を，学籍簿の改訂を中心に記述することから始めたい。戦前の教育を見直す中で，新しいカリキュラム，新しい指導法と同様に，新しい評価法が必要とされた。文部省（現文部科学省）は，1948（昭和23）年9月，学籍簿作成委員会を設け，心理学者を中心に学籍簿改訂に着手する。学籍簿作成委員会の委員長には，東京大学教授岡部彌太郎が選ばれた。岡部は心理学を専攻し，アメリカ合衆国から知能テストなどをいち早く日本に紹介した人物である。岡部は新しい日本の評価のあり方を模索し，CIE（民間情報教育局）の担当官ヘファナン（Heffernan, H.）の協力を得ながら，学籍簿改訂の作業を行った。その結果，同年11月には，アメリカ民主主義教育思想の影響を受けた新しい学籍簿が完成した。この学籍簿は，1949（昭和24）年の文部省初等中等教育局長通達，1950（昭和25）年の学校教育法施行規則改正によって，指導要録とその名称を改め，今日まで採用されている。

　天野正輝の『教育評価史研究』によれば，この新しい指導要録の特徴は次のようなものであった。①これまでの学校管理上の帳簿から児童の発達についての累積記録簿となった。②行動の評価が学習の評価よりも重視された。③学習評価において，細分化された評価項目が設けられた。④正規分布曲線を前提とした5段階相対評価法が導入された。⑤標準検査の記入欄が設けられ，知能検査が重視された。このうち最も重要な改正点は，④の5段階相対評価法が採用された点である。戦前の評価は絶対評価であった。教育者が絶対の評価者となり，自らの評価法によって児童・生徒の評価を決定していた。しかし，絶対評価法は教育者の主観が入りやすい評価法である。その意味で学力評価の公平性に欠ける。そこで，テストの順位に基づいて相対的に学力を評価する方法，すなわち，相対評価法が採用されることになったのである。

　このように，相対評価法は，評価を教育者の主観から解放し，公平で客観的な評価を保証するはずであった。しかし，相対評価法は「落ちこぼれ」を作るなど，むしろ競争と差異を生産する装置となった。田中耕治は「戦後『学力評価論』はどう展開されたか」の中で，相対評価法の問題点を次の3つにまとめている。①相対評価法は必ずできない子がいるということを前提としている。

②相対評価法は，排他的な競争を常態化させて，「勉強とは勝ち負け」という学習観を生み出す。③相対評価法は集団内における順位を表すだけであって，実際の学力を映し出す評価ではない。ここでは具体的に「落ちこぼれ」の問題を取り上げておこう。5段階相対評価では，各評点の度数の割合は，1：7％，2：24％，3：38％，4：24％，5：7％とされ，子どもの評点はこれらの割合に合わせてつけられる。したがって，子どもがどれだけ頑張って努力し学力を上げたとしても，以前と同じ評点しかつかないということもある。通知票をもらって「いくら頑張っても先生は私のことを評価してくれない」という経験を，多くの人がもったことがあるだろう。こうした経験が積み重なると，学びそのものからの逃走が始まる。度重なる低い評価はやる気を喪失させ「落ちこぼれ」を作り出すと指摘されてきたのである。

　以上のように，わが国の評価法は戦前の絶対評価法から戦後の相対評価法へと改訂された。しかし，子どもの学力を主観の入らないように評価するための技術も，結局，競争と差異の生産装置となってしまった。いったいどのような評価法によれば，よりよい評価を行うことができるのであろうか。わが国の評価法はさまざまに議論されてきたのである。

2　評価の暴力性

　このような評価技術をめぐる議論は，技術論以前の本質的な問題を覆い隠すことになる。なぜなら，子どもたちが成績という単純な数字に置き換えられていることが，議論の間に忘れ去られているからである。5段階相対評価法は複雑な人間の能力をわずか1から5までの操作可能な数量に置き換える。フーコー（Foucault, M.）の『監獄の誕生』で取り上げられているように，試験はいわゆる「客体化の儀式」となってしまった。試験されることによって，個人は単なる評点に置換されてしまう。その結果，複雑であるはずの個人は簡単に記述可能なものとなり，分類可能な客体にすぎなくなる。偏差値は評価の暴力性を表す最もよい例であろう。偏差値は，難易度が異なるテストであっても，本人の能力を測り，それを簡単な数値によって表すことができる。そのため，われわれは，この便利な道具に従い，能力別に分類された学校への進学を機械的

に決めてしまう。偏差値という存在によって，われわれは「何を学びたいか」よりも「自分の能力はこれくらいだ」という意識を「むりやり」もたされるのである。

　このような人間支配が直接的暴力ではなく，知という暴力によって行われてきたというフーコーの指摘は，さらに重要であると思われる。学力テストや入学試験，通知票がわれわれの体を緊張させる。学力テストの結果や入学試験の結果を知らされるときの不安は，多くの子どもたちの精神を苦しめている。それは直接的暴力によって脅迫を受けているからではない。知という暴力によって知らない間に不安にさせられたり緊張させられているからである。複雑性を有する人間を操作可能な単純なものにする客体化が知という暴力によって進められてきた，とフーコーは指摘しているのである。

　振り返って見ると，モダニズムの中で評価の技術を高めてきたものは，心理学であった。教育の領域において人間を評価する技術は，心理学によって科学化され，近代化されていった。本来，子ども理解に貢献するはずの心理学はむしろ子どもを苦しめているようにも見える。すでに見たように，絶対評価法か相対評価法かなどといった議論に覆い隠されて，いつの間にか人間を数値に置き換えて考えることが自明のこととされてきたのである。したがって，心理学の歴史を振り返りながら，評価というものがわれわれにどのように意識づけられ，また評価がどのようにして暴力性を入手してきたのかを理解しておくことが必要となろう。

　以下，次節で，教育測定という意識が評価の暴力性に手を貸してきた過程を理解しておく。続く第3節では，教育測定への批判を取り上げることによって評価の暴力性を克服する方向性を確認したい。最後に，心理学の自己反省を踏まえて，今後の評価のあり方について考えることにする。

2　教育測定の時代
　　　——心理学におけるモダニズム

1　教育測定という意識の誕生

　心理学はまずわれわれに教育測定（educational measurement）という近代的な意識を作り出してくれた。教育測定という意識は客観テストの開発とともに生起してくる。最初に，その経緯について触れておこう。客観テストの先駆的開発者の一人にライス（Rice, J. M.）という人物がいる。ボルチモアの教育長であったライスは，当時，時代の進歩に応じたカリキュラムを取り入れることを考えついた。ボルチモアのカリキュラムはスペリングに多くの時間を割いていた。そのため工作などの新しいカリキュラムを入れる時間が確保できなかった。そこで，スペリングの学習時間の差が学力差にどの程度関係するのかを正確に測り，もし学力が学習時間にあまり関係なければ，その事実によって新しい科目を導入することに反対している人々を説得できる，とライスは考えた。そしてライスは1894年に客観的なスペリングテストを作り，両者の間にあまり関係がないことを実証したのである。それゆえ，ライスのテストは学力を客観的に測定したテストの先駆として評価される一方，教育測定というものの有用性を知らしめたという点でも評価された。ライスは教育測定というものの存在に気づかせることに寄与したのである。

　20世紀になると，学習結果を客観的に測定し，テストを標準化しようとする動きが活発化してきた。ソーンダイク（Thorndike, E. L.）は1904年に『精神的社会的測定学序説』という画期的な本を著述し，教育事象の数量的測定に乗り出したことによって注目された。「もし物が存在するならば，それは量として存在する。もしそれが量として存在するならば，それは測定することができる」という彼の言葉は有名となった。またソーンダイクは本格的に標準テストを学校教育に持ち込んだ人物としてもよく知られている。ソーンダイク門下のストーン（Stone, C. W.）は1908年に算数の標準テストを作成し，ソーンダイクも1909年に書字の尺度を作った。ソーンダイク派が作成した標準テスト以降，

ジョンソン（Johnson, F. W.）らによって教師作成テストの主観主義が実証され，ますます学校において標準テストが普及していったのである。

　同じ頃，フランスでは知能を客観的に測定しようという試みがなされていた。ビネー（Binet, A.）はフランス政府から学業不振児のための学級を作る委員に任命されている。ビネーは学業不振児を見分ける客観的な知能検査を医師のシモン（Simon, T.）とともに創案した。それまでの知能検査は頭蓋骨の大きさや筆跡を調べるといったおおまかで素朴なものであった。これに対して，ビネーの知能検査は直接理解力や工夫力といった人間の知能を測定しようとするもので，画期的な試みとして注目を集めたのである。さらにビネーは年齢尺度を作成した。たとえば8歳の子どもは0から20までの数字を逆唱できるといった基準がある。この年齢別のものさしが年齢尺度である。年齢尺度はこれまで主観的であった能力の判定に客観的な基準を与えた。こうしてビネーの知能検査は教育測定をますます有用なものと意識づけることに貢献したのである。

　ソーンダイク，ビネーらの心理学者の功績によって形成されてきた教育測定という意識は，それまで概括的に把握されてきた個人の能力の見方を一変させた。もし物が存在するならば，それは量として存在するというソーンダイクの言葉のように，個人の能力を客観的に数量としてとらえることができるという意識を誕生させたのである。

2　教育測定がもたらした結果

　この教育測定という意識の意味を考えるうえで，その後の展開を理解しておくことは重要なことであろう。というのも，教育測定という意識はその意図に反して人間性を無視する結果となったからである。ここでは主にビネーの知能検査について述べておこう。ビネーの知能検査はそもそも学校の授業についていけない子どもを救うために創案された。当時，学校の授業についていけない子どもを判別する基準がなかった。そこで，ビネーらは医学的，教育学的検査を受けることなしに，子どもたちを学校からやめさせることのないよう，政府に働きかけた。政府は提案を受け入れ，ビネーが自らその検査を作成したのである。その際，ビネーは自らの知能検査に制限を付している。この検査では，

言語的・文化的に恵まれた家庭の子どもが高得点をとることが多いとし，必ずしも生得的な知能を測定できないと考えていたのである。しかし，この制限にもかかわらず，ビネーの知能検査は子どもの生得的な知能を測るものとみなされることとなった。アメリカ合衆国の心理学者ターマン（Terman, L. M.）は知能検査によって子どもの生得的な知能を測定できると考えた人物の一人である。ターマンはビネーの年齢尺度に代えて知能指数という尺度を作り出し，知能の恒常性を主張した。知能指数150以上の被験者1500名を研究し，児童期に知能が高いものはその後の活動面でも優れた業績を上げると主張したのである。この恒常性の主張は科学的な成果として多くの人々に認められた。なぜなら，当時のアメリカ社会には，優生学の思想のもと，優れた人間だけを残そうという技術的支配の機運が存在していたからである。こうして，教育測定という企図はその意図に反して人間性を無視する結果となっていったのである。

　以上のように，教育測定という意識は人間の計量的理解，技術的支配という結果を招いた。アドルノ（Adorno, Th. W.）とホルクハイマー（Horkheimer, M.）もいうように，人間の自然支配は逆に人間支配へと転化する。われわれの目の前で，子どもは数学的な計算や技術的に利用可能な無機質なものに置き換えられる。無機質な世界は生命をもった人間とは最も似つかわしくない，人間にとって最も疎遠で最も遠い現実の断片となる。教育における科学的思考の両義性を指摘するリット（Litt, Th.）も，このように示唆している。心理学は時代の要請に後押しされる中で自らを精緻化していった。しかし，そのことがまた評価に人間性を脅かす暴力性を与える結果となったともいえよう。

3　教育評価の時代
　　──心理学におけるモダニズムへの反省

1　教育評価という意識の誕生

　それでは，教育測定という意識から人間性あるいは子どもを擁護するためにはどのようにしたらよいのであろうか。簡単に教育測定を否定すればよいという議論は単純すぎるであろう。なぜなら，教育測定を否定することは教育にお

ける科学的思考の否定につながるからである。ここでは，まず教育測定という考え方へ向けられた批判を手がかりに，この問題を考えてみたい。

　教育測定にはさまざまな批判がなされている。もちろん心理学，とりわけゲシュタルト心理学から批判がなされた。しかし，特に大きな影響力をもった批判は進歩主義教育学者からのものであった。ソーンダイクの門下は教育学者の仕事を「推測」以外の何ものでもないとみなしており，心理学こそが教育を科学化すると考えていた。しかしながら，そのようなもくろみが，まさにデューイ（Dewey, J.）を中心とした進歩主義教育学から批判されることになったのである。

　進歩主義教育学からの批判は，教育の科学化，評価の近代化にともなう問題への批判でもあった。教育測定は人間性への配慮，子どもへの配慮を忘れ，部分的な能力測定の精緻化のみに専念してきた。測定という意識をもつ以前の評価があまりにも主観的であったため，教育測定は測定技術の科学化，近代化に専念せざるをえなかったのである。教育測定の研究では，特に自らの前提に対する反省がなされていなかった。進歩主義教育学者は，教育測定では知識の習得だけに関心が払われてきたと指摘している。当時の学習論では，知識の量が学力であるという考えが支配的であり，教育測定はこの学習論に基づいていたのである。また，教育測定は自らの役割を見失ってしまったといえるかもしれない。教育測定の根底にある心理学理論は機械論に基づいているため，人間の能力はバラバラに測定され，その測定結果の客観性が主に問われてきた。もし，その測定結果が子どもの存在全体にとってどのような意味があり，子どもの発達過程においてどのような位置にあるのかということが問われていたならば，どうであったろう。測定結果がすべてであるというような強迫観念を子どももたなかったのではなかろうか。さらに，教育測定の目的が教育と結びついていなかったことも反省点であろう。教育測定の目的は測定それ自体にあったといっても過言ではなかろう。教育測定においてつねに問われてきたことは能力を測る技術の正確さであり，その技術の信頼性であった。教育測定では，何のために能力を測るのかということに，あまり関心がなかったといえよう。教育測定は，測定結果の精緻化に専念してきたあまり，人間の全体性および教育目

的との関連性を失っていたのである。

　こうした批判に基づいて，進歩主義教育学者は評価に対する新しい考え方を示した。教育評価（educational evaluation）という考え方である。evaluationという単語には value（価値）という単語が含まれているように，評価は価値に関係するということが強調された。先に述べたように，測定結果はただそれだけで意味をもつものではない。測定結果は子どもという存在全体，子どもの発達過程，あるいはそれらに関わる指導（ガイダンス）と関連づけられて初めて，その意味が付与される。測定結果によって，教育者は自らの指導を再考しなければならない。測定結果は指導の資料となるからこそ意味をもつのであろう。また，測定結果は教育目的あるいは教育的価値に関連づけられていることが重要である。どのような目的に向かって教育するのか，児童がもっている能力のうち，何に教育的価値があるとみなすのか，これらの問題に答えて初めて評価法が決定され，評価が行われるのである。

　この教育評価という考え方は進歩主義教育協会の活動を通じて普及していった。進歩主義教育協会は，「８年研究」と呼ばれる取り組みを行った。「８年研究」はアメリカ合衆国のハイスクールにおいて進歩主義教育を実験的に行ってみるというものであった。この「８年研究」では教育評価という考え方も提唱されている。その中で示された教育評価の基本的な前提のうち重要なものをいくつか取り上げてみよう。①評価は児童の変化がどの程度実際に起こりつつあるかを見出すための過程である。②人間の行動はきわめて複雑であるので単一の名辞や単一の次元によっては適切に記述も測定もされえない。③評価の方法は紙と鉛筆によるテストを与えることに限られていない。④評価の性質が教授および学習に影響を及ぼす。「８年研究」は著しい成果をあげ，それとともに教育評価の考え方もまた影響力をもっていった。教育評価は進歩主義教育の中で誕生し，その広がりとともに新しい評価の考え方として意識づけられていったといえよう。

2　教育評価の受容

　教育評価という考え方によって，モダニズムの中で育ってきた評価の暴力性

を克服しようとする方向性が示された。しかし，実際に評価観の転換がなされるには時間を必要とする。とりわけ，教育測定と教育評価の考え方が相次いで輸入された日本では，教育評価という意識が定着したとはいいがたい。ここでは，教育測定という意識がわが国に根強く残った原因について述べておこう。

　第二次世界大戦直後，わが国には教育測定と教育評価とが並存していた。大正時代から，すでに田中寛一や前出の岡部などによって教育測定の考え方が日本にも紹介されており，大戦直後も，教育測定には教育の脱神話化を行うことが期待されていた。というのも，神話的思考から科学的思考への脱却が日本の教育改革の精神であるとされ，教育測定が教育の科学化を追求していたからである。1947（昭和22）年3月に試案として出された学習指導要領でも，児童の学習した結果を正しく知ることに重点が置かれ，さらにビネーの知能検査の必要性も説かれている。一方，そのわずか4カ月後，CIEのヘファナンの協力のもと，師範学校の教科書『教育心理』が完成し，その中で教育評価の考え方が徐々にではあるが紹介されていった。おそらく，この時点で，教育評価という進歩主義的な考え方と，測定した結果を単に考慮するという意味での「教育評価」とが混同されたと考えられる。岡部や田中のその後の著作にもこの混同が見てとれる。岡部が戦後の学籍簿改訂の中心的役割を果たしたことはすでに述べた。岡部を指導したヘファナンは進歩主義教育の立場に立っていた。彼女は当然教育評価の考え方に基づいて，学籍簿の改訂を指導したであろう。岡部は1948（昭和23）年5月の『児童心理』に「学籍簿の在り方」について寄稿しているが，その中で，評価が児童・生徒の理解のためにあること，全人的な評価であること，評価を指導に役立てることなどを理解し，今後の評価のあり方を啓蒙している。だが，岡部はそもそも教育測定学の研究者であった。「学籍簿の在り方」の中でも，評価において，その解釈はもちろん必要であるが，まずその客観的記録がなされなければならないと述べ，測定の重要性を強調している。田中も同様である。田中は主宰する雑誌『測定と評価』の創刊の辞の中で，評価は測定の最後の段階で行う手続きであるとし，あえて評価という言葉を用いなくてもよいと述べている。こうして，日本では教育評価という考え方はその背景を理解されないまま，肥田野直も『戦後日本の教育改革　教育課程

（総論）』の中で述べているように，むしろ教育測定という考え方がわが国の教育界に牢固とした根を下したのである。

4 これからの評価
—— 心理学におけるポスト・モダニズム

1 心理学における個体主義からの脱却

　これからの評価はどのように変化していくのであろうか。最後に心理学のパラダイム・チェンジを参考にしながら，この問題について考えてゆきたい。

　心理学では，現在，その研究方法における個体主義からの脱却が図られている。佐藤公治の『対話の中の学びと発達』によれば，心理学は絶えず個人を単位として心をとらえ，心を個人の内面に存在する実体と考える発想をもち続けてきた。それゆえ，心理学は，人間の精神活動を支え，あるいは制約を与えている他者との相互作用や社会的・文化的な変数をいったん括弧にくくり，分析から遠ざけてきた。なぜなら，自然科学を模範としてきた心理学研究にとってそれらの変数は検証困難なものだからである。つまり，心理学では人間の心を独立変数として取り扱ってきたのである。

　これに対して，心理学において個体主義的な人間観からの脱却を図ろうとする動きがある。心理学におけるポスト・モダニズムである。この動向はヴィゴツキー（Vygotskii, L. S. 1896-1934）の理論を中心に発展してきた。ヴィゴツキーは人間の精神活動は歴史的なもの，文化的なものといった文脈を抜きにしては説明できないと考えた。また，ヴィゴツキーは，人間は能動的に社会および文化という外的なものに関わる，そして人間は外的なものを自己活動を媒介として内化し，独自の知識を構築する，人間の精神活動は人間相互の関係の中で展開されたものに起源をもっている，と考えるのである。それゆえ，人間の心は独立変数であるとはみなされない。こうしたネオ・ヴィゴツキー派の理論には，その理論が本来のヴィゴツキーの発達理論を大きく超えているという指摘もある。しかし，ヴィゴツキーの理論が心理学におけるポスト・モダニズムの起点となっていることは間違いないであろう。

こうした動向の中，学習に対する考え方も新しくなっている。現在最も注目されているのは構成主義学習論であろう。構成主義学習論では，子どもたちは教授以前，すでに世界についての何らかの知識，すなわち既有知識をもち，自分なりの解釈をしていると考えられている。子どもは自らに起こった新たな事象が自らの解釈に合っていれば認識を拡大し，矛盾している場合には認識につまずきを生じる。構成主義とは，子どもは既有知識を手がかりに自ら知識を再構成していくという考え方である。したがって，構成主義学習論では，単なる記憶力や知識の再生力についてはあまり重視されていない。むしろ理解の方が重視され，知識そのものを生み出す力が学力であるとされる。それゆえ，知識の量，あるいは個人の生得的な学習能力を評価の対象としてきた評価観にも，現在，再考が迫られているのである。

2　アセスメントという意識の誕生

以上のような心理学のパラダイム・チェンジにも影響を受けて，オーセンティック・アセスメント（authentic assessment）という評価観が注目されるようになってきた。ここではオーセンティック・アセスメントの背景について少し説明しておこう。オーセンティック・アセスメントは標準テストへのアンチテーゼとして現れてきた。オーセンティック・アセスメントは次のように標準テストを批判している。すなわち，標準テストは子どもの生活から切り離された文脈において理解された能力，つまり学校という文脈の中でのみ通用する能力（学校知）を評価するものでしかない，と。たとえば，標準テストは「スナップ・ショット」にたとえられる。生活していくうえでさほど必要のない課題が子どもに与えられ，その課題に対する評価が下される。その評価はある課題における，ある時点でとらえられた「スナップ・ショット」である。これに対して，オーセンティック・アセスメントでは，生活という文脈において不可欠な能力，すなわちオーセンティックな能力，真の能力を継続して評価することが重要である，と考えられているのである。

このオーセンティック・アセスメントが構成主義学習観に基づいていることも見逃してはならない点であろう。オーセンティック・アセスメントでは子ど

もに寄り添うことが特に重要であると考えられている。assessment はラテン語の assider に由来する。assider とは「寄り添う」という意味であり、評価するという態度ではなく、子どもの成長に寄り添い、子どもの学びに対して有効な情報を提供することが、アセスメントの役割であるとされているのである。したがって、オーセンティック・アセスメントにおいて、評価の客体は、子どもというよりは、むしろカリキュラムや教育方法を含めた学習環境である、といえるかもしれない。認識を拡大していこうとする学習者にとって、カリキュラムや指導法は妥当であるか？ 限定された学習観を前提としたカリキュラム編成になっていないか？ 提示した教材は子どもの学び方にあっているか？ オーセンティック・アセスメントでは、こうした学習環境の評価に重点が置かれているといえよう。

　つまり、オーセンティック・アセスメントは教育者に学習の促進者となるよう要求している。これまでの教育者は大人の理解を子どもに伝達し、その習得の程度を評価してきた。しかし、オーセンティック・アセスメントでは、通常、評価の対象としないものまでも考慮しながら客観的な測定に加えて、子どもの主観的解釈のつまずきに関する情報を提供する。特定の子どもの、特定の見方を確認し、どこでつまずいたのかを指摘するのである。それゆえ、オーセンティック・アセスメントは教育者の学習観あるいは教育者の評価観に対して変更を迫る。授業の監督者から学習の促進者となることを教育者に要求するのである。

　以上のように、オーセンティック・アセスメントが注目されるようになったことによって、現在、教育評価（evaluation）の考え方がアセスメント（assessment）という考え方へと移行しつつある。たしかに教育評価とアセスメントの意味内容は似通っており、アセスメントという語句を使用する必要もないように思われるかもしれない。しかし、今日、evaluation という単語は標準テストを行うことを意味しているという。そこで、変革の意味をシンボライズするために、アセスメントという語句が使用されるようになったとされている。また、この移行には現代の社会事情も関係している。現代では教育効果に対して説明責任（accountobility）が求められる。評価に対しても、単なる評

点だけではなく，なぜその評点になったのかについてのより多くの情報を提供することが必要とされるようになってきた。こうした社会事情によってオーセンティック・アセスメントの重要性が増し，アセスメントという考え方が重視されてきたのである。

　以上，評価において具体的に暴力性を基礎づけた心理学の働きとその反省の過程を，歴史に即して述べてきた。心理学にその意図はなくとも，心理学はモダニズムの中で，結局，人間性への配慮を忘れ，暴力的になってしまったといえるであろう。だが，現在，心理学はモダニズムというパラダイムからの転換を図っている。新しい学習観のもと，評価は子どもの学びに寄り添ったものでなければならないとされている。評点をつけるという権威的で暴力的になりがちな態度から，子どもに寄り添って子どもの学びを支援していく態度への転換が，これからの評価において要請されているのである。

参考文献

（１）　岡部彌太郎「学籍簿の在り方について」『児童心理』5，金子書房，1947年所収。
（２）　文部省『教育心理──人間の生長と発達』師範学校教科書株式会社，1947年。
（３）　田中寛一「創刊に際して」『測定と評価』1，日本文化科学社，1951年所収。
（４）　東京大学教育心理研究会編『教育評価事典』国土社，1955年。
（５）　岡部彌太郎「教育測定と評価」波多野完治編『現代教育心理学大系　測定・評価（理論編）』中山書店，1958年所収。
（６）　肥田野直「教育評価」肥田野直他編『戦後日本の教育改革　教育課程（総論）』東京大学出版会，1971年所収。
（７）　宇佐美寛「J・M・ライスの公立学校調査」世界教育史研究会編『アメリカ教育史Ⅰ』講談社，1975年所収。
（８）　フーコー，田村　俶訳『監獄の誕生』新潮社，1977年。
（９）　橋本重治『新・教育評価法概説』金子書房，1979年。
（10）　田中耕治「測定・評価論」長尾十三二編『新教育運動の歴史的考察』明治図書，1988年所収。
（11）　アドルノ／ホルクハイマー，徳永　恂訳『啓蒙の弁証法』岩波書店，1990年。

(12)　天野正輝『教育評価史研究』東信堂，1993年。
(13)　田中耕治『学力評価論入門』京都法政出版，1996年。
(14)　リット，小笠原道雄訳『技術的思考と人間陶冶』玉川大学出版部，1996年。
(15)　若き認知心理学者の会『認知心理学者教育評価を語る』北大路書房，1996年。
(16)　佐藤公治『対話の中の学びと発達』金子書房，1999年。
(17)　ボール編，稲垣恭子他監訳『フーコーと教育』勁草書房，1999年。
(18)　シャクリー他，田中耕治監訳『ポートフォリオをデザインする』ミネルヴァ書房，2001年。
(19)　田中耕治「戦後『学力評価論』はどう展開されたか」『現代教育科学』545，明治図書，2002年所収。
(20)　野上智行「総合的な学習の評価」『指導と評価』515，日本図書文化協会，1997年所収。

（岡谷　英明）

第9章　教育価値論

　不登校，いじめ，学級崩壊などの事例を見つめていくと，子どもたちにおける「心の内なる崩壊」のようなものが感じ取られる。その内的崩壊の視点から描出される子どもイメージは次のようなものである。すなわち，他者との社交的な関係が希薄なために自己の拠り所がなく，それゆえ自己の存在価値を感知できなく，他者のために役立つことの意味と喜びをもてなく，決断を可能にする自己規制力の発達が不十分であり，そして将来への展望を築き上げる心の活力が衰弱している状態である。それが現在の子どもたちの病んだ姿といえよう。

　そうした問題状況の主要な原因の一つとして，社会変動にともなう規範意識の変化があることは確かなことと思われる。だからといって，従来の形での道徳教育とか価値教育を強化すれば事態が克服されると期待することは早計であろう。

　そのわけは，価値の教育および教育と価値との関連性のとらえ方において，なおざりにできない重要な変化が見られるからである。そして，子ども観についても変容を迫られているからである。

　本章では，教育と価値との関連性についての考察を主題にしている。

　第1節では，まず本章の基本的な視点でもある人間の課題について明示する。そして，近代以降における子ども性の変容をとらえるとともに，多元化社会における価値問題について考える。第2節では，近年における価値概念の転換について理解し，その観点から従来の道徳的価値・徳性の問題点を考える。第3節では，アイデンティティの形成が価値と密接に結びついていることを理解し，そしてアイデンティティを基礎づけているエートスの本質が「人間的な屈辱からの防衛」にあることを指摘している。そして，第4節では，教育の課題として「価値づけること」の学習をとらえ，そのための価値指向的な授業の基本原則について考察している。

1　人間の課題と子ども性の変容

　教育というのはいつの時代でも困難な営みである。というのは，教育が関わる子どもが，親や教師が作為的に形作ることも操作することもできない存在だ

からである。教育におけるこの非－作為性・非－操作性は，子どもがその学習過程を自己決定のもとで遂行しなくてはならないということの確認を意味している。したがって，教育の役割は，子どもたちの「人間的な生成」に向けての条件や環境を準備し整備するという支援的なことなのである。

1 人間の課題

人間的な生成は「自己の形成」と「現実の形成」の過程であると指摘されている。人間が生きることは，自己の理解と，自己を取り巻く他者や環境そして世界の理解とを同時進行的に遂行していくことである。つまり，各個人は2つの課題を引き受け，遂行しつつ自己を発展させていくのである。

2つの課題は「自己－関係」と「世界－関係」の問題としてとらえ直されている。人間的な成熟性への発達は，遺伝的要素を基底にして，各個人が自己および世界との関わり方を獲得することによって推進される。そして両者が互いに適切な呼応関係を保持していることが，望ましい人間生成の条件である。

教育の営みをそれら2つの課題でとらえることは，近代啓蒙の教育思想を補充するものである。啓蒙的な陶冶観は，「人間における人間的なものの自己実現」の総体としての個人とその内面的な陶冶に重点を置くものであった。その人間陶冶の理念には，当時依然として拘束的であった「世界の恒常的な本質をとらえる実体的理性」に基づく形而上学的な世界像がつきまとっていたのである。

1970年代頃までの教育学は，そうした形式的な世界秩序の枠内での，統一的に構想された主体，固定的に規定され善というコンセプト（概念）などを前提にしていた。つまり，多様性ではなく統一性の観点に基づく教育学であった。

その後，人間に対する外側からの影響が多様かつ強大なものになっているにもかかわらず，それを看過していることの不当性が指摘されるようになった。要するに，個人の「内的資質」を優先させる人間の自己陶冶を，社会・文化的な要請と関わる「関係能力」の視点で補う必要があるということである。

そこで次に，現代社会における人々の自己－関係と世界－関係のあり方についての基本的な特徴をみていくことにしよう。

現代文化に対して人々はアンビバレンス（両価値的）な気持ちを抱いている。一方では，物質的に恵まれた生活，労苦の軽減，自由時間の確保という工業的な福祉の利点は受け入れられている。その享受は，工業社会の規範である同時性・標準性・集権性・集中性によって支えられている。しかし他方において，漠然とした不快感・居心地の悪さが表明されてもいる。物質的な生産と所有の背後に，不確定さ・途方にくれる・頼るもののなさという心的状態が潜在しているのである。そこに，道具的能力と省察的能力との不整合が見られるのである。

そうした状況は近代における人々の「個人化」の問題とも関連している。

2　個人化の過程

近代社会における特徴の一つは「個人化」の進行である。近代的な個人の自由は，伝統的な人間関係や階層的な生活形式を衰退させ，社会から分離された個人の生活設計を前面に押し上げさせたのである。

伝統的な結合から解かれて「個人化」した個人は，それによって自立化を達成したかというと，そうではない。伝統的な紐帯が消滅したその空白部分を埋めることになったのは，生活形式と生活過程を規定する行政機関や制度，そしてメディア，消費，コマーシャルなどとの関わりや結びつきである。

各個人の日常生活は，それらによって「規格化」「標準化」されることになった。「個人化」されたはずの私的存在である個人は，それによって逆行的に「脱－個人化」という現実に直面しているのである。これは現在の社会における重要な問題点である。

その「個人化」過程の視点から子どもについてとらえてみよう。伝統的な支配関係に基づく社会的結合力の弱体化にともない，家族の基礎をなす結婚・親権・性的役割についての考え方が多様化し，子どもであることの特性（子ども性）も変容せざるをえなくなっている。

3　子ども性の情動化

1980年代から，親中心の両親－子ども関係が衰弱して子ども中心家族が登場

する。そこにおいて子どもの情動的な価値が高まる。それまで家族における肉親的な親密さや情愛的な絆の保持は主として母親によって担われていたが，その役割が子どもに割り振られることになった。情動的な親子関係において，親は子どもに対して経済的な有用性よりも，むしろ心理的な癒しの効用性を期待する傾向も見られるようになっている。

4　子ども性の合理化

　子ども性の「情動化」の反面において，子ども性の「合理化」も進行する。遺伝子技術による出産への親の決断の余地，出産計画・家族計画，子育て計画への関心の向上は，子どもを「制作可能な存在」とみなす傾向を強めている。

　子ども性の「合理化」は，近代教育の主流をなしてきた「自然的発達観」に対して，人為的に「構成された発達観」を対置させている。この発達観では，子ども期の期間や，子どもに獲得させるべき資質能力，人間観や社会観について，大人の側からの教育政策的な判断が優先されているのである。子ども性の「合理化」は「話し合い家族」とも関連しているが，これはまた新たなアンビバレンス感覚を子どもたちのうちに生み出している。

　たしかに，子どもの意見や要求は両親によって受け止められるが，同時に交換条件として，自分の行動をコントロールすることへの要求が子どもに突きつけられる。それは，親によって許容される子どもの自立性の範囲と，子どもの側からの自立性要求の範囲との間にズレを生み出す。制約された自立性への期待は，子どもにとってはダブルバインド（二重拘束）の性格をもち，子どもは身動きできない状態に追い込まれ，「心理的な爆弾」を抱え込むことになる。

5　多元化の問題

　方向づけをさらに困難にしているのは多元主義である。それは，経済原理を社会的な共同生活の組織に転用したものである。市場においてと同様に，世界観に関して多様な集団が競合し合っている状態，多様な世界観的な立場が同等に共存している状態をさして，多元主義というのである。多元主義によって前面に出た寛容は，誰に対しても責任を問わず，そして自分も責任を負わない姿

勢を助長している。また多元主義は、日常の快楽獲得を超えるところの何ものをも信じないとする姿勢を助長させている。

価値観念の相対化と価値体系の喪失は、社会レベルの多元主義が各個人の内面に入り込んだ「内的多元主義」を生み出すことになる。それは、各個人からより確かな価値的な立場を築く営みを奪い取ることになるのである。ただし、人々の多元性への権利は認められなくてはならない。多元性は多様な能力の表れであり、多様な自己表現は教育の目標でもある。それゆえ、批判されるのは、人間が妥当な仕方で決断を下す必要性を免除されているということを主張するような多元主義的な考え方である。

要するに、現代の人々には「選択可能性の余地」が与えられているが、「脱－個人化」などによってその選択の自立的な遂行が制約され、自己自身および環境・世界に対する態度決定の力量が衰弱しつつあるということである。

2 価値概念のとらえ直し

社会における多元化が進行して「一般的な拘束的価値を拒絶する」風潮が広がり、価値に関する合意は得がたく、子どもたちにおける規範的な方向づけは後退し続けている。

1 教育への勇気

こうした状態への積極的な対応として注目されたのは、1978年にドイツのボンで開催された「教育への勇気」を表題とする教育会議である。そこにおいて、「教育のない陶冶は存在せず、そして価値を欠いた教育は存在しない。われわれは教育への勇気を必要としている」という教育政策の基本方針が打ち出されたのである。

しかし、価値教育にはいろいろな問題点がある。それは道徳教育や心情陶冶と同じか否か。子どもを一定の価値態度へ向けて教育することは、教育的に許されることなのかどうか。それらの問いに明確な回答を出すことは難しい。従来の慣行的な価値へのアプローチはすでに閉塞状態に陥っているからである。

この価値状況を変えるには視点の転換が必要である。価値問題の袋小路から抜け出すために価値コンセプトのとらえ直しが提起されている。それは，価値を存在的な実体としてではなく，「関係設定」として理解するという提案である。

2 価値概念の転換

価値を関係設定としてとらえることは，具体的な個々の価値にではなく「価値づけ」の行為に注目することである。価値というのは何らかの対象に対して遂行された価値づけの結果である。だから価値は，価値そのものとして存在するのではなく，価値づける主体との関わりにおいて考えられるのである。それゆえ，価値づけとは，対象に対する関係を明示することである。価値づけの過程において主体は，対象に対する自己の関わりを見通し，対象に対する態度を決定するのである。

したがって，各個人の価値づけの結果としての価値は，個人と対象との関係が設定されたことを意味する。価値を関係設定としてとらえることによって，自己－関係と世界－関係の価値的な基礎づけが見えてくるといえよう。

価値づけの遂行によって，各個人は対象に対して自己を位置づける。その経験的な積み重ねにおいて，各個人は何らかの価値への優先的な好み，すなわち選好を，反対に拒絶という心的な力を発展させていく。価値的な選好・拒絶という作用によって個人の価値体系が形成されることになる。そして，それにより個人が注目して関わる物事の集積が形を成し，やがて発展的に各個人固有の世界像，世界観が築かれることになる。

価値づけは，個人が自己自身に対して価値を明示することでもある。その価値は，対象との関わりにおいて自己を方向づけるための「吊革」としての役割を果たすとともに，その対象に自分の行為を関わらせる動機づけの働きをもつのである。

われわれは，すでにアプリオリな目的論的な目的を拒否しているから，自分の目的は自分で設定する必要がある。世界との関わりが前もって規定されていないからには，プラグマティズムの視点で価値づけをとらえるのは賢明である。

たとえばデューイ（Dewy, J.）においては，価値は行為する個人の継続的なリフレクションの帰結としてとらえられている。すなわち，価値は，単に享受されるものではなく，知性に導かれた科学的な実験的経験の結果としての善であると考えられている。ここでの価値コンセプトの転換はそうした見方への移行ともいえよう。

価値づけることは人間学的な事実である。人間は本能ではなく価値づけに従って行為する。その行為は自己の裁量によって組織化されなくてはならない。人間が「自己自身の作品」であるためには，自己および世界に対する関係設定を手中に収めなくてはならない。そうでなければ，人間はその自立性を放棄し，他律的な権力や外的状況の経過に自己を委ねざるをえないであろう。

自己自身の作品である人間は，社会的・道徳的な判断力を有するものである。そうした人間形成をめざす道徳教育において重視されている価値について，ここでの価値視点から考察してみよう。

3 道徳的価値・徳性

たとえば，友情・親切・公共心，そして家族・結婚などは社会－道徳的な価値と呼ばれている。これらの価値は，個人的な選好価値ではなく，慣習的にとらえられた選好価値である。友情などは道徳的な徳性とみなされ，家族などは道徳的なよさを有する価値財とみなされている。これらの価値は，普遍的な種類の選好に基づくものとして，無条件に妥当性を認められている。

社会－道徳的な諸価値は道徳的ニートス（性質，気風）の主要な在庫カタログである。それらを肯定する人は，個人的な欲求を遅延させ，公共性を優先させる。そこには，各個人の恣意性は一般的な規範によって制限されるとする暗黙の了解がある。
すべての人々がこれらの価値を実現すれば，価値的な危機現象は解消されるであろう。

しかしながら，社会－道徳的な価値・徳性が，表面的に人々の全面的な合意を得られたとしても，理想と事実との隔たりを埋めることはきわめて困難である。というのは，それら慣習的な価値・徳性は，具体的な行為に関して大きな

解釈の幅をもち，広範なオプションに開かれているからである。

それゆえ，それらの価値・徳性を教育価値として重視することには慎重でなければならないのである。

4　自己決定という規準

社会－道徳的な価値の意義を相対化したうえで，教育学的な考察の拠り所となるのは，自己決定という規制的な規準である。この規準において，人間に対してその固有価値が割り当てられるのである。

この自己決定の規準を前提にして，人間の基本的権利は公式化されたのである。この基本的権利は，個人の自由・信条の自由・人格の自由な発展への権利などを派生させ，価値秩序をもたらしている。

平和愛などの徳性とは異なり，基本的権利はいわば法として定義されたものである。法原理としての基本的権利は積極的な形でいかなる行為をも導くことはないが，他者の保護という関心に対して明解な制約を示している。すなわち，自己決定という人間性の立場を確保するという要請を提示している。

要するに，人間は何よりもまず固有価値を有する主体として，そして権利主体としてとらえられなくてはならない。自己決定という形式的な原理から導き出される基本的権利を尊重することこそ，現在の規範的な課題である。

3　価値とアイデンティティ形成

これまでの考察で，価値と自己形成との深い関わりが示唆されている。この節では，価値とアイデンティティ形成との関わりについて考察する。

ドイツの社会学者である H. ヨアスは，「価値および価値コミットメントは如何にして生ずるか？」と問いかけ，それに対して「価値は自己－形成と自己－超越において生ずる」と回答し，その論証を試みている。

その論証は価値とアイデンティティ形成の関わりを究明する形で行われている。その要旨は次のようなものである。カナダの哲学者チャールズ・テーラーが指摘するように，「近代のアイデンティティ」は，自己性と善，いいかえれ

ば自己性と道徳性とが解きがたく織り合わされているのである。

1　自己性と道徳性

欲望の区分　その根拠となるのは、価値は「主体の設定」という働きを有するとする洞察である。それを解明するために、まず人間の欲望を「第1階」と「第2階」の欲望に区分することが必要である。

人間の意志の特徴は、他の動物と同様の欲望（第1階）をもつだけでなく、その欲望をもつとか、もたないという欲望（第2階）をもちうることである。この現在とは異なる状態を欲する第2階の欲望の出現と平行して、子どもの内部に、自己の欲望へのリフレクティブな関わりが成立して、〈自己－評価の能力〉が形成されていくのである。

人の人格を規定するのは第2階の意志だけである。この意志による行為は、第1階の欲望に妨げられたり、また同じ第2階の他の欲望とも葛藤するため、意志行為を実行に移すことには困難がつきまとう。

弱い評価と強い評価　そこで問題となるのは、行為場面において、一定の満足を選好するか、閉め出すかということである。そのために、第2階の欲望は「弱い評価」と「強い評価」とに区分される。「弱い評価」に分類される欲望の評価は、場面に拘束されていたり、実現可能性に制約されているものである。それに対して「強い評価」が作動するのは、何の支障もなく実現可能な欲望を、その満足は受容できないという理由で拒絶するような場合である。

この「強い評価」に関わる欲望は、より高い－より低い、有徳的－悪徳的、より充実的－より充実的でない、高潔な－卑劣なといったカテゴリーで分類される。そして、それらの欲望は生活の質的に異なる様相、たとえば断片的－総合的、疎外的－自由な、といった様相に属するものである。

道徳的感情　この「強い評価」の事例においてわれわれは自分の欲望を評価するのであるが、それは単に実現可能性の視点からだけではなく、「道徳的感情」という規準に照合して行われるのである。

その道徳的感情というのは、情動的な性格と認知的な性格とを合わせもっている。われわれはその価値規準である恥・尊敬・賛美などの感情において、単

に望まれる欲望と望ましい欲望とを質的に区分することが可能になる。「強い評価」はこの望ましい欲望を選択させる働きをもっているのである。

この価値規準は，特定の個人にだけでなく，他者とともに与えられているので，自己と他者の知覚に体現されている「枠組み」を成すものである。われわれの実践はこの「枠組み」との関わりで成立している。そしてアイデンティティ形成もこの「枠組み」と緊密に関わっているのである。

2　アイデンティティの特徴

「私とは誰？」という問いに与える回答は，各個人の社会的な関わりと同一化の表明を含んでいる。そして同時に，それに対して一定の距離を取ることもできる。つまり，各個人は社会的な関わりや同一化を是認したり反対したりする一定のスペースを拓くことができるのである。

したがって，アイデンティティの問題は，自発的な関わりや同一化に準拠するか，あるいは自分自身の価値態度の枠組みに準拠するかのどちらかで回答されうる。それら両者において，回答には「強い評価」が含まれている。それゆえ，アイデンティティそのものは「強く評価された善」である。そのことは，われわれがその善に対して誠実であり続けること，あるいは行為をその善の要求と照らして正当化することを要請するのである。

そして結論的にいえば，各個人のアイデンティティは，各個人の自己－理解においてのみ，すなわち，各個人自身の行為指向へのリフレクションにおいてのみ，その役割を果たしうるものである。われわれにとって重要なことと重要でないことについての選択は，われわれのアイデンティティによって可能となる。単なる事実的なことによってではなく，強く評価された選好によって規定されているからこそ，アイデンティティは一貫性を保持することができるのである。

人間という文化的な行為主体(エージェンシー)の特徴は，「強く評価される善」に問いかける「心の内的空間」において実存していることである。そうである限り，われわれは価値との関わりを捨て去ることはできないのである。

しかし，そのことは同時に，価値が崩壊すればアイデンティティを維持する

ことができなくなる，という危惧・不安を生み出すことが考えられる。たしかに，「人間の性格は一貫性と連続性を示さなくてはならない」という仮定は，それにつきまとう特有の「自己－脅迫現象」をもたらしている，といわれている。

それゆえローティ（Rorty, R.）は，われわれの内的存在性を否定すれば，一貫性要求の圧力から解放され，アイデンティティの分裂とか人間存在の偶然性に対してもっとリラックスした態度がとれる，と指摘したのである。

3 エートスの本質

ところが，そのローティの思想に注目すべき変化が生ずるのである。彼は，ある時点で，市民相互を結びつけるエートスを構成する内容は何かという問題に直面する。そしてその問いに対して彼は，エートスの本質は「残酷さ」（cruelty）を防止することである，と提言したのである。

ローティによれば，われわれをすべての人間と結びつけるものは，また他の生命体から人間を区別するものは，「苦痛への感受性」である。そして，動物にはないであろう人間に固有な苦痛は「自尊心を傷つけられる屈辱」（humiliation）である。この屈辱から防衛されることは，すべての人間に共有されることであり，公共的生活を形成するためのミニマムなエートスである。

その屈辱がなぜ人間固有の苦痛となるかといえば，自己－尊重の喪失によって個人の内的一貫性が疎外されるからである。というのは，いまでは周知されているように，その脅威のもとで行われた行為は，その個人の一貫性の中に統合されえないという心理的な特質が確認されているからである。

要するに，ポストモダンの思想家によって否定されたかに見えた人間における「一貫性」は，現に生きているのである。そして，その公共的エートスの基礎づけにおいて，まさに「道徳的感情」の次元が確証されているのである。「屈辱への感受性」と「屈辱からの防衛」は，アイデンティティの形成と喪失についての考察を補充するものである。また，「人間的な屈辱」は，アイデンティティ形成における価値視点と社会視点とを関連づけるための不可欠なコンセプトといえるであろう。

4 価値づけの条件とその学習

　人間は生得的本能や刺激－反応メカニズムに直接的に従うのでなく、他者および状況に対する自らの態度決定に基づいて生きているのである。

1 人間的事実としての価値づけ

　すでに乳児は、刺激に反応するだけでなく、その状況に対して物理的な因果性から身を離した振る舞いを現している。乳児は優先的な好みを形成し、たとえば一定の場面とか物音、身振りなどをほかのことよりも選好する。それにより乳児はすでに価値づけているのである。

　子どもは自分を表現できるようになると、周りの人に自分の評価を知らせようとするものである。そして、青少年に彼らの意見や思いを問えば、多様な価値視点が示されるであろう。その意味で、価値づけは人間的な事実である。しかし、それらの態度決定や態度表明は的確な価値づけに基づいているとはかぎらないし、また彼らはそれを理由づけることができるともいえない。

　人々の態度や立場は多くの方法手段に基づいて生ずる。たとえば、両親との同一視、しつけ、習慣化、他人の模倣、尊敬する人の意見への信頼、仲間への同調、そして一定の解釈パターンの意識的・無意識的な適用などがあげられる。

　態度決定というのは、それを通して各人がその人間性を現すことにほかならない。そうだとすれば、妥当な価値づけの学習を援助することは教育（学）の重要な課題である。

2 価値づけの規準

　人を妥当な価値づけへと導くためには、価値づけることは何らかの理性的・合理的な根拠に基づくものであることを確認しておかなくてはならない。たとえば、対話の条件として論証の規準や用語の概念規定が確認されるように。

　主体が価値づける場合、主体はいわば自己自身と対話を行う。その際、任意に勝手な判断をしないために、主体は内的主観が要求する事実的な妥当性、す

なわち「客観性」の条件を充たさなくてはならない。この客観性だけでは行為を可能にすることはできない。主体は、その行為の決断において、道徳的な適切性をも考慮する必要がある。というのは、自己の自己決定の確保は他者の自己決定の承認を前提にすべきだからである。その意味において、人間は人格として、つねに個人的かつ社会的な存在なのである。

それゆえ、価値づけにおける規準とされるのは、客観性と道徳性である。これらの規準は、価値づけるという行為が、相対主義や独断主義に陥らないようにするための条件として承認される必要がある。

3　価値づけの三要素

それらの条件を規準とする価値づけは次のようにとらえることができる。すなわち、価値づけるという行為は、「認識」と「省察」を遂行して決断をもたらす行為である。この決断は認識と省察を統合した「判断」である。それゆえ、価値づけるという行為は、認識すること・省察すること・判断することの三要素から成立しているのである。それら三要素から成る価値づけは、各個人の個性的かつ具体的な行動を始動させるために不可欠な原動力である。

① 認識すること

認識は事実的な事柄についての知識をもたらす。その方向づけに対して主体の観察視点が影響を及ぼすが、対象とされている事実的な事柄が有する特性、構造、法則性などを客観性の規準のもとに究明することは認識の役割である。それによって主体は、妥当性のある認識を獲得することができる。

認識が客観性の規準に従うということは、認識に対して各人の自我が不当に介入することなく一定の距離を保持するということである。自我の制約を前提とする認識は、それゆえ、まだ行為を生み出さない。その意味で認識は中立的であるし、さらに多義的でもあるから。

認識が事実的な客観性の次元を追究するのに対して、省察は道徳性という規準のもとにある主観的な次元を追究するのである。

② 省察すること

省察は、認識の内容というものが自分自身に対して、また他者に対してどん

な帰結をもたらすのかを追究する。つまり省察は，行為が「何をめざし何のために」遂行されるのかを吟味し，行為の正当性を問いかけるのである。

省察の働きとは，認識が将来の行為に対してどれほど重要なのか，そして予想される行為オプションからどんな帰結が期待されるのかを査定することである。

この道徳性の次元は，もはや自我から独立したものではない。各人の自我こそが，どんな仕方で認識を行為に移すか，移すことを断念するかを決断しなくてはならない。この決断を他人に委ねることは自己責任の放棄である。

③ 判断すること

これら認識と省察との総合としての判断が下されることによって，価値づけという行為が成就されることになる。この価値づけ過程において，事実的な事柄および対象の道徳的な考量価値を押さえ，それらに基づいてその対象に対する自分の関わりを決定するのである。その決定を通して，各個人は自己－関係と世界－関係を新たな形で設定することになる。

4　価値指向的授業の原則

価値づけることの学習を目標とする授業は，生徒たちに知識と能力をもたらすだけでなく，主題とされる授業対象との対峙において各人の立場や態度を獲得させることをめざしている。

この価値指向的な授業は，陶冶過程における主体的な動因の育成を重視している。学習した知識内容について，生徒たちはそれを自らリフレクティブに解釈して，その意味や価値を自己自身でとらえることが保障されなくてはならない。そうでないと，生徒たちは，自分の行為と責任において，自らの自己－関係と世界－関係を築き上げることができなくなるであろう。

生徒たちに知識だけでなくその価値的な意義をとらえさせる価値指向的な授業の基本的な指針として，たとえば次の3点があげられる。

生徒たちが，①授業における課題の意味を見通すこと，②その課題の解決をできるかぎり自立的に追求すること，そして，③狭い教科の境界を超え出るように励まされること，である。

5　授業の四原則

　それらの授業指針のもとに具体的な授業原則が考えられる。それは対話的関係，直観性，自発性，統合性および評価的総合の4点である。

　対話的関係の原則は，先に触れた授業での認識内容の客観性と倫理性の規準に関わるものである。授業の内容は吟味に耐えられるものでなければならない。というのは，生徒の価値づけによる価値設定は，その根拠・理由を問うことが条件であるため，教師はその条件を充たす授業内容と機会を保証しなくてはならないからである。授業において，教師は自分の価値判断を生徒に強要することなく，生徒を論証に裏づけられた価値づけへと導くために，彼らと対話的に対峙しなくてはならない。要するに，教育には人格的な対決が必要なのである。

　ここでの直観性の原則は生徒と学習対象との関係に関するものである。授業の課題は，言語やメディアの助けを借りて，生徒の能力状態に，さらに経験や体験および価値意識に適合するように工夫される必要がある。

　授業原則としての自発性は，生徒が自分から活動や作業に着手するという意味ではなくて，生徒へのさらなる要求を示している。すなわち，授業課題が個人と社会の生活実践に対してもつ意味を積極的に問うことである。そして生徒たちが多様な価値づけや価値判断へと到達することを保証することである。

　教師は生徒たちのこの多様性を許容しなくてならない。しかし，彼らの判断が情動，恣意，無頓着などに支配されないように，彼らの価値づけを基礎づけるように要請することは，教師の義務である。

　統合性の原則は，各教科の枠を超えた授業実践をめざすことである。具体的には，各教科の専門的な問題視点から出発し，それを他の種類の問題視点と関わらせ，さらに関連づけを展開して全体的な意味連関への眼差しを拓くということである。そうした全体を展望する視野は，生徒たちに全体の中に自己を位置づけることを可能にし，彼らの生活と行為に対して重要な影響をもたらすものである。

　そして最後の総合の原則は，多様な主題で遂行された多様な種類の価値づけをリフレクションして分析し，その成果をまとめることである。この総合は次のステップへの足がかりとなるものである。

つまり，ここで意味づけされた価値指向こそが授業原則として理解されることが望まれるのである。

参考文献
（1） Simone Jostock, *Kintheit in der Moderne und Postmoderne,* Leske＋Budrich, 1999.
（2） Konrad Fees, *Wert und Bildung,* Leske＋Budrich, 2000.
（3） Hans Joas, *The Genesis of Values,* 2000.
（4） Urs Peter Lattmann, *Werden und Lernen des Menschen,* Hauot, 1986.
（5） 岩田靖夫『倫理の復権』岩波書店，1994年。

（高橋　洸治）

第 2 部
教育理念をとらえ直す

第10章　教育（理）論

　　　　教育論と教育理論を厳密に区別することはそれほど容易なことではない。本章の章題が（　　）つきのものになっている所以である。本章ではとりあえず科学としての厳密性をもった教育論を教育理論ないしは教育学と呼んでおこう。この意味でいえば，科学としての教育学は後で述べるようにヘルバルト（Herbart, J. F. 1776-1841）によって創始された。
　　次章から，ヘルバルト以後の学としてのいくつかの教育理論が詳説される。本章では，その個々具体的に詳説される教育諸理論の露払いとして，視野を広くして，教育論や教育理論を見直していくことの意義を押さえ，これまでの人間の歴史の中で展開されてきた教育（理）論を概観していきたい。
　　具体的には，教育論と教育理論の違いを押さえ，科学としての教育学成立以前の教育論を歴史的に振り返る。そのうえで，科学としての教育学の成立とそれ以後の教育理論の展開を概観する。これは，次章から取り上げられる個別の教育理論の簡単な紹介を兼ねるものである。

1　教育（理）論とは何か

1　教育論と教育理論

　教育という営みは，限定的な意味での子育てや養育を超えて行われる，人間同士の関わりの営みの一つである。村井実がすでに指摘しているように，この教育という営みについて問う態度は次の2つに分かれる。一方は「どう（教育）するか」という問いである。もう一方は「それ（教育）は何であるか」という問いである。前者の問いは，教育の仕方やあり方について直接答えようとするもので，やがて教育の思想，すなわち，教育論へと展開する。後者の問いは，すでに論じられつつある「教育」や「教育問題」を事実として議論していくものである。つまり後者の問いは，教育を対象化しようとするものであり，やがて教育の科学，すなわち教育理論を生み出していくのである。
　もちろん，この両者を，たとえば，教育者・教育思想家と呼ばれる人間が

「どうするか」という教育論を生み出し，教育学者・教育研究者と呼ばれる人間が「教育とは何か」という教育理論を構築するといったように，単純に分離して考えることはできない。教育の歴史上に名を残している教育者・教育思想家の中で，教育の現在に大きな影響を与えている教育学者・教育研究者の中で，また否応なく被教育と教育を体験するわれわれ個々人の中で，そしてその個々人によって形成される社会や時代の中で，どちらかへの軽重はあるとしても，2つの問いが相互に関連していると考える方が妥当であろう。

2　教育（理）論を見直すことの意義

　さて，教育という営みはわれわれの身近で自然に行われているように見える営みであるが，それは単に自然に行われているものではない。人間の関わりとしての営みである以上，明確に自覚されているかどうかは別にして，そこにはある意図やある目的が存在する。とりわけ，教育をしようと働きかける主体はそれを有している。

　教育という営みが人間の一つの営みとして自覚される以前，または，教育の目的が明確に問われることがない場合，あるいはそれが疑いない自明のものとして考えられている場合，そこでの主たる問題は，「どう（教育）するか」という問題である。この問いのもとに，いろいろな働きかけ方，すなわち教育の仕方や方法が考案されてきた。

　しかし，やがて教育という営みは人間の一つの営みとして対象化され自覚されるようになる。同時に時代の推移とともに社会のあり方や人間の考え方や価値観が変化する中で，教育の目的そのものの自明性が揺らぎ，目的を明確なものにしていかなければならない状況が生まれてくる。そうすると教育の目的そのものが問い直され，同時に，従来行われてきた営みや現に行われている営みは，いったい教育と呼ぶことができるものなのかという問いも生まれることになる。「それ（教育）は何であるか」という問いが生じる瞬間である。

　われわれ人間の教育の歴史は，積み重ねられてきた教育の営み，すなわち教育の実践の歴史であるとともに，その実践と相互交渉することで螺旋的に発展してきた上述のような教育への問いの歴史である。これから計画され実施に移

されようとしている教育実践，いままさに展開されている教育実践にも，これまでになされてきた教育への問いが深く関わっているのである。まして，このように変化が急激で行き先不透明な時代である。われわれは，視野を広くもたねばならない。このような教育への問いの歴史を踏まえることが視野を広くまた柔軟にする。いまこそ，教育（理）論を見直していかねばならない所以である。

2　科学としての教育学成立以前の教育論

1　ソクラテスにおける教育論と教育理論の萌芽

まず，教育学が学として成立する以前の古代の教育論について見てみよう。これはソクラテス（Socrates 469-399 B. C.）まで遡ることができる。

教育の歴史において，最初の代表的教育者，教育思想家はソクラテスだといわれている。それはソクラテスが，「無知の知」の実現をめざし，独特の問答法あるいは対話法を通じて，当時のアテナイの若者の教育に一生打ち込んだからである。教育の仕方が1つの価値ある教育論・教育思想として認識されるようになったのは，このソクラテスによるところが大きい。

しかし，ソクラテスは単に教育論を創出した教育者，教育思想家というだけにはとどまらない。科学的な検証方法がまだ確立していない時代的な制約はあったにしても，教育についての科学者の精神を有していた。彼はそれまでの「徳をどう教えるか」という問いの代わりに「徳を教えることはできるのか」という問いを掲げて教育しようとした。つまり，彼の思索のうちには教育問題を事実として検討しようとする姿勢，すなわち，教育理論の精神的な萌芽を見ることができる。だからこそ，ソクラテスは教育の歴史の中で重要な人物として繰り返しクローズ・アップされてきたのである。

2　ルネサンスまでとその後の教育論

ソクラテスの時代以後ルネサンスに至るまで，教育問題を問題とする科学的な問いの態度に顕著な発展は見られなかった。もちろん，それ以前の16世紀に

も，古典の暗誦に偏った当時の教育に反対し，生活を通した教育を主張した，ラブレー（Rabelais, F. 1490?-1553）やモンテーニュ（Montaigne, M. D. 1533-92）のような例外もあった。とりわけ，フランスの優れたモラリストであったモンテーニュの，知識と知恵（賢さ）を分け後者を大事にすべきであり，被教育者は現実社会から直接学ぶべきだとした主張は，後のルソー（Rousseau, J-J. 1712-78）やペスタロッチ（Pestalozzi, J. H. 1746-1827）に影響を与えた。さらにいえば，後世に展開された教育理論，なかでも特にプラグマティズムの立場に立つデューイ（Dewey, J. 1859-1952）の理論において再び開花するのである。

さて，ルネサンス以降の教育論は，次に見ていくように，17世紀初頭の科学的な方法の発展と諸科学の成立を受けて，近代的な展開が見られたが，教育が理論として科学的に体系的に問われるようになるにはいましばらくの時間が必要であった。

3 自然科学の顕著な発展とコメニウスの教育論

17世紀の自然科学の顕著な発展が教育の世界に与えた影響は大きなものであった。たとえば，ベーコン（Bacon, F. 1561-1626）の自然観は，アリストテレス（Aristoteles 384-322 B. C.）のそれが目的観的であったのに対して非常に機械観的であり，真理の探究においても，アリストテレスの演繹法を排し，帰納法を主張した。彼はそれを踏まえて，教育についても，自然科学的知識を重視し，言語よりも実物を，概念よりは経験を優先する立場に立つことになる。

このようなベーコンに代表される自然科学的な精神を教育の世界に展開し確立した最初の人物，それがコメニウス（Comenius, J. A. 1592-1670）である。当時の教育は，言葉と文字によって表現された教材を教える言語主義的なものであったが，彼はそれに対して，教育も近代科学の認識と同様に，感覚的に経験できる具体的な事物について，合理的な認識をすすめるべきだと考えた。コメニウスは，『大教授学』を著し，教育を体系的にとらえようとした。そして，彼が作成した有名な『世界図絵』という絵入りの教科書は，事物と言語を結びつけることを重視した汎知主義の考え方から生まれたものである。

第2部　教育理念をとらえ直す

4　ルソーによる主知的な啓蒙主義の打破と教育論

　また，17世紀から18世紀にかけては，自然科学の発展とも関わって，近代的な思想家が旧来の伝統と不合理に対して「自然」の原理をかざして果敢に挑戦を行っていった時代でもある。ここから，人間の自由と平等についての意識，近代化の思想的な中核といえる基本的な人権の思想が誕生していく。このような社会や経済や政治における「自然」の発見と尊重は，他方「人間の自然」への正しい認識へとつながっていった。これが，子どもの本性を悪に向かうものとしてとらえていた当時の性悪説に基づく不合理な教育慣行への挑戦として展開した。ルソーはそれを最も徹底的に行っていき，その結果を『エミール』として著した。彼は教育の課題を，「自然」が子どもに与えた本性を自然の順序に従って完全に発達させることであると考えた。

　さて，このルソーに影響を与えた人物はロック（Locke, J. 1632-1704）とライプニッツ（Leibniz, G. W. 1646-1716）である。ロックの認識論的経験主義の立場とライプニッツのモナド論・合理主義の立場からは，教育においては，それぞれ，子どものうちにもつものをその本性に従って発展させることが重要であり，子どもを小さな大人とする見方を打破し，個性を尊重することになる。ルソーの教育即生活という大胆な主張は，ここにその基盤をもっているといえよう。

5　カントの哲学と教育思想

　18世紀になると，ルソーとヒューム（Hume, D. 1711-76）から影響を受けたカント（Kant, I. 1724-1804）がドイツで批判哲学を構築する。カントは近代における最大の哲学者であり，現代哲学の思潮の始原と目される人物である。彼は，ケーニヒスベルク大学で，数学，自然科学，哲学を学び，同大学で教鞭をとった。カントの批判哲学とは，この世界に存在する事実や現象について，その存在の本質をいきなり問うのではなく，その事実や現象の成立に関わる人間の精神諸能力の機能を吟味し，この能力の働く領域と限界（権利根拠）を明確に措定する哲学の方法である。このカント哲学の影響のもとにヘルバルトが科学的教育学を創始したことについては次節で取り上げることにしよう。

カント自身は，教育に深い関心を抱いており，ケーニヒスベルク大学では，大学において初めて教育学という名前の講義を講じた。彼は，教育を自然的教育と実践的教育に分けてとらえていた。前者には，動物にも見られる「保育」や「養護」と，次の実践的教育への架け橋となる「訓練」ないし「教化」を含む教育の段階が含まれ，また，後者には，物事についての認識や技術に練達する「練達性」，一人の市民として社会を生き抜く力としての「怜悧」，人間を道徳的自由の主体として形成する「道徳性」という三領域の陶冶が含まれ，理性の自発性に応じて，能動性が子どもに求められたのである。

6 ペスタロッチとフレーベルの教育実践と教育論

カントの批判的哲学の雰囲気の中で，また，ルソーの教育小説『エミール』から影響を受けることによって，教育の問題を学校や教師の問題へと展開させたのがペスタロッチである。彼は，農業家として出発したが，貧民教育の実践にも関わった。しかし，そのことが農業経営の事業不振に拍車をかけ，文筆家に転身する。彼は文筆家として成功した後，再び教育実践へと復帰する。

ペスタロッチは，シュタンツ孤児院において，直観（Anschauung）に基づく学習や綴字教授法などを考案している。彼の教育思想の基礎となる人間観は三状態論と呼ばれている。「動物的状態」，「社会的状態」，「道徳的状態」の三状態が，個としての人間の生涯あるいは類としての人間の歴史において順次展開するとともに，どの時点においても交互に交入する層的なものとして考えられている。また，人間の教育においては，知の陶冶，技術の陶冶，道徳の陶冶のどの一つも欠けてはならないと考えられており，「頭」と「手」と「心」の３つの力を均衡させて初めて，自律した全人的人間とみなされる。その自律的人間の過程において，彼は自律の芽を摘まない程度の他律的な取り扱いが必要であると考えていた。

教育思想や教育実践を学校や教師の問題として展開していったペスタロッチに対して，教育思想や教育実践を幼児に焦点を合わせ，幼児の教育論を展開したのがフレーベル（Fröbel, F. W. A. 1782-1852）である。フレーベルは，24歳のとき，すでに欧州の教育界に名声を馳せていたペスタロッチの教育活動を知

り，実際に彼を訪ね，そこで深い感銘を受けた。その後フレーベルは，ホルツハウゼン家の専任の家庭教師になり，教えていた子どもたちとともに，再びペスタロッチ学園を訪問した。そこで実践されていた戸外の遊びに重要な意義を見出した。しかし，ペスタロッチ学園の教育法の欠陥を感じ取ったフレーベルは，「人間陶冶」の方法を基礎づけるために，言語学と自然科学を研究する必要性を感じ，大学に再度入学することになる。そして，ベルリン大学での鉱物に関する自然研究を通じて，いっそう人間に関心をもつようになり，大学からの教授招聘も辞退して，幼児教育の活動を開始したのである。

フレーベルによれば，生まれたばかりの子どもは，種子のようなものであり，どんな小さな子どもも，生命全体と絶えず精神的なつながりを保ちながら，段階を追って，人間としての目的に向かって発展していく。彼は，子ども自らが創造的に学習できるような遊具や遊びを与えることを教育実践の中心的な課題として考え，いわゆる「恩物」（Gabe）を考案した。そして，彼は，幼児期の教育に深く関わるうちに，人間の初期の教育における母親らしい精神の必要性を確信し，若い母親たちに幼児教育の重要性を自覚させるため，母性の育成と幼児教育の融合をめざした施設を創立した。それが後の世界初の幼稚園の誕生に結びついた。

つまり，ペスタロッチとフレーベルにおいては，教育についての思想が思想としてとどまることなく，子どもたちに対する自らの教育実践に実際に結実し，また，その教育実践を通して，自らの教育思想が確立されていったのである。

3　教育学の成立とその後

さて，教育を科学的・体系的に問う学問が教育学＝教育理論である。先述したように，教育学という名前の講義を大学において講じた最初の一人として，カントは有名である。ただし，カントは教育へ深い関心を抱いていたが，少なくとも教育学を講じていた段階では，「教育とは何か」を問う姿勢，すなわち教育を科学的にとらえようという意図まではもち合わせていなかった。

つまり，これまで見てきた19世紀までの教育への問いは，教育論としてのレ

ベルとオーダーのもとで展開されたものであり，主として子どもの教育の目標と方法を親や教師に教示することを主たる課題とする技術論であったといえよう。それは，教育学を示す英語やドイツ語がギリシア語の「子どもを導くところの」という形容詞に由来したものであることからも理解される。

1 ヘルバルトによる教育学の創立

その教育を科学的・体系的学問，すなわち，教育学として成立させようと試みたのは，ヘルバルト（Herbart, J. F. 1776-1841）が最初であった。彼は，ケーニヒスベルク大学におけるカントの講座の後継者であった。彼は，自らが家庭教師として関わった子どもたちへの教授とその学習を通じて変化する子どもの諸状態を綿密に観察・記録した。それに基づいて『一般教育学』を著し，教育学の科学としての確立と自立を主張したのである。それ以前にも，たとえば，前述したようにコメニウスは教育を体系的にとらえようとしたが，いわゆるカントの批判的精神の洗礼を受けた科学観からすれば，これはまだ真の意味で科学の名に値するものとはいえなかった。

ヘルバルトは，その教育学の体系化において，実践哲学，すわなち倫理学と心理学を基礎に置こうとした。それは，あらかじめ教育的人間についての科学的研究，すなわち第一段階としての心理学を基礎として，その基礎の上に教育的人間像，すなわち第二段階としての倫理学を確立し，そして，その人間像の実現に至る教授理論，すなわち第三段階としての教育学を体系的に展開するという構想である。

各段階はそれぞれ特色的なものである。第一段階の心理学においては，それまでの能力心理学を破り，表象力学としての心理学を樹立した。第二段階の倫理学は，カントやフィヒテ（Fichte, J. G. 1762-1814）らと同様に，ドイツ観念論の流れを汲み，心理主義を排し快楽的なものを拒否したものであった。倫理学上の形式主義，動機論の立場から，倫理学上の問題をある所のものにではなく，あるべき所のものに限定し，絶対の善となるものは，純粋な意思の形式のみで，内容的な問題は捨象された。そして，道徳の根本的概念を，自己や他の人間意志の基本的な関係性から考究し，内的自由，完全性，好意，正義，平静

という5つの理念としてとらえた。つまり、彼の教育学は、教育への「何か」と「どう」との2つの問いへの解答の総合のうえに構想化されていたのである。

2 ヘルバルト教育学の限界と問題

このようにして、科学としての厳密性をもった教育論を教育理論ないし教育学と呼ぶとすれば、それはヘルバルトによって初めてもたらされたものである。もちろん、ヘルバルトの教育学についても、時代的および個性的制約を避けることができなかったのも事実である。一つは当時の科学概念の捉え方によるものであり、もう一つは「どうするか」という問いを中心的なものとして考えたことである。前者は方法的な問題や限界を示し、後者は、科学としての後進性を示すものである。

また、ヘルバルトの教育学は、いうなれば、彼の哲学体系からの演繹科学であった。これが教育学と位置づけられたことによって、以後の教育学の本質が運命づけられた。つまり、以後の教育学は、哲学とともに発達・展開することになった。さらにいえば、以後の教育学は、新しい哲学思潮の出現とともに、その演繹や応用として発達・展開してきたといえよう。この意味において、教育学は教育哲学であるということができる。したがって、ヘルバルト以降の教育理論の展開を概観する前に、次のようなカント哲学以降の哲学思潮の展開を視野に入れておくことが必要である。

3 ヘルバルトの教育学成立以後の哲学思潮の展開

ヘルバルトの教育学は、カントの批判哲学の雰囲気の中で醸成されたものであった。カント以後の批判哲学の精神は、フィヒテ、シェリング（Schelling, F. W. J. 1775-1854）、ヘーゲル（Hegel, G. W. F. 1770-1831）らによって継承され、いわゆるドイツ観念論において隆盛をきわめた。その観念論に対して、19世紀後半から、それとまったく相対する立場に立つ実証主義の哲学が台頭して、それが西欧の哲学思潮の主流をなすことになる。それと相前後して登場した新カント派の哲学が、カント哲学に含まれていた独断的な傾向を精算したうえで、実証主義に対抗し、カント哲学への復帰を高唱し、20世紀初頭には一世を風靡

した。

　しかし，その新カント学派の批判哲学も観想的な形式主義もしくは論理主義であるとの批判を受けて，時代の現実的な要求に直截(ちょくさい)に応える力を失っていった。その後の哲学思想においては，現実と存在，そして生命そのものに肉薄しようとして，弁証法や現象学，そして，生の哲学，現象学，実存主義の哲学，社会主義の哲学，プラグマティズムの哲学などの多様な思潮がそれぞれ有意的・無意的に働くことになる。つまり，カントを起源とする批判哲学・観念論のテーゼに対して，実証主義がそのアンチテーゼとして出現して，そしてさらに，これらのジンテーゼとして，前述した現代哲学の勃興を見たのである。教育学および教育理論はこのような哲学思潮の展開に沿って展開することになる。

4　教育学の具体的展開

　次章以降では，ヘルバルト以降の主な教育理論について，それらを代表する人物群についても詳説される。本節では，次章以降で取り上げられるそれぞれの教育学＝教育理論について簡単な紹介を行い，教育学の全体的な歴史の流れを確認することを中心的な作業とする。この作業は，いわゆる哲学の思潮の歴史的展開が教育理論にどのような影響を与えたかを見るものでもある。

1　新カント派教育学

　カント哲学を批判的に再構築することで成立した，19世紀終わりから20世紀初めにかけて一世を風靡した教育学派である。ナトルプ（Natorp, P. 1854-1924）が中心的な人物である。ナトルプは，ヘルバルトと同様に，カントの系譜を引いているが，哲学においても教育学においても，はっきりと反ヘルバルトの立場を打ち出している。ナトルプはその著『社会的教育学』の中で，人は社会を通じてのみ人になるという思想を展開し，教育の社会的条件や社会生活の教育的条件を問題としている。新カント派教育学は，ヘルバルトが教育学を基礎づける方法，すなわち，ヘルバルトが彼の哲学のうち倫理学と心理学から教育学を演繹したのに対して，教育学は哲学全体系によって基礎づけられなけ

ればならないと考え，カントに帰ることを主張した。

この新カント派教育学は，わが国の戦前の講壇教育の成立に大きな役割を果たすとともに，新教育運動における自由主義教育学とその実践にも大きな影響を与えた。

2 精神科学的教育学

精神科学的教育学は，ディルタイ（Dilthey, W. 1833-1911）の「生の哲学」の流れを汲む，いわゆるディルタイ学派によって展開された。ディルタイの思想系譜下には，ノール（Nohl, H. 1879-1960），シュプランガー（Spranger, E. 1882-1963），フリットナー（Flitner, W. 1889-1989），ヴェーニガー（Weniger, E. 1894-1961），ボルノー（Bollnow, O. F. 1903-92），ランゲフェルト（Langeveld, M. J. 1905-89）らがいる。

たとえば，ノールは，20世紀初頭にゲッティンゲン大学に教育学ゼミナールの基礎を築き，当時の知育偏重教育に対抗した，ドイツ改革教育運動の理論的位置づけを行った。このように，精神科学的教育学は，20世紀初頭から，特にドイツ教育学において貴重な役割を果たしてきており，第一次世界大戦後，ドイツにおいて始めて講座化された教育学理論である。

この理論は，硬直した社会慣習や極端な合理主義が個性豊かな人間性の実現を阻んでいるとして，個人の内側から溢れ出る生の律動に自由な表現の機会を与えようとするものである。精神科学的教育学は，観念や理論からではなく，教育現実の記述と分析から出発する。この意味で，古来から優位に置かれていた理論哲学より実践哲学を優先する教育学であるといえる。

3 実存主義と教育学

実存主義は，いままで主に社会への適応を説いてきた従来の心理学に反発する形で生まれてきた。つまり，実存主義は，大切なのは適応ではなく，自己実現であり，自分のありたいように生きることが善で，周りに自分を合わせるのではなく，自分の欲するあり方をすることを教える。ニーチェ（Nietzsche, F. 1844-1900）やハイデッガー（Heidegger, M. 1889-1976）に代表されるこの実存

主義は，世界そのものには目的も意味もないという立場を取り，理想社会を否定する。つまり，実存主義は人間を善であると位置づけてきた啓蒙自体の楽観的人間観やそういった人間観に立って構成されてきた理想主義的な倫理学に真っ向から対決しようとしたのである。

このような実存主義を教育学に導入する試みは，ヤスパース（Jaspers, K. 1883-1969）やボルノーなどによってなされている。それは，個人の主体性を重視し，「危機」に代表される人間形成における否定的契機に積極的意義を見出し，「覚醒」など非連続的な人間形成観を提示するものであった。つまり，教える側に立つ教師も学ぶ側に立つ子どももともに人間としては不完全なものであり，危険な脆弱な本性をもっているということを前提とする。いいかえれば，教師は，子どもよりもわずかに進むべき方向を知っているにすぎないのであり，教師もまた永遠に途上にある存在としての自覚をもって子どもとともに人間としての完成に向かって歩を進めるときに初めて，教師としての本質を獲得することができると考えるのである。

4　社会主義と教育学

社会主義は資本主義社会の矛盾に対する批判意識として発生した学的意識として位置づけることができる。社会主義を基礎づける哲学的体系は，弁証法的唯物論と呼ばれる。そこでは，観念は物質の模写であって本質的なものではなく，人間の思想界は生産関係の反映にすぎないとされ，精神に対する物質の優位を説いている。

ここから欧米において展開された人格の陶冶は顧みられることなく，独自の人間観が生まれる。すなわち，人間は変革の過程に存するものであって目的実現のための一つのこまにすぎないものとして位置づけられる。そして一個の人間は微細なものにすぎないがそれが積もり重なり合うことで偉大な歴史を形成できるとし，人間にはその歴史を貫く法則を信じることが求められるのである。したがって，この考え方に基づく教育理論も独特のものとして展開された。

たとえば，ソビエト連邦では，共産主義の仕事のための活動的戦士の教育，多面的に陶冶された人間，基本的知識の所有を学校の基本目標に据え，教師は，

活動的でよく陶冶された共産主義社会の建設者を教育するものとして位置づけられた。ソビエトの教育学者としては、レーニンの妻であったクループスカヤ（Крупская, N. K. 1869-1939）やマカーレンコ（Макаренко, A. C. 1888-1939）が有名である。とくにマカーレンコは、児童労働施設のもつ教育力を利用して浮浪児や非行少年の再教育に成功し、集団主義教育の理論を確立・推進した。その理論は日本にも紹介され、日本の教育実践に大きな影響を与えた。

5　プラグマティズムと教育学

プラグマティズム（pragmatism）は、現代アメリカ合衆国の代表的哲学である。観念や思想を行為（ギリシア語でプラグマ pragma）との関連においてとらえる立場を取り、実用主義と訳されたこともある。1870年代にパース（Peirce, C. S. 1839-1914）が唱え、19世紀末にジェームズ（James, W. 1842-1910）が全世界に広め、20世紀前半ミード（Mead, G. H. 1863-1931）やデューイが社会哲学および教育学の分野で肉づけし、20世紀後半クワイン（Quine, W. V. 1908- ）らが言語哲学の分野に大きな影響を与えた。

プラグマティズムの立場で教育学を展開した中心的・代表的人物はデューイである。彼は、環境と生命の相互交渉としての探究の過程を重視し、いまだ存在しないことの実現をめざす実験主義の立場を取る。このような立場から展開される教育学は、コメニウスやルソー、ペスタロッチやフレーベルなどに起源を求めることもでき、学習者の欲求・関心を活用し、学習者に積極的な活動を行わせようとするものであった。「進歩主義教育」とも呼ばれ、第二次世界大戦直後の民主化をめざした日本の教育改革に大きな影響を与えた。

6　批判的教育学

批判的教育学と呼ばれるものはじつに多様である。たとえば、ドイツの教育学の流れの中で代表的なものは、フランクフルト学派のハーバーマス（Habermas, J. 1929- ）のコミュニケーション論を基礎に、1960年代における精神科学的教授学の代表者クラフキー（Klafki, W. 1927- ）が、解釈学、経験的方法とイデオロギー批判を取り込んだ「批判的・構成的理論としての教育科学」とい

う構想によって示し，モーレンハゥアー（Mollenhauer, K. 1928-98）によって綱領化された。また，英米の教育学の流れの中では，分析哲学や社会学の影響を受けたカリキュラム研究が盛んに行われた。

批判的教育学は，子どもと教師の自由と自立を重視し，教育の自然をいかに取り戻すかをテーマとした。特に英米における議論は，教育における抑圧するものの正体を暴き出すことにあったといえよう。そこではイデオロギーを介した支配と抑圧が学校教育を通して貫徹していると指摘し，それに対抗するものは，学校外の対抗文化，ブルーカラーの労働者やマイノリティであると考える。それは，教育外在的な社会批判に重点を置き，学校制度そのものへの批判を生み出すものでもあった。

以上，次章以降に取り上げられる教育理論の簡単な紹介を行った。その詳細，その可能性や限界については，次章以降で確認していただきたい。

さて，20世紀後半から，近代に確立された科学そのものの見直しが始まった。それは現在もなお進行中であり，それと呼応するように教育学においても，理論と実践の関係の見直しが図られ，いわゆるポスト・モダンの時代の幕が開いた感がある。そして，いまはまだ明確な形をなしていない新しい教育理論が胎動しているのである。

参考文献
（1）　稲富栄次郎『現代の教育哲学』福村書店，1959年。
（2）　上田　薫『教育哲学』誠文堂新光社，1964年。
（3）　杉谷雅文編『現代教育学の動向と課題』福村出版，1966年。
（4）　大浦　猛編『人間像の探究』第一法規出版，1966年。
（5）　森　昭『現代教育学原論（改訂2版）』国土社，1976年。
（6）　村井　実『教育学入門』（上）（下）講談社学術文庫，1976年。
（7）　アップル，門倉正美・宮崎充保・植村高久訳『学校幻想とカリキュラム』日本エディタースクール出版部，1986年。
（8）　ブレッツィンカ，小笠原道雄監訳『教育学から教育科学へ』玉川大学出版部，1990年。

第 2 部　教育理念をとらえ直す

（9）　筧田知義・岡田渥美編『教育学群像1〈外国編①〉』アカデミア出版会，1990年。
（10）　増渕幸男・森田尚人編『現代教育学の地平』南窓社，2001年。

推薦図書
［1］　中野　光・志村鏡一郎編『教育思想史』有斐閣新書，1978年。
［2］　森田尚人・藤田英典・黒崎　勲・佐藤　学編『教育研究の現在』世織書房，1992年。
［3］　上田　薫『哲学と人間』（上田薫著作集7）黎明書房，1993年。
［4］　土戸敏彦『冒険する教育哲学――〈子ども〉と〈大人〉のあいだ』勁草書房，1999年。
［5］　サラーン，平野智美・佐藤直之・上野正道訳『ドイツ教育思想の源流――教育哲学入門』東信堂，2002年。

（田上　哲）

第11章 新カント派教育学
―― P. ナトルプによる教育学の哲学的基礎づけ

　　新カント派の哲学は，明治から大正にかけてわが国の哲学の発展に多大な影響を与えたが，同時にわが国の教育学の研究の展開に対してもその基盤を築くうえできわめて大きな寄与をなしてきた。ここで取り上げるナトルプ（Natorp, Paul 1854-1924）は，新カント派に属す哲学者であると同時に，教育哲学者でもあり，ヘルバルト以来教育学の論議の中心問題の一つである教育学の科学的基礎づけの課題を全哲学体系によって定式化した。本章では，まずナトルプのこの教育学の哲学的基礎づけの前提としての彼の哲学の方法を概観し，彼の主著の一つである『哲学と教育学』（*Philosophie und Pädagogik*, 1909）の中の論文「教育学の基礎科学としての哲学について」（Über Philosophie als Grundwissenschaft der Pädagogik）に従って，彼の哲学的基礎づけの道筋を探りたい。

1　新カント派の哲学と教育学

1　新カント派の哲学

　新カント派（Neukantianismus）の出発点は，哲学の復興，とりわけカント哲学の中心的領野としての認識論の再興にあった。カント（Kant, I.）からヘーゲル（Hegel, G. W. F.）に至るドイツ哲学の大思想運動は，ヘーゲルの死をもって終焉し，それに対して，唯物論と近代自然科学の発展が決定的となり，実証主義が支配的な勢力をもち始め，19世紀の半ばには，これらの新たな潮流が頂点に達していた。この状況はそれまでの哲学のいわば黄金時代には考えられなかった「哲学に対する蔑視」をも生み出していた。しかし，2つの側から，こうした哲学の状況克服への声が生じてきた。一方は，ヘルムホルツ（Hermholtz, H.）を代表とする自然科学の方面からのそれであり，他方は，クーノ・フィッシャー（Fischer, K.）らヘーゲル学派出身の哲学史家からのものであった。ともに認識論とカント哲学の研究の必要性を説いた。

これらカント哲学復興への呼びかけは，やがてドイツ全土に及び，これ以後カント哲学に関する研究書が続々出版され，カントの著作に関する研究も行われ，カントの著作および全集の校訂出版がなされた。これらカント研究の課題は，単なるカントの賛美ではなく，自然科学の発展を前にして，一応それを認めながら，しかも科学に対する認識批判としての哲学の任務を遂行しようとするものであったが，そこには微妙な違いも生じていた。この違いはやがてマールブルク学派と西南ドイツ（バーデン）学派という新カント派哲学の二大勢力へ発展することとなる。前者の代表はコーエン（Cohen, H.），後者のそれはヴィンデルバント（Windelband, W.）である。

　ここで取り上げるナトルプは，マールブルク学派に属していた。この学派の特質は，その代表者コーエンにおいて明確となる。コーエンの哲学的視座は，『カントの経験の理論』（*Kants Theorie der Erfahrung*, 1871）に示されているが，歴史的観点を前面に押し出すヴィンデルバントとは対照的に，最初から歴史的観点を体系的観点に下位づけて批判主義を企図していた。認識とは「即自的に」存在している対象との究極的関係が論理的な根拠から指定されることであり，存在はただ認識の「方法」の中でのみ具体的となるという，この学派に特徴的な方法的理想主義が形づくられる。科学的な対象は思惟の「産物」であり，思惟によって構成されるのみなのである。

　コーエンはやがて認識論の領域から実践的理性の領域へ向かうが，彼はカントがそれによって普遍妥当性と必然性の概念を獲得した善の理念に代えて，「科学の事実」（Faktum der Wissennschaft），すなわち法則科学を設定し，彼自身の倫理学確立の方途を見出す。そこでは，道徳性という特殊な問いにおいても認識論的な根本姿勢が固持されていた。カントの「実践理性の優位」は，倫理学の要請としては承認されていたが，体系的には下位に位置づけられていたのである。

　それに対して，学派の発展継承の中で，とりわけナトルプにおいては，「実践理性の優位」が体系の中で中心的な位置を与えられる。ナトルプはコーエンによる倫理学の法則科学への統合に方法のもつ生産的力の誤認をとらえる。なぜなら，彼は経験の論理学を当為法則の下位にあるものと考えたからである。

しかし，これによって，論理学の支配領域の拡張がはじめてなされ，「当為は……非論理的なものでも，超論理的なものでもない」(Paul Natorp, *Philosophie, Ihr Problem und ihre Probleme*, 1929, S. 67) と考えられることとなったのである。ここに認識論の問題と倫理学のそれが完全に一致することとなり，ナトルプはこの問題をプラトン研究においていっそう徹底させていく。

2　ナトルプ教育学における哲学の意義

　ナトルプによるプラトン主義とカント主義との結合は，彼をして必然的に教育学の問題に導いていった。ナトルプにとって教育学の諸問題を扱うことは，けっして偶然のことや気まぐれではない。ブランケルツ (Blankertz, H.) も指摘するように，ナトルプにとってプラトンは哲学者であると同時に教育学の創設者であった。それと同様に，カントの哲学は文化の哲学であると同時に人間陶冶の哲学であり，最も包括的な意味で「教育学」であった。したがって，ナトルプが厳密な演繹的方法によって，「全教育学が，いわば胡桃の殻」(Paul Natorp, *Philosophie und Pädagogik*, S. 72) に，つまり認識の統一法則にくるまれて，そこからいかにして導かれうるのかを示そうとしたとすれば，このような企図は彼の哲学的規定を前提にしたうえで理解されなければならない。

　ナトルプにおいては，認識の前提，正当性を規定することが哲学の仕事であり，その後にこの前提と正当性に従い，その限界内で教育の諸見解が取り扱われる。それゆえ新カント派の教育学研究は，まず教育学の概念に向かうのであり，そのうえで，カントの三批判，つまり認識能力（悟性，理性そして判断力）の統合の理論，すなわち体系的理論が展開されるのである。そこでは，「事実」，「経験」あるいは「教育現実」といったものへの指示は問題とはならない。むしろそれらがいかなるものであり，どのような価値をもつのかを決定するのが教育学の理論なのである。しばしば主張されるように，「概念」は「現実」の生動性を切りつめる，血の気のない，非人間的なシェーマなのではなく，われわれが「現実」をとらえ，「事実」を問題にするための「可能性の条件」を提示するものなのである。教育学が科学として構成されるためには，このように，そのための諸条件の哲学的反省が不可欠であり，ナトルプの教育学の基礎

づけもこの基本線のうえにあるのである。

2　ナトルプによる教育学の哲学的基礎づけ

1　全体的哲学と教育学

　ナトルプにとって，教育とは，「すべての本質的方向への人間の心的本質の調和的発展」（Paul Natorp, *Allgemeine Pädagogik in Leitsätzen zu akademischen Vorlesungen,* 1906, S. 4）である。これは，彼にとっては人間性の理想である。なぜなら，教育は人間的なるものの育成にほかならないからである。もちろん，このような考え方は，ナトルプに固有のものではない。教育と陶冶の歴史は，この理念がつねに何らかの形で教育把握の基準として存在していたことを示している。ナトルプは，むしろこの理念をわれわれに歴史的に課されたものとしてとらえることによって，それを現在において再建することを考えているのである。

　それでは，ここでいう調和とはいかなるものであろうか。ナトルプは次のように考える。確かにさまざまな歴史的時代やさまざまな世界観は，調和という理想に多様な内容を与えてきた。目標はその時々で異なった内容を先取りすることによって，その都度特殊具体的なものとして具現化されてきた。しかし，これら人間の理想の多様な具体化には，根本的な方向が認められる。それは人間のあり方の可能性によって特徴づけられる方向である。人間は世界に対して，理論的，実践的，あるいは美的に振る舞うのであり，それゆえ調和的発展という先の理念は，これら三方向における人間の理想の統一として規定されうる。

　教育的行為の意味は人間に課されている形態様式での人間の諸可能性の実現に結びつけられねばならない。そして，この人間性の理想に一致しようとする意志が人間のうちに形成されなければならない。したがって，「意志陶冶」は，狭義の倫理的行為にのみではなく，知的陶冶，美的陶冶にも向けられねばならないのであり，そのかぎりで，全教育の構成的契機とみなされる。他方，教育学の第一の基礎概念である「教育」あるいは「陶冶」の概念は，すでに本来哲学的な性格をもつ問題を含んでいる。つまり，当為あるいは目的の問題，ナト

ルプの術語でいえば，理念の問題を含むことが示される。

　ここで，理念は形而上学的な実体のようなものとして理解されてはならない。むしろナトルプの拠って立つ方法的理想主義の意味では，「統制的原理」（reguratives Prinzip）あるいは「問題の対象性」として把握されねばならない。それが先験的自我の法則であり，その力によって対象の世界が意識の達成として展開されるのである。世界が意識の中で形成されることによって，人間の精神も形成されるのである。なぜなら，自然，道徳性，芸術といった世界が，陶冶の精神の法則に則して打ち立てられなければ，人間への陶冶の方途を見出すことができないからである。ナトルプはこのことを次のように述べている。「一つの秩序づけられた世界にあっても，われわれがその法則を見いだすことができず，われわれの法則として意識できないとしたら，われわれにとって，われわれの認識にとって，それは無効のものであり，われわれにとってないものと同じであろう」(Paul Natorp, *Philosophie und Pädagogik*, S. 58)。したがって，すべての経験の構成的法則としての理念は，教育学の最高の原理でもなければならない。それは，究極的な意味で，教育の目標であり，そのかぎりで，この唯一の究極的な目標がなければ，「目標」について語ることは意味あることではない。

　ナトルプがいう「理念」という概念を理解するためには，それが，批判的理想主義においては，カントの「実践理性の優位」の教説に規定されていることを押さえておかねばならない。それは絶対的当為という形で倫理的目的をすべての特殊な人間的態度のうえに置く。しかし，このことは狭い意味で道徳的態度が理論的あるいは美的態度に対して高い価値をもつことを認めていることではない。倫理学の下位にすべての存在領域を置いていることでもない。なぜなら，この倫理的なものの優位は，もともと倫理学の命題ではなく，他の態度様式の理論と同様に，倫理的なそれにとっても前提となるものだからである。科学としての倫理学にとっては，心意（Seele）の純粋さが問題なのではなく，他の哲学の学科と同じように，概念の純粋さが問題なのである。それゆえ，論理学は特定の方法で思惟すべきだと命令するのではなく，ただ特定の定義された法則を充たす理論的態度が認識なのだと言明するにすぎない。同じく美学は

芸術作品の制作に対して何の指図もしない。むしろ美的統一の法則を規定するのみである。そして，倫理学もまたどのような態度が道徳的であるかを語るにすぎない。そして，そこから引き出される当為要求が本来の存在の形式なのである。だから，論理学も，美学も，倫理学とともに課題として解される理念の力によって，道徳性の要求を出すのである。

ナトルプは，『社会的教育学』（*Sozialpädagogik, Theorie der Willenserziehung auf der Grundlegung der Gemeinschaft*, 1899）の中で，理念は「目標ではなく出発点であり，目的ではなく，もっとも新なる始まりであり，すなわち，根源，原理」であると述べているが，これは上述のことと矛盾しない。目標と前提とがここでは一つになっている。理念は教育の前提なのである。なぜなら，理念によって行為は価値に関係づけられるからである。そして同時に，それは教育の目標でもある。なぜなら，そこにのみ行為がその倫理的目的を見出せるからである。

教育学の基礎づけにとって，そこから次のことが生じる。つまり，倫理学のみが教育の目的を規定してはならないということである。ヘルバルトの誤りはここにある。目標が，ナトルプのいうように，理念においてとらえられなければならないとすれば，具体的規定はこの理念に関わるすべての要因によって行われなければならない。それは論理学，倫理学，美学である。これら3学科が哲学の全体を構成するのであり，法則定立の機能をもつ。したがって，ナトルプは，教育学は全体的哲学によって基礎づけられなければならないと主張するのである。

2 法則科学の役割

以上において，教育の目標が理念に関わり，それが全体的哲学によって基礎づけられねばならないことが明らかとなったが，このことは陶冶過程をも基礎づける。ナトルプにおいては陶冶内容の多様性と理念の統一とは何ら矛盾するものではない。陶冶内容とは文化財のことであるが，この文化財の諸領域を基礎づけるものは法則科学たる論理学，倫理学，美学なのである。したがって，これらの諸科学が教育学を基礎づけるべきだとナトルプが主張するのは，陶冶

内容の法則をこれらの諸科学が与えるということをも含む。このことは，一般にナトルプの教育学が道徳性の陶冶を教育の最高目的に置きながらも主知主義的性格を免れないでいると批判される理由でもある。しかし，ナトルプにとっては，それは必然的である。確かに，教育は主観と関わり，そして主観と客観との間には緊密な相互関係が存している。なぜなら，認識の客観性について，つまり客観化について語る者は，主観性一般を前提せざるをえないからである。しかしながら，客観的諸科学は特殊な主観をまったく無視する。対象の法則性が思惟の法則性として主張される場合には，時間的に制約された経験的個々人が考えられているのではなく，思惟一般が考えられているのである。客観性と主観性との相互性は，したがって，思惟の過程での問題であり，思惟の前提ではない。そこから教育学の原則が引き出される。すなわち，対象の世界を打ち立てる思惟の統合的過程のうちで初めて人間の精神も「陶冶」されるということである。かくてすべての経験の基礎にある客観科学の純粋な法則は，陶冶内容の理論の法則であることが明らかとなる。

ナトルプにおいては，「諸科学，社会的秩序，芸術創造において行われ，これまで遂行され，常に続けられている客観化のすべての達成の基礎に立って，人間の陶冶内容を多様なすべての主観とはまったく独立して確立し，そして計画的に配置する」（Paul Natorp, *Philosophie und Pädagogik,* S. 49）ことこそが，科学的教育学の基礎的課題なのである。陶冶内容を科学，芸術，宗教そして社会的秩序といった確固たる財によってすでに与えられたものとみなす教育学は，一般にできあがった対象は存在せず，客観化という無限の過程があるだけだということを誤認しているのである。陶冶とは，ナトルプにとっては，精神形成の過程であり，所与のものの伝達ではないのである。したがって，そのかぎりで，陶冶内容は，客観的に表現すれば，文化内容と一致するのである。

ところで，倫理学だけでなく，純粋な法則科学たる論理学，美学という3つの哲学的科学の統一が陶冶の目標と内容を規定しなければならないのであるが，その際，精神的内容の世界と関わるこれらの純粋な客観科学を純粋主観科学，つまり主観の体験と関わり合う心理学とははっきり区別する。心理学は「真理」を扱うのではなく，何かが真理であると理解される事例を扱うのであり，

倫理的に善なるものを扱うのではなく，心的体験としての倫理的意欲を扱うのである。同様に，心理学は美しさを扱うのではなく，美的印象の受容を扱うのである。したがって，客観科学は「意識の内容」に向かい，主観科学，すなわち心理学は「内容の経験の主観性」に向かうものである。それらは，ナトルプによれば，正と負のように互いに対立するものである。しかし同時に，これら二者は互いに補足的なものでもある。両者が結合することによって初めて，人間的精神あるいは人間的意識を全体において把握することが可能となるのである。

　この意味で，ナトルプは「教育されるべき主観に無差別に妥当すべき，つまり人間の人間への教育にとって一般的に妥当すべきもののすべては，客観的基礎づけを必要とし，それに対して，直接に主観，つまり教育されるべき個々の主観，もしくは一般に多様な主観の取り扱いのすべては心理学的規定」(Ebd., S. 22) の課題として示されると言明するのである。このように考えると，ここに，教育の目標と方法との区別の問題が前面に現れてくる。伝統的には，客観的科学が目標を規定し，心理学が教育の手段，方法（Wege）を規定すると考えられてきた。例えば，ヘルバルトやヘルバルト派の教育学者はまさしくこのなかに入る。その一人チラー（Ziller, T.）は，個々の教科の教授においてめざされる目的は，これら法則科学の教えるところのものによらなければならないが，それに到達する道は心理学によらなければならないと考えている。しかし，ナトルプはそれをさらに慎重に検討する。そして，彼は次のように問う。「目標は共通のものであるが，それでは方途は個々の主観にとってまったく別々のものでなければならないのであろうか。それが共通のものに向かって進むためには結局はそれは共通のものであってはならないのであろうか」(Ebd., S. 22)。彼は教育の方法も普遍的法則の支配下に置かれることを前提としなければ，一般に方法について語ることは意味がないと考える。そこから，彼は次のように結論づける。「方法」が共通の方途のための概念である場合には，心理学はその規定に加わることはできない。ただ，教育作用が特殊な主観の個別的特性を考慮しなければならないときにのみ，心理学の領域が求められなければならない。目標と方法とは解けがたい内的統一の関わりを有しているのであり，これ

を区別することはまったく不可能なのである。

　以上のように，ナトルプによれば，教育における目標と方法の統合が基礎づけられる。目標だけでなく，教育の方法も普遍妥当的領域であり，客観科学の事柄なのである。このことは，「陶冶の規範的過程」を純粋客観的に確定することが課題とされていることにほかならない。しかし，ここに新たな問題が生じてくる。つまり，この場合，個性に関わる事柄はどのように考えられるべきなのかという問題である。教育は陶冶内容を習得させることによって，特殊な個性を持った主観を形成しなければならないのであり，「規範的人間」を形成するのではないからである。一般にナトルプの教育学が批判される点の一つはこの個性の問題であるが，ナトルプはこれをどのように考えるのだろうか。彼は心理学の教育学への関わりという問題においてこれを解決しようとする。

3　教育学の基礎づけにおける心理学の役割

1　再構成的心理学

　ナトルプは，哲学だけでなく心理学をも教育学の基礎づけに引き寄せようと考える。これは一見するとヘルバルトの構想に類似しており，ナトルプがこの問題に関してはヘルバルトの立場に同意しているように見えるかもしれない。しかし，それは正しくない。すでにうえで，哲学がどのような形で教育学の基礎づけの連関に関わるのかを述べたように，ヘルバルトが心理学に与えた課題は，ナトルプでは客観科学である哲学の理論に与えられる。ナトルプにとって，陶冶過程の方向と組織を認識することは同一の課題としてとらえられているのである。

　ナトルプの心理学に関する著作は，『批判的方法による一般的心理学』（*Allgemeine Psychologie nach kritischer Methode*, 1912）である。ここでは，ルーロフ（Ruhloff, J.）のナトルプ研究『パウル・ナトルプの教育学の基礎づけ』（*Paul Natorps Grundlegung der Pädagogik*, 1966）を参照しながら，ナトルプの心理学概念をまず明らかにしよう。

　ルーロフは二つの課題がナトルプの心理学における思想過程を規定している

ことを指摘する。すなわち，「心意」の意味への問いと心理学の方法への問いである。

まずナトルプは，心意を客観的なもの（対象）ととらえる心理学的考察方法（経験的心理学）を斥ける。「自我」は，彼にとっては，いかなる客観化手続きによっても正しく把握されないものである。なぜなら，「心意は……あらゆる対象に反して，ただ客観的なものに対してのみ客観的であるが，しかし，それ自体は繰り返し客観的でないものたろうとする」（Paul Natorp, *Allgemeine Psychologie nach kritischer Methode*, 1912, S. 8）からである。つまり，「体験する意識」はむしろ，「あらゆる種類の，そしてあらゆる段階の対象設定」に対して，「反対のもの」つまり「内面化」を示すのである（*ebd.*, S. 20）。この「体験の直接性と本源性」ゆえに，自我はあらゆる対象の考察方法では近づきがたいものにとどまる。

しかし，このことは自我があらゆる対象から孤立していることではない。なぜなら，体験は客観的なものと無関係ではないからである。意識とは，いわば対象と自我との関係であり，この「関係」は意識の「根本的特質」である。しかし，たとえ自我が内容の意識がなくては存在せず，自我への関係がなくては内容自体も考えられないとしても，自我と意識内容とは同じものではない。これを同一と考えるところに経験的心理学の誤りがある。自我はつねに両者，つまり「対象関連性」と「体験の直接性」とを同時に示す。したがって，体験する自我と客観化する自我は，ナトルプによれば，「持続性という契機において一致する」（Ebd., S. 38）。このことは「意識」とは固定した，静的なものではなく，つねに意欲，認識そして美的形成の「過程」の中で把握されるものだというナトルプの考えに基づく。換言すれば，主観―客観の二元論，自我の分裂を不可能にするのは，この意識の一般的関係性である。しかし，「関係するもの」としての自我は，「常に活動的であり，受動的傍観者ではない」（*ebd.*, S. 56）。そして，自我のこの根本的活動性において，意識された内容に対する主観の「無比性」（Unvergleichlichkeit）と内容への自我の関係とが明らかとなる。ナトルプにとっては，心理学の必然的前提は，心意の客観化不可能性なのである。

このような大前提に立つとき，ここに心理学的認識のアポリアが存在することになる。つまり，ナトルプにおいては，心的なものはあらゆる認識から遠ざけられていることにならないかという問題である。ナトルプは，「いかなる表現もすでに抽象であり，具体的なものの抽象であり，一般化である。つまり，直接的な体験の持つ個人的なものからかけ離れている」(Paul Natorp, *Philosophie und Pädagogik*, S. 41) と述べているが，これは主観的なものの絶対化と孤立化という危険にはまりこむことである。そうであれば，先の意識の「根本特質」，つまり内容への主観の「関係」の問題は何の意味ももたないのではないか。このことを明らかにするために，先にあげたもう一つの問題，つまりナトルプの心理学の方法の問題が明らかにされねばならない。

ナトルプは，彼の心理学に対して「再構成的心理学」(rekonstruktive Psychologie) という名称を与えるが，ナトルプのこの心理学的─方法的根本思想は，要するに次のようなものである。客観的考察と主観的体験とは意識の理念的内容に関わる。主観的立場と客観的立場という2つの異なる考察方法は，一方では，「自我─解釈」で，他方では，「存在─解釈」で，同じ対象を示そうとする (Jörg Ruhloff, *a. a. O.*, S. 115)。ナトルプにとって，主観的なものの直接的な認識は不可能である。なぜなら，そこでは自我は，内容へのあらゆる関係から遮断されてとらえられるからである。それに対して，ナトルプは，心意の間接的解明が意識の客観化を経由する「回り道」をして可能であると考える。つまり，自我のあらゆる主観性は，主観が客観化する仕方で，すなわち，その認識，意欲，美的創造において，妥当性要求をもちながら，内容を生み出していく仕方を経由して認識可能だというのである。ナトルプはこの手続きを心理学の必然的手続きと考えるのである。したがって，ナトルプのいう「再構成」とは，知識，意欲，美的判断といった自我の創造に示される直接的にのみ把握可能な客観化の基礎に立って，主観性を明らかにしていく試みであるといえる。その際，個人的な独自性は，主観の客観性への関係が個人的に制限されて遂行されることにほかならない。心理学の課題は，意識の客観化から出発して，「意識の相対的統一，つまり……常に意識内容が統一として示される仕方」(Paul Natorp, *Allgemeine Psychologie*, S. 40) を発見することなのである。

このようなナトルプの心理学は，哲学の方途，あるいはその対象が構成的認識において初めて「構築」されるすべての個別科学の方途とはまったく逆の道をたどる。そこからナトルプにとっては，哲学と心理学とは必然的に関連し合う。一方は「純粋な客観性」，他方は「純粋な主観性」という理念によって定義され，両者は同じ連関内の，異なる様式なのである。それらによって，人間の認識の全領域が包括されるのである。

2　教育学と心理学

　すでに述べたように，ナトルプは，教育学の基礎づけに心理学を引き寄せるのであるが，しかし，それは教育学を哲学的部分と心理学的部分に分割することではない。上で示したように，哲学と心理学とは緊密な相互関係を形づくる。両者は相互に補足し合いながら，人間の精神の認識という同じ課題に取り組む。教育学も，やはり人間の精神を取り扱う学問なのであるから，当然哲学的および心理学的認識活動の両者に基礎づけられるということになる。このことを，ナトルプは，「教育，すなわち人間の人間への陶冶の全活動が，内面的に，中心的に人間にかかわるものである計画の統一は，人間精神と名づけられる全領域に，つまり客観的内容に従っても，またこれがわれわれによって主観的に体験される仕方としても，及ぶ認識の全領域の中心的統一によって可能である」(Paul Natorp, *Philosophie und Pädagogik*, S.3) という。ナトルプにおいては，教育学は哲学と心理学の干渉点（Interferenzpunkt）を形成するものとしてとらえられているといえよう。

　さて，ナトルプは教育学の基礎づけへの心理学の関わりを「教育行為の個別化」という形で説明するが，これは，彼においては，学習者の「個人的に規定された状況」が教育学の体系の中で考慮されなければならないということを意味する。教育は「教授内容」，あるいは「事実」のみにその関心を置くのではなく，教育的関心は「事実の高みにまで高まるはずの個々人の個性」(*ebd*., S. 43) に向けられねばならない。したがって，心理学の課題は，この個人的状況をいかに把握するかということになる。

　教育者が行う「事実的熟慮と心理学的熟慮との間には，一般にいかなる際だ

った分裂も考えられないのであり，むしろ両者は各々の歩みの中で，正確に互いにかみ合い，そして実践の中で直接に絡み合って進む」(ebd., S. 44) とナトルプは述べているが，この絡み合いをどう理解するかを，彼は「タクト」(Takt) という概念をあげて説明している。「タクト」は，教育的―実践的領域にのみ生じるものではないが，特に教育者にとって重要な心理学的能力として特徴づけられる。それは教育者の主観的な心構えであり，生徒との「接触」に至る能力を意味する。そしてこの実践的能力は，多くは才能によって規定されるが，理論的心理学が助長し，その発展を助けることもできる。

　ナトルプは，このようなタクトを「教育技術の自然的心理学」(ebd., S. 40) とも呼ぶが，それには二つの機能が与えられている。一つは，認識課題を充たすことであり，それは学習者の「瞬間的な」心的状態の把握である。したがって，タクトは教育者が特別な「実践的判断力」として駆使することによって，学習者の個人的状況を「瞬間的に」感じ取ることを可能にする「心理学的再構成の短縮化された手続き」(Jörg Ruhloff, a. a. O., S. 123) として理解される。タクトのもう一つの機能は，このような「直接的」認識に関わる教育の遂行である。それは，学習者の心的生命の不明瞭な現れに敏感に反応することによって，直接的瞬間的に二個の心意を結合する技術である。そして，タクトのこれらの意義―合認識的意義と実践的意義―とは，学習者の時機的個人的状況の教育的尊重という契機において統合される。そのかぎりで，タクトは，「教育行為の個別化」へのナトルプの要求を満たすものとされているのである。

4　新カント派教育学研究の意義と課題
　　　――むすびに代えて

1　新カント派教育学研究の意義

　かつて，新カント派の哲学はわが国の哲学研究に対して決定的な影響を与えた。わが国の哲学研究は新カント派を通してその基盤を形成してきたともいえよう。このことは哲学の領域に限られたことではない。教育学においても事情は変わらない。明治から大正時代における教育学の樹立に対して決定的な影響

を与えていた。それは講壇教育学として特徴づけられもするが、ナトルプの社会的教育学と教育学の学理論は、「倫理的自由の可能化」に向けた「自然の拘束」からの「解放」としての教育を論じた西南ドイツ（バーデン）学派につながるコーン（Cohn, J.）の教育学とともに、わが国の教育学の基盤を築いたのである。特に大正デモクラシーの潮流の中では、アメリカのデューイ（Dewey, J.）教育学と並んで、新教育を支える教育理論として実践的な側面においても重要な役割を果たした。

2　新カント派教育学研究の課題

　ところが、その後新カント派の哲学と教育学は、哲学研究と教育学研究の場から忽然とその姿を消してしまい、哲学では「哲学史のゴミ」とまでいわれ、教育学でも、もはや「忘れられた教育学」の一つであるかのような扱いがなされてきた。それはわが国だけでなく、ドイツにおいても同様であった。しかしその一方で、ドイツにおいては、1980年代の終わりからかつて新カント派が扱ったテーマの全範囲において新たな注目が与えられるようになってきている。認識論、科学論、方法論、文化問題の分析、特にカッシーラー（Cassirer, E.）との連関での文化哲学等々の広範囲にわたって、新カント派の意義が論争的に解明されている。また、ウェーバー研究（Weber, M.）でも彼の科学論の解釈と関わって新カント派の意義が明らかにされている。教育学においても、哲学と社会科学における新カント派の再発見の動きに連動しながら、教育学における、あるいは教育史における新カント派の足跡とその今日的意義が再考される動きも生じてきている。エルカース（Oelkers, J.）、シュルツ（Schulz, W. K.）、およびテノルト（Thenorth, H-E.）によって刊行された『新カント派──文化理論，教育学及び哲学』（*Neukantianismus-Kulturtheorie, Pädagogik und Philosophie,* 1989）がそれである。この書では、11人の研究者が、新カント派の哲学と教育学が教育史および教育学理論において果たした作用の今日的意義を論じている。ところが、わが国においては、とりわけ教育学の領域ではこのような取り組みは皆無に等しい。

　新カント派の教育学はわが国の教育学の最初の基盤をなしてきたのであり、

その後の教育学の多様な展開はこの新カント派の教育学によって築かれた基盤と無関係にとらえることは困難であろう。また，哲学的・原理的反省に基づく科学としての教育学の樹立は，ほぼ一世紀を過ぎた今日においても未だ残された課題であり，新カント派の教育学，とりわけここで取り上げたナトルプの統合科学としての教育学の構想は最初の試みとして改めて再考される必要があるように思われる。

参考文献

（1） Paul Natorp, *Sozialpädagogik, Theorie der Willenserziehung auf der Grundlegung der Gemeinschaft*, Stuttgart, 1899（1925）. 篠原陽二訳『社会的教育学』玉川大学出版部，1983年。

（2） Derselbe, *Allgemeine Pädagogik in Leitsätzen zu akademischen Vorlesungen*, Marburg, 1906.

（3） Derselbe, *Philosophie und Pädagogik*, Marburg, 1909.

（4） Derselbe, *Allgemeine Psychologie nach kritische Methode*, Tübingen, 1912.

（5） Derselbe, *Philosophie, Ihr Problem und ihre Probleme*, Göttingen, 1929.

（6） 山崎正一『西洋近世哲学史』（三）岩波書店，1976年。

（7） Herwig Blankertz, *Der Begriff der Pädagogik im Neukantianismus*, Berlin, 1959.

（8） Jörg Ruhloff, *Paul Natorps Grundlegung der Pädagogik*, Freiburg, 1966.

（9） Oelkers, J., Schulz, W. K. und Thenorth, H-E. (hrsg.), *Neukantianismus-Kulturtheorie, Pädagogik und Philosophie*, Weinheim, 1989.

（渡邉 満）

第12章　精神科学的教育学

　ドイツにおける教育学の発展という観点からとらえた場合，思弁的教育学派，精神科学的教育学派，経験的教育科学派に分類される。思弁的教育学派では，ヘルバルト，ナトルプ，ヘーニヒスヴァルトらが，精神科学的教育学派では，シュライエルマッハー，ディルタイ，リット，シュプランガー，ノール，ヴェーニガー，フリットナー，ランゲフェルトらが，そして，経験的教育科学派では，モイマン，デュルケーム，ロッホナーらがあげられる。

　ヘルバルトは，教育学を実践哲学と心理学から構築し，ヘーニヒスヴァルトは教育学を批判主義と先験的な哲学によって基礎づけ，概念の学とみなした。ディルタイは教育学を精神科学の中に位置づけ，心的生を中心テーマとする心理学と人間学とによって基礎づけた。シュプランガーは教育学を理論と実践の観点から体系化しようとした。ノールはディルタイから精神科学の諸要素を継承し，教育学を状況における解釈学としてとらえた。フリットナーは教育学を状況における哲学的熟慮と実証的な事実研究からとらえている。ヴェーニガーはノールを師とし，ディルタイの生命哲学を契機としながら，理論—実践問題を中心にして，教育学の自律性を求めた。ランゲフェルトは教育学を実践哲学，経験科学，規範科学，精神科学，人間学を統合した統合科学とみなした。ロッホナーは，世界観学的な拘束から独立した学としての教育科学を主張した。

1　精神科学的教育学の先駆者　ディルタイ

　ディルタイ（Dilthey, Wilhelm 1833-1911）は解釈学的方法を基調とした精神科学的教育学の創始者として位置づけられる。彼の思想的形成は前期（1833-81）と後期（1882-1911）とに分けられる。前期では教育学が主観的側面，心理学的・人間学的な観点から考察され，後期では教育学が客観的側面，社会的側面，歴史的側面から考察されている。

　前期：彼は『シュライエルマッハー伝』第一巻（1867）と第二巻（1870）を刊行した。彼は第二巻の中でカントの認識批判，すなわち，無制約的なものを

排除する考え方を継承し，カントの形而上学批判の立場を踏襲しながら，宗教改革からドイツ理想主義までの歴史を内的経験中心に述べている。1864年，彼は学位請求論文「シュライエルマッハーの倫理原則の批判」をベルリン大学哲学部へ提出した。後期：彼は1882年ベルリン大学の教授として就任し，精神科学を本格的に研究していく。この間の主要著作・論文は，『精神科学序論』(1883)，「高等学校の問題と教育科学」(1885)，「普遍妥当的教育学の可能性について」(1888)，「プロイセン教育制度史序論の試み」(1888)，『解釈学の成立』(1900)，「学校改革と教室」(1900)，『体験と創作』(1906) などであり，教育学に関しては，「教育学小冊子」，「教育学——その歴史と体系概論」などがある。1911年，シュレルンのザイスで亡くなった。78歳であった。

彼は『精神科学序論』の中で，人間の自己意識の深さと全体性が文化の体系，社会の組織の体系を保持することを論述している。その場合，彼は人間の生を中核におき，その活動によって形成される文化一般，文化体系，社会の外的組織を提示している。彼の場合，文化体系とは，宗教，芸術，法律，言語，経済組織，科学などであり，社会の外的組織とは，国家，団体，持続的な意志の結合などである。そして，彼は精神科学を，事実，定理，価値判断と規則の三段階・三定理から成り立っている科学としてとらえている。したがって，彼の場合，精神科学とは，事実を明確にし，その事実に基づいて理論を形成し，実践的な関心に基づいて実践的な方向をもっている科学であることが理解される。

精神科学の実際の科学である倫理学，法学，政治学，そして教育学は，生活現実の実践から生まれ，現実の認識と分析を通して理論を形成しながらも，規則付与という実践にも関心を示している。

彼の教育学の研究として，歴史的研究と体系的研究があげられる。まず，歴史的研究では，近代の教育制度と教育理論に関する歴史があげられる。そして次に，体系的研究は，教育学概論が教育史的な研究と人間の社会的な把握から導き出されるべきであることが論じられた講義筆記ノート，教育学の普遍妥当性，因果連関の認識，教育制度の形態，精神史的連関の体系，今日の形態の規定について論じられたアカデミー論文，教育学を理解するための案内として位置づけられる教育学体系，科学的教育学が個人的な観点と一般的な観点から分

類されることが明示されている教育学の体系，から示される。

　彼は教育学を精神科学とみなし，意識連関の体験的明証からその妥当性を導き出している。彼の場合，教育学は現実科学であり帰納的科学である。

　ところで，ディルタイの解釈学において重要なテーマは理解論であった。彼の場合，理解とは，感覚的に与えられた徴表からその背後にある心理的なものを認識する過程である。感覚的に与えられた徴表として，生の表示がある。彼はそれを3つに分類している。第一は概念，判断，思考上の形成物であり，第二は人間の行為であり，第三は体験の表現である。そして，彼は理解の形式として，理解の基本形式と理解の高次の形式を示している。前者では，客観的精神を類推・推理することが行われ，後者では，生の全体連関を帰納・演繹推理することが行われる。しかし，それでも理解できない場合には，自己移入の方法が行われる。自己移入とは，体験や経験によって対象と連関を行うことによって，その中のあらゆる可能性を導き出すことである。彼はこの方法を追体験，追構成と名づけている。彼の理解論はリップス，フォルケルト，ヴァイス，アンツ，ボルノーらによって深く解釈されている。そして，上記に述べた彼の考え方は，精神科学の代表者によって引き継がれていった。精神科学的心理学ではシュプランガーによって，経済学や社会学ではM. ウェーバー，ゾンバルト，マンハイムによって，歴史哲学の分野ではロタッカーによって，教育学の領域ではリット，ヴェーニガー，フリットナー，ボルノーによって，である。

2　シュプランガー教育学の特色

1　シュプランガー教育学の形成過程

　シュプランガー（Spranger, E. 1882-1963）教育学の形成過程は3期に分けられる。

　第1期（1882-1919）：ヒューマニズム思想の形成期：1882年ベルリン近郊に生まれ，その後，ギムナジウムで教育を受ける。1900年にベルリン大学に入学し，ディルタイとパウルゼンに師事。ディルタイから精神科学的解釈学による生の哲学を学び，パウルゼンから教育政策の実際問題を学ぶ。1905年，「歴史

学の基礎」で博士号の学位を取得。教授資格獲得後，ライプチッヒ大学教授。

第2期（1920-45）：精神科学的心理学に基づく教育学の形成期：1920年からベルリン大学の教授。この間，ディルタイの生の哲学を一歩進める。この精神科学的心理学に基づいて，主観的精神と客観的精神（規範的精神・共通精神）との意味連関を前提に，人間理解の方法論や教育と文化との関係論を学びながら，価値志向を基底とする『生の形式』論をまとめ，文化教育学を完成する。その間，科学における主観的価値判断の可否に関して，「価値判断論争」が展開される。

第3期（1946-63）：教育論・宗教論の展開期：1946年，チュービンゲン大学の教授に就任する。西欧文化の救済，ドイツ民族の存続，人類の救済方法が宗教的意識と良心の覚醒にあることを発見。国民学校論と教員養成論の改革に精力的に取り組む。1951年以来ドイツアカデミー会員として活躍する。1963年逝去。81歳であった。

2　シュプランガー教育学の科学性：理論的な側面からの探求
① 教育学の理論的基礎

シュプランガーは生の哲学，文化哲学，歴史哲学を基礎に精神科学的心理学を完成させた。彼の教育学における基調の学問は，精神科学と歴史哲学である。

精神科学的心理学は，個人の精神一般が科学的に把握されうる，個人の精神が世界と相互に関連する，個人の精神が諸対象と意味・価値構造を体験することを前提とする。ところで，シュプランガーの精神科学的心理学とディルタイのそれとは若干相違している。ディルタイは生（精神）それ自体から出発し，真実の理解および思考活動を自由意志的行為とみなし，意味連関の仮説的性格に言及する。それに対して，シュプランガーは精神に，文化的価値を吸収もしくは創造する機能と倫理的価値を理解もしくは実現する機能の2つを認め，精神と文化一般との間の包括的な意味連関や超個人的な価値連関を問題とする。したがって，彼の精神科学的心理学においては，個人の精神と文化一般との両者や両者の間の相互作用が重要視されている。

シュプランガーの精神科学的心理学は，別名，構造心理学といわれる。彼は

この構造心理学に基づいて，主観的精神と客観的精神，さらに両者の相互作用を調整する規範的精神をあげる。彼によれば，主観的精神とは発達法則に基づいて，客観的精神の価値や意味を享受・付与する。主観的精神は客観的精神の経済的意義，理論的意義，美的意義，宗教的意義を認め，相互支配形式あるいは同輩的形式を保持する。また，主観的精神は規範的精神と結合して，自己の活動を正しく方向づけ，より高い価値へと導いていく。客観的精神とは永遠の内容や永遠に通用する法則をもっている文化一般を意味する。客観的精神は，客観化された精神から，そして共通精神，規範的精神，主観的精神によって作り出されたものである。規範的精神とは，慣習，道徳，法，政治的秩序をいい，主観的精神の活動方向や客観的精神の価値領域を正しく方向づける。共通精神とは，家庭，経済組合，国民などでの共有の精神，集団精神のことをいう。

ところで，19世紀から20世紀にかけて，社会主義の総帥シュモラーとマックス・ウェーバーとの間には，価値判断における主観性および客観性に関して論争があった。ドイツで有名な「価値判断論争」である。当時，ヘルクナー，コーン，ヴァグナーらはシュモラーの立場を支援し，価値判断の客観性の相対性を主張した。それに対して，ゾンバルト，テンニース，シェーラーらはウェーバーの立場に立って，価値判断の客観性を主張した。シュプランガーは途中からその論争に加わり，ウェーバーの立場を厳しく批判し，価値判断の客観性が相対的であり，科学から価値判断を取り除くことの困難性を主張した。

ウェーバーの科学観とは，客観性を保持するために，事実の因果関係のみを追求すべきであり，事実の評価など一切行ってはならないとするものである。それに対して，シュプランガーの科学観とは，単なる叙述から価値規定や価値問題に必然的に移行すべきであり，諸科学の関連はその根源を人間の精神的生の構造の中にもっており，どのような科学も客観との関係と同時に主観との関係をもち，主観がいっそう真に精神的な主観へと向上し変化するとするものである。

シュプランガーはこの科学観に立って，精神科学の特徴を要約している。精神諸科学は精神的内容や特殊的な時代状態に結合しており，あらゆる精神科学的な理解は，研究者の人格の精神的な幅（力量）と成熟度（精神の充実度）と

に結びつけられ，すべての理解は，無意識的にあるいは意識的に，世界観的な根本態度から生まれる。これらの事実は，すべての理解が究極的な価値設定に対する基礎になりうることを示している。精神科学におけるこの前提性を克服するために，彼は精神科学のあるべき方向を示している。科学は一つの共通の意味，一義的な方向定数を探求すべきであり，本来の使命を相互に対立しているさまざまな観点を超越していくところに求めるべきである，と。

最後に，シュプランガーの歴史哲学の特徴は，重点を過去の世界にのみ置くのではなく，現代にも置き，さらに，未来にも置いていることにある。

② 教育学の理論的な側面からの探求

彼は「教育学の科学的性格について」の中で教育学を理論的に考察している。

（i）術の理論：「精密の術」の学と「美しい術」の学とから解釈される。まず，教育が目的的な活動であるため，「精密の術」である技術の必要性が考えられる。教育の場合，その対象が自ら決めた理想に向けて積極的に活動する魂であるため，あらかじめ正確に計算する技術の入り込む余地はない。また，教育者は目標達成を使命としているが，技術者は目標が彼自身に委ねられていない。技術者には構造に対する適当な手段の選択のみが義務づけられている。教育者は精神技術者ではないのである。次に，教育が子どもの魂に美しい形式を与える活動であるため，「美しい術」が入り込むことが予想される。教育者と芸術家とは，対象を自分自身の内面的・理想的直観から一つの理想像に向けて形成することができることで，共通している。しかし，教育者は魂を理想通りに操る形成活動において，芸術家ほど多くの自由をもっていない。教育者は芸術家とは違うのである。つまり，教育は，合理的精神や構想力・空想力を必要とするが，自分の理想像に向けて邁進する魂や生命を対象にする限り，技術や美術とは根本的に違うのである。

（ii）発達の援助：人間が生命をもっている限り，独自の発達法則をもっている。発達の援助はすでに身体的なものに始まって心理的なものにまで及ぶ。しかし期待される諸々の結果は，合理的な技術の場合のように，確実さについて同じ程度で予告することはできない。たいていのことは，自然が行う。人間はただ調節的にのみ関与することができるに過ぎない。とりわけ人間のみが教育

を通して単なる肉体的なものや心理的なものを踏み越えて，意味内容の閃きや意味連関の閃きを体験する。この精神界や精神生活をより豊かにしていくためには，ただ単なる保護よりも，ただ単なる援助よりも，別の保護や別の援助を必要とするのである。

(iii) 社会への編入：人間は，個性教育と同時に，社会の中で役立つ成員にまでの陶冶を必要とする。社会教育学は個人的には，利己主義を捨て去り献身的に行動していくことにまで，社会的には，生得的な職業を習得し社会や国家へ関与していくことにまで関わっていく。社会への教育は個々人の教育を超越する，一種の社会的な訓化であり，単なる発達の援助以上のものである。

(iv) 良心・礼節への教育：教育は，上述の定義以外に，固有で独自なものを対象とする活動である。彼は良心と倫理的礼節の陶冶を教育学的な作用の中で最も重要なこととして位置づけている。なぜなら，調整作用が行われ，形而上的な力が現れてくるからである。また，それが実際に作用し始めたとき，いままでの受け身的な教育から，自らの意志による自己教育が開始されるからである。

彼によれば，良心や倫理的礼節において，形而上学的な諸力が実際に現れ，活気づけられた標準的な調整活動によって，目を覚ますことへと導かれていくのである。人間は，この教育によって，彼本来の宿命の把握に開示されるのである。

(v) より高次の自己への教育：教育とは，一方では，知識を媒介とする諸能力の開発・発展であるが，他方では，人間のあり方や生き方に関わる倫理的なものへの関心である。後者に関して，彼は，それが内面的な世界であるため，神秘的な場所での調整作用に直結しているため，より高次の自己が目覚めなければならないという。彼の場合，より高次の自己とは，①正しい思考の主体であり，②純粋さと名誉とが基づいている倫理的な諸要求を知覚する場所，すなわち良心であり，③形而上的なものと接触する場所である。彼はより高次の自己の教育に言及している。教育者は慈悲と恩恵とで，たかだかまどろんでいる深さを目覚めさせることができるにすぎない，と。彼の場合，内面的調整器の強化，より高次の自己の固定化が教育学の理論の中核を形成している。

まとめてみよう。彼の教育観は次の通りである。①教育は生き生きしている魂，自らの理想に向けて自ら発展する魂を取り扱う活動である。②教育は身体的・心理的，精神的側面における発達を調節的に援助する活動である。③教育は成長・発達している子どもを生活世界との正しい関係の中に入れる一種の社会的訓化である。④教育は精神的調整器，すなわち，良心，礼節，より高次の自己がうまく機能するようにする活動である。

つまり，シュプランガー教育学の特色は，精神科学の基本概念である生の哲学，総合的人間観，子どもを理解する方法に立脚し，さらに，それらを克服・超越する形でとらえられていることにある。

3　シュプランガー教育学の科学性：実践的な側面からの探求

① 著作および論文から

シュプランガーは体系化された実践的教育学について一冊もまとめあげてはいない。しかし，数多くの著作や論文から，彼が構想化しようとしていた実践的教育学が導き出される。次の図示による6つの要因による教育学である（図12-1）。

② 実践的活動中心の科学的教育学の考察

（ⅰ）陶冶理想：陶冶理想については，「歴史哲学的照明のもとで見た現代のドイツ陶冶理想」，「教育学の哲学的基礎づけ」などの中で論じられている。

彼は従来の陶冶理想を踏まえながら，現代の陶冶理想として，人間諸力の総

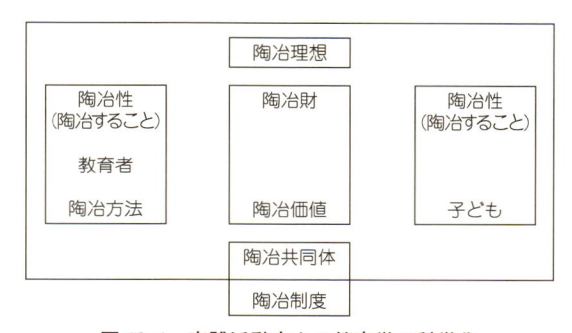

図 12-1　実践活動中心の教育学の科学化

体性と理想性に向けられる陶冶意志，技術的な手段支配への陶冶，実践的な課題に順応しうる能力の陶冶，超個人的精神の陶冶をあげ，キリスト教的陶冶理想，人文主義的陶冶理想，国民的陶冶理想に言及している。次に，彼は陶冶理想が有限的な現象世界と無限の世界の両方から導き出されるべきであること，陶冶理想の問題には責任ある立場設定と決断が必要であること，陶冶理想が真正さと正当さで吟味されるべきであることを提言し，陶冶理想について，歴史的に変化しうること，つねに種々なものが与えられること，相互に戦いがあること，陶冶財の実存的根底から導き出されるべきであること，その一つに人間の個人的良心，より高次の自己があげられることを指摘している。そして，彼は個人的良心とより高次の自己の覚醒が陶冶理想の中核になり，その理想によって子どもが強制的に鋳型に流し込まれてはならないことを強調している。

(ii) 教育者：教育者については，『生の形式』，「教師と教師の人格」，「教育者と教育者の人格」，『生まれながらの教育者』などの中で論じられている。

教育者と教師とを同一的にとらえている彼は，教育者の特性として精神方向における愛をあげている。自己展開する生への愛，永劫性と関係づけられた価値への愛，職務の意識，責任，そして，社会的人間である。具体的には，教育者とは，哲学に依拠し，子どもとの人間関係を保持しつつ，子どもの発達段階を考慮して，客観的精神に内在する陶冶価値を，陶冶手段を行使しながら，媒介し，子どもを精神的な成熟へと方向づけることに自己責任を感じる者である。

(iii) 子ども：子どもに関しては，「教育学への考察」，『教員養成論』，『教育学の哲学的基礎付け』，『現代文化と国民教育』などの中で論じられている。

彼によれば，子どもとは，乳・幼児期，歩行および発語の時期，反抗的な時期，お伽噺の時期，過渡期，児童期，成熟期，青年期の各段階を経過する。子どもの陶冶性とは，内面的精神発達，精神構造の発達，無意図的な心理学的発達，意図的な心理学的発達のことであり，陶冶性が規定される因子とは，個人の遺伝因子，個人の発達，環境，運命である。精神は対象との関わりを通して，自我意識に目覚めつつ，徐々に陶冶されていく。この精神的な過程における陶冶可能性の究極的な段階は，道徳的な人格形成，良心の覚醒である。

(iv) 陶冶財および陶冶価値：陶冶財および陶冶価値については，『国民学校

の固有精神』,『生まれながらの教育者』などの中で論じられている。

　彼は文化財の中で,人格を形成するものを陶冶財および陶冶価値とみなしている。陶冶財とは客観的精神のことで,心を目覚めさせる創造的な意味をもつものをいう。宗教的陶冶財,道徳的陶冶財,世界観的陶冶財や経済的・技術的形象,科学的・文学的形象,芸術的形象などである。陶冶価値は,精神的諸価値とみなされる形式的陶冶価値と精神的内容とみなされる実質的陶冶価値とに分類される。知的・技術的・美的・社会的・宗教的なものなどである。

　(v)　陶冶共同体：陶冶共同体については,「教育学への考察」,「教育学の哲学的基礎付け」,『生まれながらの教育者』などの中で論じられている。

　陶冶共同体は,国家,職業団体,家庭での教育を問題視する社会学的教育学と,学校,孤児院,青年団体の形式を問題視する教育学的社会学の両分野から考察される。彼の場合,陶冶共同体には,社会の一般的構造と成長しつつある者の精神的領域が含まれる。したがって,ここで重視されるのは,非教育的な生活共同体をつねに教育的精神で満たし,教育的な生活共同体を脱教育化する真の人間教育者である。

　(vi)　陶冶制度：陶冶制度については,『教員養成論』,『学校法規論と学校政策の科学的基礎』,「教育学の哲学的基礎付け」などの中で論じられている。

　彼は陶冶制度に関して新提案する。①従来の総合大学での養成システムを,教員養成のために創設する大学で行うこと,②生活の深化・拡大を計るため,郷土科という科目を設定すること,③教員養成制度を,過去の歴史を参考にしながら,完備すること,を。教育制度には絶対性がないことから,彼は副次的な結果をにらんで,正当性を確保する方法を重要な課題ととらえている。

　ここで総括しておこう。理論的教育学は,その科学性を,魂の取り扱い,身体的・心理的・精神的発達の援助,社会的訓化,精神的調整器,良心,より高次の自己の機能化・固定化の教育活動に求められる。そして,実践的教育学は,その科学性を,陶冶理想,教育者（陶冶性,陶冶方法）,陶冶財・陶冶価値,子ども（陶冶性）,陶冶共同体,陶冶制度の6要素による教育活動に求められる。

3　精神科学的教育学派の教育学　経験的教育科学派の教育学

1　ノール教育学の特色

　ノール（Nohl, H. 1879-1960）：ドイツの哲学者，教育学者。ディルタイから精神科学を継承し彼自身の教育学を構想。精神科学的教育学の代表者。主著に『性格と運命』（1927），『ドイツにおける教育運動とその理論』（1935）など。

　ディルタイの生の哲学を継承した彼は，生を全体ととらえ，生の形式が類型的に繰り返され，人間の精神構造が普遍的なものとして存続することを強調する。

　彼は学としての教育学を教育現実の解釈学としてとらえる。彼によれば，教育現実とは教育的体験と教育学的客観態から成立している。教育的体験とは，教育され，教育し，教育した体験であり，教育学的客観態とは，目的や法則のもとで教育活動が実際に行われてきた歴史を意味する。彼は教育現実の分析を通して，教育学を構造科学的に明確にしながら，普遍妥当的理論として導き出す。彼は教育運動を，愛と権力を原動力にしつつ，①自由主義的個人的教育学，②社会的民主主義的教育学，③改革教育学の段階的，精神史的運動過程，超時間的生，ととらえている。つまり，彼は教育学の自律性を，教育理念，教育的行為，教育制度に要求しつつ，理論と実践との永続的な循環の中に，そして，この教育運動の過程の中に見出したのである。しかし，問題が指摘される。生の状況表現は科学としてとらえられるのか，普遍妥当性は科学への志向性ではないのか，歴史解釈の客観性規定は現実の規範の無視になるのではないか，自律性理論は対象理論での自律論かそれともメタ理論での自律論か，と。

　とはいえ，ノール教育学は，現在，再評価されつつあることは疑うことのできない事実である。

2　フリットナー教育学の特色

　フリットナー（Flitner, W. 1889-1989）：ドイツの教育学者。精神科学的教育学派としては，新・旧相互の橋渡し役を担う。主著に『体系的教育学』（1933）

（後『一般教育学』），『現代における教育科学の自己理解』（1957）など。

彼は『一般教育学』（1950）の中で，精神科学的教育学派の立場に立ちながらも，実証主義的研究を取り入れるべきであるとして，解釈学的＝実践的科学を導き出した。この科学の基づく教育学の特徴は，経験的立場と思弁的立場の両方の中間に位置づけられることにある。「中間世界」が設けられる理由はここにある。事実から概念までと概念から事実までの距離，経験的なものと規範的なものとの弁証法的な共属関係という事実から，教育学研究は事実研究か規範的教育学かのどちらかに導かれ，教育学は隣接科学の心理学，医学などかそれとも規範科学の哲学などかのどちらかに依存する。

上述の「解釈学的」の中には，教育現実の解釈とその意味づけが含まれ，「実践的」の中には，生の真理を扱っている諸科学を基礎にしたあらゆる現実的な立場の実践が含まれている。彼の教育学の特徴は，「解釈的」なものと「実践的」なものとを根元的に共属させているところにある。

つまり，彼は教育という事実を出発点としながらも，それを超えて客観主義的なものに重点を置く教育学という科学を樹立し，実践的な態度そのものに重点を置く教育学という科学を樹立しているのである。

3　ヴェーニガー教育学の特色

ヴェーニガー（Weniger, E. 1894-1961）：精神科学的教育学をノールの思考方法に基づき，社会的教育学と教授学を研究しながら，形成した。

彼の教育学理論は実践理性の原理に基づいている。なぜなら，理論と実践との分裂が行為によって統合・構築されているからである。彼は単なる歴史的解釈学を克服するために，理論と実践における教育の相対的自律性の問題や理論概念の分化を考える。教育現実が諸科学では十分に把握されえないため，教育学的課題が実践だけでは客観的にはとらえられえないため，教育学が科学として成立しないという。教育学の自律性は，教育者の責任と態度，教育の制度的条件に求められる。彼の教育学の特色は，理論概念である理論と実践の三段階，すなわち，教育的行為が基づいている第一段階，経験的命題や生活規則を含んでいる第二段階，意識的な事前の熟考と事後の解明によって実践にふさわしい

評価のための手助けをする理論，メタ理論である第三段階によって，教育学の関係構造を発見したことにある。彼は理論・実践関係において，理論と実践の循環論を発見した。彼は教授と学習の現象を新たな概念で明らかにする教授学，命題が現場の教師の自信に直結する教授学，自己に信頼を寄せ自己の決断のもとで生成を可能にする人格陶冶論としての教授学を主張する。

彼の教育学の特徴は，教育における理論と実践の距離を縮めたことにある。今日，評価されていることは，生命哲学的非合理主義を脱却し，解釈学，経験科学，イデオロギー批判を統合する形で社会科学を確立していることである。

4 ランゲフェルト教育学の特色

ランゲフェルト（Langeveld, M. J. 1905-89）：オランダの教育学者。人間学を前提にした教育学を統合科学として位置づける。

『子どもの人間学的研究』（1956）の中で，人間存在が「世界内存在」，「状況内存在」として規定されている。世界や状況の中に存在する人間は，自我を機能させ，世界や状況に働きかける。教育は子どもの意味付与と自己決定に対する援助，となる。彼は人間学と教育学との関係について，教育学が人間学に先行し，人間学を基礎とすべきであることを強調する。彼の人間学の特色は，人間を普遍的な概念からとらえるのではなく，現象学的な方法，教育の経験，人間的な生活世界からとらえることにある。彼の現象学的な方法は，具体的な経験を体系化し，人間生活の意味連関を重視する。彼の教育学は，実証主義や経験主義に対して批判的であり，心理学や社会学などに対して批判的である。彼は教育的状況における人間の実践や行為を，過程的・段階的にとらえている。機能的思惟の段階であり，意図的思惟・道具的思惟の段階である。そして，真の教育者になるための条件は，理論的思惟の段階，制度化的思惟の段階，往復的思惟の段階を経過することである。教育者が実践家として行為するとき，思惟と行為とが結合し，理論家が理論を構築するとき，教育的行為から導き出される。彼の教育学の理論が実践と密接に関係すべきであるという事実が導き出される。

つまり，ランゲフェルト教育学は，実践科学，経験科学，規範科学，精神科

学，人間学を統合した，統合科学としての教育学である。

5 ロッホナー教育学

ロッホナー（Lochner, R. 1895-1978）：ドイツにおける伝統的な規範的教育学から実証主義的教育科学，実験的教育学，教育人間学への橋渡しを行う。彼の教育科学は，教育の現象を明確に記述する科学である。

彼は従来の教育学に大きな不満を覚えた。ヘルバルト教育学においてメタ理論的演繹規則が不明確であり，精神科学的教育学において教育実践に対する普遍妥当的な規範命題が提示されていないからである。ここに彼が実証主義的教育科学を確立しようとした理由がある。彼は科学を次のようにとらえている。科学は妥当的価値を事実として考察・解明し，科学は人間の未来の行為に関していかなる解答をも与えることはできない，科学は価値に対して関係しない。

彼は教育科学を一般的教育科学と特殊的教育科学とに分類し，さらに一般的教育科学を記述的教育科学と規範的教育科学とに分類する。彼の教育科学は，記述という方法により，存在把握と当為規定を相互に認め，最終的目的を存在把握と当為規定との統合に置いている。彼の教育科学は，価値自由的教育科学である。彼の教育科学は価値哲学，改革理念から距離を取っている科学である。

彼は教育現実を教育的に重要な現実とみなし，社会全体の中でとらえている。彼は事実を事実としてとらえ，事実に即さない考え方を除去した。彼の科学としての教育学は世界観的な拘束から独立している学である。

ところで，ウェーバーは価値判断を自己の責任においてすべきであることを指摘し，ブレツィンカは伝統的教育学が他の科学との交流を怠り，科学理論を明確にしてこなかったことや解釈学的教育学が事実に即して分析・解決する提案をしてこなかったことを指摘する。このような状況下にあって，ロッホナーは伝統的な教育科学に対して，科学観そのものの見直しを行ったため，現代の実証主義的教育科学への橋渡し的な役割を果たしたことになる。

彼の教育科学は，事実と規範とを明確に区分することに基づいているため，教育そのものを再度考えさせるきっかけを与えた。彼は教育があらかじめ思弁的に規定されるものではないこと，教育があらかじめ概念で表現されるもので

はないこと，教育が現実的に考察されて初めて認識されるものであることを強調する。彼のこの教育観に基づく教育科学は，ブレツィンカの教育科学論を発展させ，現代の教育人間学への展開を可能にした。

4　精神科学的教育学の問題点について

　そもそも精神科学的教育学という呼称は，学派を意味するものではない。この概念のもとで研究する教育学者の思考方法は，ディルタイの立場を踏襲しているとはいえ，多面的である。そのため，この呼称で括ることは多少危険である。

　精神科学的教育学とは，1920年代および1945～60年代頃まで，ドイツ教育学の中心にあった。しかし，1960年代半ば頃から，実証主義的立場の経験的教育科学の側から，また，フランクフルト学派を拠り所とする教育学の社会批判的・イデオロギー批判的立場から，批判を受けた。終焉を迎えたのである。

　ロッホナーは，精神科学的教育学が教育実践のために普遍妥当的な規範命題を提示することができないため，精神科学的教育学を超越する形で，教育学を実証的科学として確立しようとした。ダーマーやクラフキーは，精神科学的教育学の終焉を著作の中に銘記した。今日，ドイツの教育界の中で，精神科学的教育学はどのような地位を確保しているのであろうか。

　その前に，申し添えておかなければならないことは，精神科学的教育学の後継者作りにおいて，ナチスが支配していた時代，すなわち，1933～45年にかけて，若手の優秀な研究者の弾圧や戦死によって，失敗したということである。学問的に立ち後れ，イデオロギー的に混合し，見込みや期待のもてないものになってしまったといわれても仕方のないことである。しかし，新しい形で，精神科学的教育学が再評価されてきている。背景に，これまで批判していた諸教育学の限界が明確にされてきていることがある。クラフキーが精神科学的教育学を，経験的教育科学やイデオロギー批判的・社会批判的立場の教育学と対決させることによって検討していることや，ボルノーが解釈学的教育学の観点から構想化しながら，精神科学的教育学の見直しを試行していることがある。

参考文献

（1） 小笠原道雄編『ドイツにおける教育学の発展』学文社，1984年。
（2） 村田　昇編『シュプランガーと現代の教育』玉川大学出版部，1995年。
（3） 山﨑英則編『シュプランガー教育学へのいざない』近代文芸社，1996年。
（4） 山﨑英則『シュプランガー教育学　重要用語小辞典』渓水社，1987年。
（5） 山﨑英則『シュプランガー教育学の基礎研究』学術図書出版社，1997年。
（6） 山﨑英則『シュプランガー教育学の研究』渓水社，2005年。
（7） 山﨑英則・西村正登『シュプランガー教育学・倫理学・宗教学に関する研究』日本教育研究センター，1998年。
（8） 山﨑英則・德本達夫『西洋の教育の歴史と思想』ミネルヴァ書房，2001年。
（9） ディルタイ，山本英一・上田　武訳『精神科学序説』上下　以文社，1979，1981年。
（10） ディルタイ，尾形良助訳『精神科学における歴史的世界の構成』以文社，1981年。
（11） ボルノー，麻生　建訳『ディルタイ――その哲学への案内』未来社，1977年。

推薦図書

［1］ 村田　昇『シュプランガー教育学の研究』京都女子大学，1996年。
［2］ ランゲフェルト，和田修二訳『教育の人間学的考察』未来社，1979年。
［3］ シュプランガー，村井　実・長井和雄訳『文化と教育』玉川大学出版部，1962年。
［4］ 坂越正樹『ヘルマン・ノール教育学の研究』風間書房，2001年。
［5］ 小笠原道雄『現代ドイツ教育学説史研究序説』福村出版，1974年。

（山﨑　英則）

第13章　実存主義と教育学

　本章は，実存主義の立場，実存主義と教育学の出会いの動向，実存的価値と教育について考察する。実存主義の立場では，実存主義者が関心をもつ人間の真実存在もしくは現実存在とは，自己の生き方を選ぶことによって人類全体のあり方を決定し，万人に対して責任を負って生きる人間存在のあり方を意味することを明らかにする。実存主義と教育学の出会いの動向では，バウアーズ，オニール，サソンらの近年の研究を考察し，プラグマティズムと実存主義がこれまでの研究によって論じられたほど異質のものではなく，むしろ両立場が共通点の多いことを明らかにする。実存的価値と教育では，実存主義者が重視する価値としての主体性，関係性の発達に教育がいかに寄与できるかもしくは寄与すべきかを，モリス，ボルノー，ナッシュらの所論の考察によって明らかする。

1　実存主義の立場

1　人間存在への関心

　実存主義と呼ばれる立場は必ずしも一様ではない。しかし，「実存は本質に先立つ」という命題は実存主義の共通の主張であるということができる。この場合，実存とは，人間以外の他のすべてのものと異なる人間の真実存在もしくは現実存在を意味する。サルトル〔Sartre, J. P.〕は『実存主義とは何か——実存主義はヒューマニズムである』の中で，人間存在と物の存在とを次のように区別している。

　ペーパー・ナイフのような物体は，一つの概念を頭に描いた職人によって造られたものである。それはある仕方で造られる物体であると同時に，一方では一定の用途をもっており，その製法や用途のような本質は，実存に先立つということができる。他方人間は，人間の本性を考える神が存在しないので，まず先に世界内に実存し，そのあとで定義される。換言すれば，人間は自らがつく

ったところのものになるのである。このように，人間の場合は実存が本質に先立つのである。したがって，人間は自らあるところのものに対して責任を負うことを要請される。この責任は全人類に対して負うものである。たとえば，ある個人が一夫一婦制を認めるとするなら，人類全体も一夫一婦制の方向へ参加させているのである。したがって，その個人は自己のあり方を選ぶことによって人類全体のあり方を選んでおり，この意味で万人に対して責任を負うのである。

　上記のように，サルトルは，すべてのことは，私という人間が選択することによって，意味をもってくることになり，私の選択，関与なくして意味をもたない，と考えている。サルトルが主体性の重要性に光をあてるのはこのためであり，主体性のゆえに，他の個人とは代替不可能な一人ひとりの人間のかけがえのなさが生まれてくる。自己自身に対する関心では実存主義者たちは立場を同じくしているが，無神論の立場をとるかあるいは実存を神との関わりでとらえるかによって，彼らは分類できる。前者の立場の代表的人物はサルトルのほかにニーチェ（Nietzsche, F. W.），ハイデッガー（Heidegger, M.）らであり，後者の立場の代表的人物は，キルケゴール（Kierkegaard, S. A.），ヤスパース（Jaspers, K.），マルセル（Marcel, M.），ブーバー（Buber, M.）らである。

2　無神論的実存主義の立場

　ニーチェは人間存在のみならず自然と文化にも関心をもったが，彼の第一の関心事は個人的人間存在であった。たとえば，『権力への意志』の中では，個々人が自らの行為を価値づける根拠は彼自身であると主張している。たとえ個々人がいかなる定式をも創造しないとしても，少なくとも定式の解釈は個人的なものであり，解釈者としては個々人は依然として創造者であるからである。

　『反時代的考察』の中では，不可解な実存への関心を表明している。私たちが生まれるまでに無限の時が流れて，私たちはいまの時代に生きているが，他方，私たちに与えられている時間は束の間のいまでしかなく，しかもその束の間に，何ゆえに，何のために，いまの世に生を享けたかを示さなければならない。私たちは自らの存在について責任を取らなければならない。そのためにも

私たちはこの存在の真の舵手になりたいのであり，私たちの実存が無思慮な偶然とみなされることを許しがたく思うのである。

また彼は，同書で生成流転する歴史と個の同一視を批判している。自分の生を，種族，国家，学問が発展する途上の一点とみなし，生成流転する歴史と一体化しようとする者は，生存から課せられた課題を理解していないのであり，いずれそのツケが廻ってくることを覚悟せねばならない。この永遠の生成は，人間にわれを忘れさせるまやかしの人形芝居であり，時という大きな小児が私たちをおもちゃにしながら私たちの前に展開して見せるつまらない遊びである。

ニーチェにとって，本来的自己を生成するために自らの良心に従って自己超越する生き方こそが実存的生き方なのである。

ハイデッガーは，人間存在を世界―内―存在，すなわち，自己自身や他者への配慮によって生きる存在としてとらえ，日常的に世間の生活裡に埋没した非本来的あり方から真摯に良心的に生きる本来的あり方への変革に関心をもっている。

つまり，無神論者は各個人の主体性をもった生き方を最高の価値ある生き方と考えたのである。

3　有神論的実存主義の立場

近代実存主義の先駆者といわれるキルケゴールは『死にいたる病』の中で無神論者を批判している。神の前で自分を精神として人格的に意識していないあらゆる人間の生き方は，神のうちに基礎をもたず，漠然と抽象的，普遍的なものである国家，国民などの中に安住したり溶け込んでいたり，あるいは自己について漠然とした意識しかもたないために，自分の才能をただ活動力と考えるだけである。自己のよってきたる深い意味を意識することなく，自己を，内面的に理解されるべきものであると考えないあらゆる人間の生き方は，たとえどのような驚嘆すべきことを成し遂げようとも，たとえどれほど強烈に人生を美的に享楽しようとも，そのような生き方はいずれも死に至る病としての絶望である。単独者としての人間の自己の内面への無限の反省，すなわち，内在即神への超越こそがキルケゴールの関心の焦点である。

ヤスパースは，人間存在への関心を『実存開明』の中で以下のように述べている。現存在としての人間は実存ではなく，人間は現存在において可能的実存であるにすぎない。現存在は現にそこに在るか無いかのいずれかである。しかし実存は，選択と決断とを通じて，自己の存在をめざして歩んでゆくか，あるいは反対に無へ退くかのいずれかである。したがって，実存は自由によってのみ実現され，自己の超越者すなわち神をとらえるのである。換言すれば，ヤスパースは，実存が限界状況としての死，苦悩，闘争，負い目に直面した現存在の飛躍，超越を通して達成されると主張するとともに，超越者，すなわち神との関わりに言及することによって有神論的立場を打ち出している。

　マルセルやブーバーの場合も，他者との共存在は絶対の汝である神に対する信仰に支えられることによって可能になると唱えている。

4　対他存在への関心

　実存主義の主体性の強調，したがって単独者，例外者の重視は，唯我論と同一視されるべきではない。実存は対自存在であるとともに対他存在でもある。ハイデッガーの世界―内―存在，ヤスパースの実存的交わり，サルトルの相互主体性，マルセルの他者との関係の自覚が自己の実在の前提という視点は，いずれも他者の実存との共存を意識していたということができる。実存の両極性に最も留意したのはブーバーである。なぜなら，彼は複数の人間の対話が自己の肯定・確信にとって重要であることを認めていたからである。すなわち，彼は「われ―なんじ」の人間関係を重視しているのである。これは自分の周囲の人々を観察や利用の対象と見る「われ―それ」の人間関係と識別されるものであり，自分自身の全身全霊をもって自己と対等な人格を有する者としての他者と向かい合う関係である。彼は，教育論も若干著し，教育者と生徒との「われ―なんじ」の関係の重要性を指摘している。したがって，本来的個人は，他の人々も本来的，道徳的であることを許すような世界を創造することに関与せねばならないというのが，実存主義の立場ということができる。

2　実存主義と教育学の出会いの動向

1　バウアーズの所論

　バウアーズ（Bowers, C. A.）は，論文「実存主義と教育理論」(1965) の中で，実存主義と教育の出会いの必要を次のように述べている。もし教育理論家が，公衆によって評価されるプログラムを構想しようとするなら，実存の問題に留意する必要がある。多くの教育理論家は，すでに，形而上学者の関心を不適切なものとして拒絶し，個々の技能や社会的価値を教授する教育的プログラムを正当化するために，社会の必要に目を向けている。しかし，プラグマティズムに立脚する進歩主義と改造主義の両者を特徴づけるこのアプローチは，人間の本性の社会的側面のみを強調して，重要な決定を行う人間の内面性，人間存在の孤独性を軽視している。実存主義は，人間の現実のこの面を強調する唯一の哲学的立場である。

　バウアーズは，具体的には，教育理論家に対して，教育学的，心理学的問題となっている疎外の問題に取り組むことを要請している。彼は，疎外の克服が個人的問題であるので，教師が直接疎外の問題を解決できないことは認識している。しかし，彼は，教師が生徒たちに彼ら自身の文化に対する彼らの好奇心を喚起させ，オープン・マインドで彼らが経験に入り込むときより充実した経験が保障されることを認識させることによって，彼らが彼ら自身および彼らの環境に対して疎外感をもつことのないように間接的に援助できる，と信じている。このアプローチは，自己発見の自由と責任に関する生徒たちの自覚からもたらされるかもしれない結果を恐れる多くの教師たちを当惑させるかもしれない側面を有している。すなわち，生徒たちの非正統的趣味，価値，観念は教師の吟味されない無自覚的立場を脅かす側面を有している。これに対抗するため，教師が安易に彼自身の価値や観念を生徒たちに押しつけることに頼って，この脅威を回避することに努める場合，生徒たちの個人性を窒息させ，生徒たちの疎外感を増幅することになる。したがって，バウアーズは，もしわれわれが創造性，個人主義，多元的社会の価値について誠実であるべきであるなら，われ

われの答えを絶対的な真理として生徒たちへ押しつけることを回避せねばならない，と主張している。

上記の実存主義の立場は体系的学習の放棄を暗示していると解する見解もあるが，バウアーズはこの見解を容認しない。それは以下の理由による。
① 個人の自己決定は，彼の文化の理解を前提にしている。すなわち，社会科学，物理学，人文学等の学習は，文化的，物理的環境が生徒の心に喚起する情動的，知的反応を発見する機会を供給することによって，生徒自身のアイデンティティ意識の形成に貢献する。
② 生徒が自己の環境に対する強い感情を発展させ，これらの感情の本質を理解することに努めるとき，彼は他者の福祉を，かつ最後に彼自身の福祉を向上させる価値へ献身する可能性が大きくなる。これはカリキュラムの適切性の真の試金石である。

バウアーズは，上述のような実存主義の重視する価値が，西欧的ヒューマニズムの一部であり，つねに手元にあったと考えている。文化の体系的な学習の要請，プラグマティズムと実存主義との安易な区別は，ネラー（Kneller, G. F.）やモリス（Morris, V. C.）の見解にも見られることや，カリキュラムの内容を誰がいかに選択するかの問題への言及を欠いていることから判断すれば，バウアーズの所論は独創的な主張とはいいがたい。

2 オニールの所論

オニール（O'Neill, W. F.）は，著書『教育的イデオロギー——教育哲学の現代的表現』（1981）の中で，実存主義を主に教育的リベラリズムと同一視している。教育的リベラリズムは，デューイ（Dewey, J.），キルパトリック（Kilpatrick, W. H.）らの立場であり，子どもに新しい生活に効果的に対処する方法を教授することによって，現在の社会秩序を保存し改善することを，教育の目的ととらえている。したがって，この立場は，学校に2つの機能の遂行を要請する。一つは，生徒たちが独力で効果的に学習するのに必要な情報と技能を提供することである。他の一つは，観念を検証するための合理的，科学的手順に基礎を置く個人的，集団的問題解決過程の応用によって，実践的問題を解

決する方法を教授することである。ほかにオニールは実存主義を教育的知性主義，教育的解放主義，教育的アナーキズムなどにも関連づけている。教育的知性主義は，アキナス（Aquinas, S. T.），ハチンズ（Hutchins, R. M.）らの立場をさし，教育的解放主義は，カウンツ（Counts, G. S.），ブラメルド（Brameld, T.）らの立場をさし，教育的アナーキズムは，イリッチ（Illich, I.），グッドマン（Goodman, P.）らの立場をさしている。

　オニールが実存主義の教育的意味を上記のようにとらえたのは，実存主義を以下のように特色づけたことによる。

① 実存主義者は，実存，すなわち個人的経験が真理，知識ないしは意味にあたる本質に先立つという観念を認めるラディカルな経験主義者である。

② 実存主義者は，個人的な認識過程から独立した世界の存在を認める伝統的リアリズムの主張を否定しないが，認識から独立した世界を有意味であるとみなさない。彼は，認知的選択の連続的過程に関与する個的人間が世界に意味をもたらすと主張する。

③ 実存主義者は，個人の選択の自由を重視し，すべての個人が自由でないことを選ぶ自由を認めない。

④ 実存主義者は，情報と推理を重視する知性主義者と，他方で，本来性を保障する世界への献身を強調する教育的解放主義者と立場を共有する。たとえば，サルトルの立場は，知性主義的解放主義と特色づけられうる。

　オニール理論の特色は実存主義と経験主義の類似性に注目していることである。すなわち，彼は，実存主義者が教育への根本的アプローチとして，実験的な問題解決に反対しないとみなしている。なぜなら，彼は，経験主義者がすべての個人的経験（意識）を問題解決活動の付随物であるととらえ，実存主義者が問題の解決よりも問題解決に先行する問題そのものの把握や選択を強調する傾向があることを認めながらも，両者の相違を本質的に矛盾する立場の相違というよりも主に焦点の相違とみなしているからである。

　オニールの立場は，ネラー，モリス，バウアーズのいずれもが，実存主義と経験主義との相違点を強調したこととは異なっており，独自性，新奇性を有している。オニールもいうように，ある意図によって指導される一連の選択を問

題解決へ道具的に貢献するものとみなされるのであれば、実存主義と経験主義とは教育学的立場においては収斂可能であると考えられる。

3　サソンの所論

サソン（Sassone, L. A.）は論文「カリキュラムを横断する哲学——民主的ニーチェ教育学」（1996）の中で、ニーチェ的実存主義と教育学との関連に言及している。サソンは、文化を創造する天才への従属を要求した貴族主義的性格をもつニーチェの初期思想の中にも民主的教育論の特色を見出している。それは、ニーチェが自己存在の重要性を主張したことによる。サソンは、民主主義によって、各個人の個性化の価値を認め、外的規準によって各個人の優劣の評価や差別的処遇を容認しない生き方を考えている。サソンはこの視点はデューイ的民主主義観やポスト・モダン的見解とも類似していると考えている。ポスト・モダン的視点とは、多数決ルールや合意による教室運営に取り組む教師ではなく、個性化に好意的な教室環境を確保することに努め、あらゆる機会に一人あるいはそれ以上の生徒たちの行動の自由を奨励するとともに、生徒たちから学ぶ教師を理想態とする立場である。

サソンのこのような見解に対して、ジョンストン（Johnston, J. S.）は論文「教育者としてのニーチェ——再検討」（1998）の中で、次のように批判している。サソンの見解では、民主主義は自己関連的、自己観察的個人性から出発し、自己関連的、自己観察的個人性は民主主義において存立しうるということである。しかし、民主主義は原則的には社会的活動性に関連している。サソンもこれを認めているが、彼は教育のような社会制度と自己観察、自己反省、自己克服の見解とがいかに折り合うかという問題には正面から取り組んでいない。啓蒙され、解放され、民主化された市民の育成と、ニーチェが擁護する自己克服的個人、すなわち、ある者に生成するために社会文化的評価の痕跡を放棄する個人の擁護とは、反定立的である。換言すれば、ニーチェは、民主的市民の育成を教育の主要課題とみなすデューイ的視点を欠いている。

ジョンストンの批判はどのように考えられるべきであろうか。彼もいうように、民主主義が社会的活動性に関連することは異論の余地がないとしても、サ

ソンの個性化論が民主主義論と両立不可能とみなすことは正当といいうるか。個性化の尊重は民主主義の重要な構成要素である。したがって，個性化の追求が，民主主義論の十分条件ではないとしても必要条件であり，民主主義論に相反しているというジョンストンの捉え方は受け入れがたい。

3 実存的価値と教育

実存主義が重視する諸価値が，教育においてどのように対処されるべきであろうか。この節では，実存主義が鍵概念とみなしていた主体性，関係性と教育との関連を考察したい。

1 主体性と教育

実存とは，自己以外の何ものにも自己肯定の根拠を見出すことのできない，したがって，すべてのものに対して責任を負う主体的個人の生き方を意味している。教育は，生徒がこのような主体的に自己および世界を選択できる個人へと成長していく過程において何をなしうるのであろうか。

モリスは『実存主義の教育——その意味するもの』(1966) の中で，主体的生き方の発達に次の3領域の学習が寄与できると主張している。

① 芸術として位置づけられる自己創造的経験学習

音楽，ダンス，ドラマ，絵画，造形美術等の学習場面で，子どもたちに，彼ら自身の世界の率直な表現を奨励することによって，自己創造的経験の機会を与えることができる。この種の学習については，進歩主義教育の遺産を継承できる。

② 歴史や文学などの規範的経験に関連する学習

歴史は，望ましい将来の名のもとに現在の事象の取り扱いに関して最適の選択を確認することに貢献できる。また文学は，たとえばハムレットの個人的決断の苦悩を，「あなただったらどうするか」と問うことによって，生徒自身の問題として考えさせることができる。このような経験は伝統主義教育や進歩主義教育では期待できない。なぜなら，伝統主義教育は，倫理的疑問

が解決されることのできる一連の原理を教授し，進歩主義教育は探究のプロジェクト・メソッドという道徳的判断の教育方法を重視しており，いずれも個人的決断を迫らない非個人的方法に依拠するからである。しかし上記のうち，進歩主義教育が非個人的方法になるというモリスの断定には，進歩主義教育が各個人の興味，個性化，成長を重視していることを考慮するとき同意しがたい。

③　クラブ活動を通しての学習

クラブ活動は，強制されたものではなく，生徒が求め，選択し，わがものにする経験を可能にし，しかも強制的活動に比べて質の高い学習成果をもたらす。たとえば，チェス・クラブは幾何や代数のどんな課程よりも困難な論理を要求し，新聞クラブは英語の時間以上に正確な報告を要求するにもかかわらず，生徒はこれらの困難から逃避することなく積極的に取り組んでいるのは，自ら求めた活動だからということができる。したがって，英国のサマーヒル学園でニイル（Neill, A. S.）が実践した，一切の授業に出席を義務づけない学校運営の方式は評価に値するということができる。

教師は生徒の主体性発達のためにどのような役割を担うのであろうか。モリスは，生徒が自ら真理であると確信する証拠をもち，教師や他の説得の力に頼ることなく自律的判断で生きるために，教師に対して，自由な環境の創造者になることを要請している。すなわち，生徒を，学校における権威のハイアラーキー，教師による支配，生徒の達成度の外的規準から解放するとともに，生徒が学ぶための規準を自ら選ぶあるいは打ち立てる自由を認めることを要請している。しかし，この方式は，子どもの現状および進むべき方向についての理解や子どもとの絶え間ない緊密な対話を教師に求めているため，レッセ・フェールの教育，すなわち，教師が生徒の恣意的行動を黙認して指導的役割を果たさない教育とは識別されなければならない。

2　関係性と教育

自己以外の何ものにも自己の存在の根拠を見出さない主体性をもった個人を本来的個人として価値づける実存主義は，ややもすると関係性，社会性を無視

しているとみなされる場合がある。しかし，自己以外の他の個人の主体性をも是認する実存主義は，複数の主体的個人の共存の可能性を追究している。この点からボルノー（Bollnow, O. F.），ナッシュ（Nash, P.）らの見解が注目される。

ボルノーは『人間学的にみた教育学』や『対話への教育——ボルノー講演集』の中で次のように述べている。

対話は独語的な言語活動に対立する。後者は一方だけが語り，他方はもっぱら聴いて従う言語活動である。この具体的例は，命令，指示，教授，教示，科学的叙述の言葉であり，近代科学，技術の生み出した言葉である。自然や人間社会を支配するために使用される独語的言語は，明晰で首尾一貫しているが，一方の支配の野望に他方の支配の野望が対抗して出現するところでは，破局，戦争への道をたどらざるをえない。したがって，対話としての言葉は決定的に重要である。これは，対立関係の和解をめざす言葉であり，双方がともに対立関係の理性的解決を求めて創造性を駆使し，必要な場合には自己の思考の修正をも受け入れる協同的努力を意味する。

対話への教育は，自由に発言する勇気と他者の意見が自己の意見と同等の正当性をもつことを認める心構えとを育成する教育である。このために，教育者は，子どもに接するとき，権威的な要求をすべて断念して，子どもが自己と同じ正当性をもつ相手であることを認めるとともに，自分にも疑いを示す心構えの手本を示すことが重要になる。なお，対話は，相手も対話に加わって，両者とも権威的な要求を断念するところでのみ成り立つ。したがって，絶えず，新たな忍耐によって相手を対話に引き入れる努力が要請される。換言すれば，対話への教育は帰するところ平和への教育である。

ナッシュは論文「教育における権威関係」（1977）の中で，教育における権威関係を依存型，独立型，相互依存型の3つに分類して，相互依存型が主流になる関係性を望ましいものとみなしている。相互依存型は，ブーバーのいう「われ—なんじ」の関係にあたるものと考えられる。相互依存型人間は，人間を協力的で親交を求める友交的存在であり，最高の自由を人間関係を通じて得られるものとみなす。依存型人間は，人間を根本的に競争的で支配を望み，潜在的に危険で敵意に満ちた存在であるととらえ，迫害，貧困，無知，不安から

の自由を重視する。独立型人間は，人間を，妨害が入らない限り，自ら更新・成長を求め，他者に危険を及ぼさない存在とみなす。

　ナッシュは，人間的成長，社会的歴史的発展を，依存型から独立型を経て相互依存型に至る動きととらえて，相互依存型権威関係を発展させるために，次の5つの提言を行っている。

① 教育における形骸化した儀式と因襲的役割を除去すべきである。たとえば，教師と生徒が振り分けられた役割の檻から脱出して，両者がその場の要求に応じて教師となり生徒となりうることを認めるべきである。
② 学校が生徒を一種の文化的精神分裂症に追いやっている現状を克服すべきである。すなわち，生徒に事実についての見解と慣例から要求される見解のいずれかの選択を要求する学校のあり方を変革すべきである。なぜなら，2つの見解は一致しないため，弱い生徒は慣例からの見解に服従し，強い生徒はそれに反発することになり，相互依存性の成長への条件を見出せないからである。
③ 科学が人間の主観性や誤謬性から超然としているといった誤った見解を正すべきである。なぜなら，相互創造性を開花させる相互依存性は，世界の創造的行為のための正当な基礎として私的で内的な事象を活用することを要請するからである。
④ 教師は自己と生徒の感情の認識と尊重に努めるべきである。なぜなら，教室内の相互依存性の促進のために，教師は自己および生徒の全人格へ呼応することが要請されるからである。
⑤ 生徒間の競争をあおり相互依存性の発達を妨げる外的等級づけの計画を放棄すべきである。

　ナッシュのいう依存型，独立型は，ボルノーのいう独語的言語活動に基づいているのに対して，相互依存型は，対話を成立させる条件を具備した権威関係に基づいていると考えることができる。フェニックス（Phenix, P. H.）も他者との関係性のキーワードとして外延的超越，すなわち配慮（awareness）をあげている。フェニックスのいう配慮とは，疎外や排他性の対立概念であり，共感，感情移入，厚遇，寛容等の外界への開放性であり，教育場面では，教師と

生徒の人間関係の親密性，生徒の他者や外界に対する謙虚さの重視を意味している。

ともあれ，ナッシュは，ボルノーやフェニックスに比べて，このような関係性を妨げる条件の分析とその教育的克服策にまで言及しており，注目に値する。

参考文献

（１）　サルトル，伊吹武彦訳『実存主義とは何か——実存主義はヒューマニズムである』（サルトル全集第13巻）人文書院，1955年。

（２）　ヤスパース，草薙正夫他訳『実存開明［哲学Ⅱ］』創文社，1964年。

（３）　キルケゴール，桝田啓三郎責任編集『キルケゴール』世界の名著40中央公論社，1966年。

（４）　ハイデッガー，辻村公一訳『有と無』河出書房，1967年。

（５）　ヤスパース，鈴木三郎訳『形而上学［哲学Ⅲ］』創文社，1969年。

（６）　ボルノー，浜田正秀訳『人間学的にみた教育学』玉川大学出版部，1969年。

（７）　マルセル，渡辺秀他訳『存在と所有』理想社，1970年。

（８）　ブーバー，山本誠作他訳『教育論・政治論』（ブーバー著作集８）みすず書房，1970年。

（９）　ボルノー，浜田正秀他訳『対話への教育——ボルノー講演集』玉川大学出版部，1973年。

（10）　ナッシュ，教育人類学研究会訳「教育における権威関係」島原宣男編・教育人類学研究会訳『現代文化と教育の展望』新泉社，1977年，第３章所収。

（11）　ブーバー，田口義弘訳『我と汝・対話』みすず書房，1978年。

（12）　ニーチェ，池尾健一訳『人間的，あまりに人間的　Ⅰ』（ニーチェ全集５）理想社，1979年。

（13）　ニーチェ，中島義生訳『人間的，あまりに人間的　Ⅱ』（ニーチェ全集６）理想社，1979年。

（14）　ニーチェ，渡辺二郎訳『哲学者の書』（ニーチェ全集３）理想社，1980年。

（15）　ニーチェ，原　佑訳『権力への意志』（下）（ニーチェ全集12）理想社，1980年。

（16）　ニーチェ，大河内了義他訳『反時代的考察，遺された著作（1872—73年）』（ニーチェ全集第２巻第Ⅰ期）白水社，1980年。

(17) Morris, V. C., "Existentialism and Education," *Educational Theory*, Vol. 4, No. 4, October, 1954.

(18) Kneller, G. F., *Existentialism and Education*, John Wiley, 1958.

(19) Bowers, C. A., "Existentialism and Educational Theory," *Educational Theory*, Vol. 15, No. 3, July, 1965.

(20) Morris, V. C., *Existentialism in Education: What It Means*, Harper and Row, 1966.

(21) Phenix, P. H., "Transcendence and the Curriculum," *Teachers College Record*, Vol. 73, No. 2, December, 1971.

(22) O'Neill, W. F., *Educational Ideologies: Contemporary Expressions of Educational Philosophy*, Goodyear Publishing Company, Inc., 1981.

(23) Simons, M., "Montessori, Superman, and Catwoman," *Educational Theory*, Vol. 38, No. 3, Summer, 1988.

(24) Sassone, L. A., "Philosophy across the Curriculum: A Democratic Nietzschean Pedagogy," *Educational Theory*, Vol. 46, No. 4, Fall, 1996.

(25) Johnston, J. S., "Nietzsche as Educator: A Reexamination," *Educational Theory*, Vol. 48, No. 1, Winter, 1998.

(26) Bingham, C., "What Friedrich Nietzsche Cannot Stand about Education: Toward a Pedagogy of Self-Reformulation," *Educational Theory*, Vol. 51, No. 3, Summer, 2001.

推薦図書

［1］ サルトル，伊吹武彦訳『実存主義とは何か――実存主義はヒューマニズムである』（サルトル全集第13巻）人文書院，1955年。

［2］ ボルノー，峰島旭雄訳『実存主義と教育学』理想社，1966年。

［3］ デントン編，菊地陽次郎他訳『教育における実存主義と現象学』晃洋書房，1989年。

（甲斐　進一）

第14章　社会主義と教育学

　この章では，まず最初に社会主義に関わる教育学の展開を，主としてその依拠する立場としてのマルクス主義的教育学の中に求め，簡潔に概観する。その際，多様な社会主義の概念を要約するとともに，社会主義が提起してきた教育的課題について検討する。

　次に，社会主義教育の代表的理論家として，ソビエト社会主義生成期の教育理論と教育実践を創造していったエヌ・カ・クループスカヤ（Крупская, Н. К. 1869-1939）とア・エス・マカーレンコ（Макаренко, А. С. 1888-1939）を取り上げる。どちらも同時代人だが，クループスカヤが教育人民委員部の次官および国家学術会議の長として，教育理論および教育政策立案に指導的役割を果たしたのに対して，マカーレンコはウクライナの辺境な片田舎での浮浪児を相手とした教育実践家として，「教育する」ということの本質を探求した。

　最後に，人間の心理や精神世界の探求という側面から，社会主義教育学の発展に寄与したエル・エス・ヴィゴツキー（Выготский, Л. С. 1986-1934）とヴェ・ア・スホムリンスキー（Сухомлинский, В. А. 1918-70）に言及する。世界的な教育の現代化運動に大きな影響を与えたヴィゴツキーの理論は，今日においても世界的に注目され，発展的展開を見せている。また，スホムリンスキーの「心の教育」を重視する教育実践は，「国際スホムリンスキー連盟」の結成に至っている。

　全体を通して，彼らの教育理論の特質に言及し，その現代的意義について解明する。

1　社会主義と教育学の課題

1　社会主義の展開

　社会主義とは，資本主義的な世界観や経済体制ないし政策のラジカルな批判から生まれたもので，社会総体の共同に基づく社会体制の創出に関する思想，理論，および実践的方策を意味する場合と，理論や実践が指向した社会体制ないし歴史的に実現した社会体制そのものを意味する場合とがある。社会主義の

理論と実践および社会体制は歴史的にも実際的にもきわめて複雑多岐であり，一概に規定することはできないが，生産手段の私的所有を廃して，国家的ないし社会的所有をめざす点で共通している。

社会主義的思想のうち代表的なものは，1820～30年代に現れたサン・シモン（Saint-Simon, Clfude-Henri），フーリエ（Fourier, Charls），ロバート・オーエン（Owen, Robert）によって代表される空想的社会主義，キリスト教社会倫理の必然的帰結として主張されるキリスト教的社会主義，マルクス主義成立以後の19世紀末に現れたイギリスのフェビアン社会主義，フランスのサンジカリズム，ドイツの新カント派社会主義，そして，カール・マルクス（Marx, Karl）とフリードリヒ・エンゲルス（Engels, Friedrich）により展開された科学的社会主義などがある。マルクス主義は，ドイツ古典哲学，フランス社会主義およびイギリス古典経済学の3つを主要な源泉として，それらの総合的批判のうえに作り上げられた。

社会主義は第一次世界大戦以後，ロシアのヴェ・イ・レーニン（Ленин, В. И.）により帝国主義時代のマルクス主義として発展させられ，1917年のロシア革命や1949年の中国革命などを経て，現存する社会主義体制の思想と理論の意味をも付加することになった。しかし，1991年のソビエト連邦の解体を契機として，その思想と理論の有効性に批判が投げかけられている。

2　社会主義的教育学の課題と方法意識

社会主義的教育学の特徴の第一は，教育が歴史的・社会的に制約された現象であり，それとの密接な関連のもとに教育を解明しようとする方法意識である。この立場から，教育学は社会現象としての教育を対象とする社会科学であるととらえられる。したがって，教育学は，下部構造である社会の物質的運動過程との関係において現象する教育の諸過程の相互連関を構造的に解明し，その解明を通して人間の発達についての見通しを明らかにする課題を担っている。

マルクス主義の基本的命題の一つは，「人間の社会的存在が意識を規定する」（『経済学批判』）ということであり，教育もそれぞれの歴史的時期における支配的な社会的諸関係によって，また，その社会的諸関係は終局的には物質的な生

産様式によって制約されている，と主張する。すなわち，教育の制度や理念だけでなく，教育学の理論も，それらはともに社会体制の変化にともなって変化するのであり，教育現象は，歴史的に制約された社会の全体構造との関連において，その位置，役割，および性格が解明されねばならない，とする。

　社会主義的教育学の第二の特徴は，マルクス主義的教育学の中核的命題の一つでもあるが，発達における人間の能動的活動の主導的役割を強調することである。したがって，前成説（遺伝説，素質決定論）や後成説（経験説，環境決定論）および二要因説（輻輳説，ダイナミック説）を批判し，発達における人間の能動的活動（革命的実践）の主導的役割を重要な要因として位置づける。前成説と後成説は極論であろうが，二要因説は折衷論でありながらも，それゆえに長い間多くの支持を得てきた。しかし，遺伝は親から授かるものであり，また，この説における環境は所与のものとして不変である。とすれば，人間の発達は，所与としての遺伝と環境により決定されるという一種の宿命論に陥る。また，人間を変えるためには環境を変える必要があるとする主張は，環境を変えるためには，環境それ自体が人間の意志に依存するので，教育によって人間を変えねばならないという循環論に陥る。

　このような宿命論と循環論から抜け出る道を示したのがマルクス主義であった。マルクスは，人間を環境と教育との受動的な所産と考える空想的社会主義者たちの見解を批判し，環境そのものが人間によって変えられること，また，教育者自身が教育されねばならないことを指摘した。その理論的核心は，人間は環境を変革する能動的活動（革命的実践）の過程において自己を変革（発達）させることができるという思想の中に凝縮されている。

　社会主義的教育学の第三の特徴は，教育と労働の結合による全面発達の理論の展開にある。現代の人間は，マニュファクチュア的分業から移行した大工業の出現により，精神労働と肉体労働の分裂を余儀なくされている。しかしながら，マルクスによれば，大工業の本性そのものは，このマニュファクチュア的分業を廃棄する必然性を作り出す。というのも，大工業は，生産の技術的基礎とともに，労働過程の社会的結合を絶えず変革し，労働の転換，機能の流動，労働者の全面的可動性を絶えず作り出すからである。

したがって，大工業は諸機能の部分的担い手でしかない個人に代えて，諸変化に対応してさまざまな諸機能を機動的に遂行しうる全体的に発達した個人を要求する。人間の全面的発達を志向する教育の社会的基礎はこの点にあり，生産の科学的・技術的基礎の学習を理論と実践の両面から教える教育を「総合技術教育」と称している。

この観点から，マルクスは人間の全面的発達を保障するために，すべての子どもの国家による無償教育と非宗教的・世俗的教育を要求し，その内容を「精神の教育」「身体の教育」「総合技術教育」として提示している。

2　クループスカヤの教育思想

1　革命と教育へ献身

レーニンの妻であり，良き理解者，そしてその最良の助手であったクループスカヤの生涯は，多分にして偉大な教育思想家の例に漏れず波瀾万丈である。1917年の革命前における国内での社会活動と5年間の流刑生活，獄中での結婚，2度にわたる通算14年間の国外での亡命生活，そして革命後の困難な状況のもとでの新しい国作り，晩年におけるスターリンとの対立と冷遇等々……。

こうした激動の生涯の中で彼女が一貫してその全勢力を注いだのは，とりわけ子どもとその教育の問題であり，子どもの教育に重要な影響を与える女性解放の問題であった。

1889年，20歳となったクループスカヤは，ペテルブルクの高等女子専門学校に入学，ここでの学生サークルを通してマルクスやエンゲルスらの思想を学び，1891年，労働者のための日曜・夜間学校の教師となった。労働者との接触を通して，社会変革による人間解放の思想を深め，1894年にはレーニンとの運命的な出会いを経て，革命運動に従事する。

十月革命後は生涯の終わりまで，ロシア共和国教育人民委員部参与会委員を務め，1929年からは，ロシア共和国教育人民委員部次官としてソビエトの国民教育の創造と発展に中心的役割を果たした。また，彼女は教育学研究の面でも指導者であり，国家学術会議の教育科学部門を主催し，ソ連邦初の教育学博士

号を授与されている。

2 学習権論へのアプローチ

　ルソーの『エミール』における「子どもの発見」以来，発達の主体としての子どもの独自の価値を尊重し，その教育への権利が子どもに固有の権利として一般的に承認されてくるのは，ごく最近のことである。子どもを保護の対象としてだけでなく，権利行使の主体としてもとらえる新しい視点を打ち出したのは，1989年の「子どもの権利条約」であった。

　子どもが成人と同じ人間として，子どもらしく発達すべきだとするこうした権利の承認が一般化されてくるには，多くの先人達の努力があったことはいうまでもない。ルソーの「合自然」の思想を発展させた汎愛学派やペスタロッチ，フレーベルなど近代教育学の形成者達，ブルジョア革命期におけるコンドルセやルペルチェなどに見られる近代公教育の思想，20世紀前半の世界的な児童保護の動き，とりわけ第一次世界大戦後に高揚した社会福祉的思想と運動，それに呼応した「国際新教育運動」の展開などがそれである。

　クループスカヤもこうした流れの中にあって，近代教育学の形成者達の教育思想やデューイおよびモンテッソーリなどを綿密に研究するとともに，エレン・ケイの『児童の世紀』（1903）の意義を認めているが，その家庭教育偏重論には異議を唱え，家庭保育と施設保育との緊密な協力の必要性を具体的に明らかにしている。

　クループスカヤによれば，社会が保障する教育は，「子どもの権利を尊敬しなければならないのであって，先ず第一に子どもの教育―子どもの年齢に応じた教育への権利―」を保障することでなければならない。それは，就学前児の場合，「周囲の生活を認識する権利」，遊びと結びついた「労働の権利」，「休息の権利」，貧しい子どもたちに対する配慮としての「社会保障の権利」，「あらゆる民族の子どもたちの固有の配慮を求める権利」である。

　クループスカヤにおいては，子どもへの配慮が親の義務であり，この親の義務は，親としての自然な感情に基づくものとして外に対しては権利であり，他方，国家の配慮は親への援助的配慮義務としてとらえられる。しかしながら，

親のもつ子どもへの「配慮権」は，それが親の「自然権」として認められるとしても，「子どもは親の所有物でも，国家の所有物でもなく，人権を持った一個の人格主体」なのである。したがって，「幼児をたたく者は，どんな者でも奴隷的伝統の擁護者」（『幼児教育について』）である。

クループスカヤのこうした見解は，1920年代後半から30年代の諸論文の中に見られるが，今日の学習権理論の先駆ともいうべきものであった。

3　共同を求める人間の「社会的本能」と全面発達

クループスカヤは，幼児教育に限らず，一般にソビエト教育の目的を「全面的に発達した人間の育成」に求めた。このような人間の具体像として彼女は次のように述べる。

「全面的に発達した人々は，意識的で組織された社会的本能を持ち，一貫して考え抜かれた世界観を持ち，自然や社会生活において自分の周囲で起こる全てのことをはっきりと理解する人間，肉体労働であれ，精神労働であれ，全ての種類の労働に対して，理論の上でも実践の上でも準備ができており，合理的で充分な衣食住を与えることができ，美しく楽しい社会生活をうちたてることができる人間である」（『社会主義と教育学』）。

このような人間の育成を，クループスカヤは，一方では，理論と実践の統一において生産労働の全面的な学習を保障し，生産の主人公を育成する「総合技術教育」（ポリテフニズム）を通して実現しようとした。また，他方で，集団における民主的人間関係の組織化（人間関係の変革）を通して，子どものもつ「社会的本能」を開花させ，他人の心の痛みのわかる人間を育成しようとしたのである。

ここでいう「社会的本能」とは，「他の人々の役に立ちたい，しかも自己自身のかけがえのない労働そのものによって役に立ちたいという要求」であり，「社会における自己実現の要求」である。彼女は，困難な状況の中で無用感と孤立感に苦しみ死に急ぐ子どもたちの惨状を鋭く分析しながら，それでも彼らが，何かに役に立っているという自己の存在を認められたときの喜びに注目した。こうした「社会的本能」の発達は，クループスカヤによれば，労働を主と

する共同活動を通して，仲間と感情的に触れ合い，他人の心を理解し，連帯し，集団の中での自己の価値を見出すことによっていっそう促進される。

4　クループスカヤの今日的意義

　クループスカヤの教育理論と教育実践は，何よりも近・現代の教育遺産の緻密な研究と批判的分析に依拠している。そして，社会主義体制の出現とその確立過程の中で，それを創造的に適用し，社会主義に基づくあるべき教育体制をいかに作り出すかという課題と密接に関連している。

　革命後，1920年代から30年代にかけて，社会主義はまだロマンをもって語られうる時代であった。物質的・経済的にはきわめて困難であったが，クループスカヤも社会主義体制創生期の夢を背負い，ありとあらゆる試行錯誤と教育学的実験の中から，あるべき教育制度の実現をめざし模索した「教育における革命の担い手たち」，すなわち，ルナチャルスキー，シャーツキー，ブロンスキー，ヴィゴツキー，マカーレンコなどの一人であった。

　彼女の生き方そのものが，われわれにとっての学びの対象である。また，彼女における教育学古典の研究方法とそれを現実の諸問題の解決に創造的に適用する批判的摂取の方法は，われわれが先人から学ぼうとするときの一つの範例を示している。女性の自立と教育との結合，生活現実に根ざした子どもの固有性の把握，住民自治と教育参加，学校運営における生徒自治の追求など，今日の教育を考えるうえで多くの示唆を与えてくれる。

3　マカーレンコの教育思想

1　子どもたちに真心を捧げた誠実な生涯

　マカーレンコは，革命前はもとより，革命後もいわゆる主流ではなく，それゆえにきわめて困難な立場を余儀なくされた。1905年，17歳で，今日のウクライナのドニエプル河畔にあるクリュコフ村の鉄道学校の教師になるが，当時のロシアは，ツアリー専制権力に統括され，雇役制農業構造をうちに含む遅れた資本主義国であった。ここクリュコフは第一次革命運動の一大拠点になってお

り，マカーレンコは，その活動のゆえに，1911年，ヘルソン県の片田舎ドリンスカヤの学校に左遷される。

　1914年にポルタワ高等師範学校（今日のポルタワ教育大学）に入学して，ゴーリキーをはじめとするロシア文学や，ウシンスキー，コメニウス，ルソー，ペスタロッチなどの教育思想の研究に没頭し，1917年に金メダルで卒業する。この年ロシア革命が勃発するが，ウクライナは白衛軍の牙城として激烈な戦場となった。クリュコフ高等小学校の校長として赴任していたマカーレンコは，赤軍を打ち破ったデニキン軍の到来により，1919年ポルタワへ避難する。

　第一次世界大戦とロシア革命，そしてそれに続く国内戦のため，当時のソビエトには約700万人の浮浪児や孤児があふれていた。彼らの教育は，革命政権にとって緊急の課題となっていた。1920年，マカーレンコはポルタワ市郊外の未成年法律違反者のための収容施設（コローニヤ）の所長に任命される。後に世界的に有名になるゴーリキー・コローニヤでは，浮浪児や非行少年・少女を新しい社会の市民として「自立」させることがめざされた。

　しかし，独自の教育方法を模索していたマカーレンコは，欧米教育理論の支配下にあったウクライナ教育人民委員部と当初から対立し，1928年に罷免された。体制から承認され，その権威を振りかざしていた児童学者たちはこぞってマカーレンコを論難し，追い出したのである。しかし，1927年に内務人民委員部管轄の同種の施設ジェルジンスキー・コムーナの開設を依頼され，1935年まで勤めた。

　ジェルジンスキー・コムーナもマカーレンコにとって安住の職場ではなかった。工場部門の拡大により，1932年からは教育部門のみの長となったが，生産部門の長として赴任してきたベルマンと対立するからである。この対立が原因で1936年にマカーレンコは，スターリン体制下で「階級の敵」として断罪され，またもや「追われる身」となった。1937年，モスクワへの移住が首尾よく運び，悲劇的な運命は免れた。1930年代に，マカーレンコがスターリン体制の承認する教育学になったとする見解があるが，これが誤りであることについてはすでに詳細な研究がある。彼の生涯は，困難な時代にも増してまさに苦難の連続であった。このような状況の中で，オプティミストとしてのマカーレンコは，明

日を信じてひるむことなく子どもたちのために真心を捧げ，独自の教育実践と教育理論を創造していった。

2　教育の本質としての最大の尊敬と最大の要求

マカーレンコの人間観・子ども観と教育思想の核心は，彼が自己の教育経験の本質として公式化した「人間に対する最大の尊敬と人間に対する最大の要求」という，一見矛盾する2つの概念の弁証法的統一の中に具現化されている。マカーレンコによれば，正当な「要求」は，人間に対する「尊敬」と同じものである。このことをマカーレンコは次のように説明している。

「人間の人格に対して提出される要求は，その力と可能性に対する尊敬をも表しているものであり，また我々の尊敬の中には，同時に人格に対する我々の要求をも表しているのである」（『マカーレンコ全集』第6巻）。

いわゆる旧教育は，大人の側から子どもに要求（強制）するのみで，子どもの人格への尊敬を欠いていたのに対して，逆に新教育は，子ども（個性）を尊敬はしたが，大人から子どもへの要求を忘れていた。そこでは，教師（大人）の指導性と子どもの自発性，自由と規律，賞と罰といった対概念が機械的に対立させられ，統一的に把握されてこなかった。「要求するとともに尊敬する」というマカーレンコの教育原理は，新旧の教育思想とは原理的に異なった，質的に新しい教育論理の主張でもあった。

マカーレンコは，このような人間観をゴーリキーから学んだと述べているが，マルクスをはじめとする社会科学の方法論，とりわけ弁証法的論理学を駆使して，自己の教育経験を一般化し，訓練過程の組織方法を探求していった。マカーレンコは，徹底したヒューマニズムの思想に裏打ちされた尊敬と要求という弁証法的論理をもって，深い悲しみに傷ついた少年・少女たちの中に飛び込み，不信に毒された彼らの魂のうちに人間的信頼を確立し，彼らをソビエト社会の誇り高き市民へと育て上げていった。その数は実に3000人にも及んでいる。

3　心の教育としての見通し路線と集団づくり

マカーレンコは集団の教育力を発見したといわれる。しかし，マカーレンコ

においては，集団は単なる教育の手段なのではなく，集団づくりの過程が，同時に個人の育成ともなるような目的概念として位置づけられている。その意味で，マカーレンコにおける集団は，行動を規制する「管理集団」や情緒安定効果を期待する単なる「準拠集団」などとはまったく異なるものである。集団の教育力とは，生活の主人公として各自が自主的に参加する自治集団の形成と発展の過程で，自分の喜びを次第に大きな見通しとして発展させ，自他の喜びや悲しみを共有できる自立した人間の育成が図られることなのである。

　そこで，個人と集団の教育を同時に可能とする方法として，「平行的教育作用」という特別な教育学的装置が編み出された。これは，教師が生徒に直接働きかける「直接的教育作用」（個別指導）よりも，生徒の属する「基礎集団」（隊）に働きかけるという「個人に対する働きかけの形式」（間接的・媒介的指導）を用いて，本質的にはまさに個人に対して影響を及ぼす方法である。指導が平行的・媒介的であることにより，子どもは自分たちを生活や労働の主体として認識し，積極的に活動する。

　マカーレンコは子どもに要求（＝尊敬）を提出することから集団づくりを始め，「要求の発展」という論理から集団発展の三段階を定式化している。第一段階は，集団がまだ弱く群的性格を帯びている段階で，教師が子どもに確信ある要求を出す段階，第二段階は，核となる子どものグループが形成され，教師の要求を支持すると同時に，自分たちの要求をも提出する段階，第三段階は，集団がその各成員に対して要求を出し，集団の各成員が自己自身に対して要求を出す段階である。集団には機関が確立され，伝統が根を下ろし，集団は一定のスタイルと調子をもつに至る。こうしてマカーレンコは，集団を生きた運動体としてとらえ，その教育的な発展の法則を具体化した。

　マカーレンコの教育学体系において，集団が教育過程の外的・制度的組織化であるとすれば，教育過程の内的世界の組織化は見通し路線のシステムである。「見通し」とは，人間的行為・生命の原動力ともいうべきもので，換言すれば「明日の喜び」である。マカーレンコは「人間というものは，もし前途に喜ばしいことが何もなければ，この世に生きてはいられないものである。人間生活の本当の刺激は明日の喜びである」（『教育詩』）と述べ，子どもの心の中に見

通しを作り出す必要性を根拠づけている。

とりわけ、マカーレンコが接した非行少年・少女たちには、このような「明日の喜び」が欠如し、歪められていた。それゆえ、これらの子どもたちの心のうちに、いかにして未来への喜びや見通しを作り上げていくかが重要な課題となった。マカーレンコはこの見通しの発展過程を、(1)近い見通し——個人的なものに関わる出来事、(2)中間の見通し——時間的にいくらか離れている個人的・集団的なものに関わる出来事、(3)遠い見通し——社会全体の現在と未来に関わる出来事、の三段階に分けて提示している。この三段階は、既述の集団発展の三段階に対応するものである。

教師が子どものうちに見通し路線を組織していく過程は、子どもの側から見れば、子どものうちに生じた「新しいもの」と「古いもの」との矛盾克服の過程であり、また「個人的路線」と「集団的路線」との相克の過程でもある。見通し路線とは、この意味で、子どものうちに、また集団のうちに矛盾を生起させ、その矛盾を発達の原動力としながら絶えざる自己運動を喚起していく弁証法的方法論を指示するものといえよう。

4 マカーレンコの今日的意義

マカーレンコの教育理論を一面的に「集団主義教育学」ととらえる立場から、彼の集団主義教育は個性を無視した教育であるとか、スターリン体制に内化した権威主義的な集団形成の理論であるとする短絡的な非難も少なくない。こうした非難が出てくる背景には、現代においても個人と集団との正しい相互関係の確立とその教育がいかに難しいかという事実があり、また、彼の教育理論のソビエトとわが国における受容が、彼の死後、スターリン体制の全盛期に開始されたことに起因している。しかし、マカーレンコは既述のように、むしろスターリン体制の「犠牲者」であったのであり、彼の教育思想の神髄は、民主的な集団づくりを通して、誇りをもち、自立した人格を育成することにあった。マカーレンコが集団の形成を「器楽編成法」になぞらえて、「個性の編成」（インストルメントーフカ・リーチノスチ）と称したのは、一人ひとりの個性が光り輝くのは集団の背景があるからであり、集団はさまざまな個性が編成されて

全体としてまったく別の質を獲得するという認識に裏づけられていたからである。マカーレンコが育て上げた多彩な個性をもつ生徒の面々，そして，卒業後，社会のさまざまな分野における彼らの活躍こそが，何よりもその証左となろう。

個人と集団の教育において，マカーレンコが自己の教育実践から導き出した教育学的諸カテゴリーは，教育学史上における独創的な位置を示しており，今日その理論形成の歩みから学ぶことはつきない。

4　ヴィゴツキーとスホムリンスキーの教育思想

1　豊かな精神世界の形成と発達の理論

マルクス主義やいわゆる社会主義は，心の問題を軽視すると指摘されることが多いが，人間の心の問題にこだわり，その仕組みの解明と豊かな精神世界の形成に向けて教育学的・心理学的研究を累積してきた代表者の一人が，ヴィゴツキーであり，また，マカーレンコの後継者といわれるスホムリンスキーであった。

ヴィゴツキーは，当時の心理学を支配していた行動主義やフロイト主義を批判し，「精神の文化的・歴史的発達理論」を唱え，人間精神の歴史的・社会的本性に関する唯物弁証法の理論を具体的な心理現象の実験研究に方法論的に適用した。その影響は心理学方法論の確立にとどまらず，精神病理学，言語学，障害児研究，教育心理学など広い分野にわたっており，ルリヤ，レオンチェフ，エリコーニン，ザンコフら，ヴィゴツキー学派の形成をもたらした。とりわけ，子どもの思考と言語や概念発達の研究は重要であり，生活的概念と科学的概念の発達史の研究から導き出された「発達の最近接領域の理論」は，教授と発達との相互関係の問題の解明に寄与し，1960年代以降の全世界における教育の現代化運動に決定的な影響を及ぼした。

スホムリンスキーの場合は，今日のウクライナ，キロボグラード州のパブルイシュ初等中等学校で，1948年からその死に至るまで23年間の校長としての教育実践が特に注目されている。彼は，子どもの喜びや悲しみ，思いやりや優しさ，興味や関心などを含めた複雑な心の状態を「精神世界」としてとらえ，子

ども一人ひとりが独自の精神世界をもっているという認識から出発する。そして，この精神世界に働きかけ，子ども自身に思考させ，行動させるようにすることが教育であると考え，そのための教育を創造していった。

子どもが自ら学び，考え，行動するようになるには，子ども自身のうちに「必要性の確信」を感じ取らせ，みんなとともに「生きる喜び」を共有し，「自尊心」という自己の尊さを認識させるような豊かな精神生活を体験させ，充実感を与えることが重要である。そのためには，教師自身が「子どもの精神世界へと上昇すること」が必要である。

「真の教育は，教師が頂上から地上に降りていくところにあるのではなく，教師が幼年期の世界の繊細な真実にまで上っていくところにある。……それは，子どもの興味の限界と同列に並ぶことを意味するのではなく，……賢明な権威を持つこと，総てを理解すること，一人の子どもを他の子どもたちとの緊密な結びつきにおいてみることである」(『集団の知恵と力』)。

このようなスホムリンスキーの教育思想は，マカーレンコの集団主義教育を個性重視の視点から創造的に発展させたものであるが，その人間観・子ども観の基礎には，ポーランドの医者で，教育家・児童文学者のヤヌシュ・コルチャク（Korczak, Janusz）の強い影響が見られる。

2　ヴィゴツキーとスホムリンスキーの今日的意義

ヴィゴツキーが明らかにした「精神の文化的・歴史的発達理論」は，その豊かな理論的枠組みを応用してさらに発展させようとする試みが世界的規模で行われており，今日心理学・教育学の世界でヴィゴツキーの学説を知らぬ者はほとんど皆無といえるほどになっている。特に近年，アメリカ合衆国の心理学者・教育学者をはじめとする若手研究者の世界的交流が活発に行われており，その趨勢に拍車をかけている。

たとえば，1980年代には，とりわけアメリカ合衆国においてヴィゴツキー理論の再評価が行われ，1990年代にかけてヴィゴツキー・ルネサンスとも称される現象が生じた。1988年には，ヴィゴツキー研究者を中心メンバーとする国際活動理論学会が設立され，国際化時代における文化心理学の展開，学習の談話

分析，臨床的なセラピー活動にも応用され，きわめてグローバルな視角から教育をとらえ直す活動として展開されている。「心理学のモーツァルト」と呼ばれたヴィゴツキーの精神発達の理論は，時代を超え，国や民族を超えて評価され，論じられている。

1991年のソ連崩壊後のロシアもウクライナも，市場経済体制のもとで経済的にはきわめて困難な状況を呈している。しかし，それぞれが独立国家としての道を探求し，民族の誇りと伝統の復活・継承を追求している。ペレストロイカ時には「国際マカーレンコ連盟」や「国際スホムリンスキー連盟」が結成され，その活動は今日も継承されている。

ロシアでは，ペレストロイカ以降スホムリンスキー再評価の気運が高まり，今日でも祖国教育学のすぐれた代表者として位置づけられている。ウクライナでも，この国が生んだ世界的に著名な2人の教育実践家，マカーレンコとスホムリンスキーの教育精神は，教育の模範として尊敬され，重視されている。

参考文献

（1） マルクス，大内　力他訳『経済学批判』岩波文庫，1976年。
（2） クループスカヤ，園部四郎訳『幼児教育について』新読書社，1973年。
（3） クループスカヤ，矢川徳光訳『社会主義と教育学』明治図書，1972年。
（4） 川野辺敏監修『ロシアの教育・過去と未来』新読書社，1996年。
（5） 藤井敏彦『マカレンコ教育学の研究』大空社，1997年。
（6） 関　啓子『クループスカヤの思想史的研究』新読書社，1994年。
（7） 庄井良信「ヴィゴツキールネサンスと教授学——"neo-Vygotskian における学習理論の展開"」『教育方法学研究』日本教育方法学会，1994年。
（8） スホムリンスキー，川野辺敏・岩崎正吾訳『青春を生きるおまえに』新読書社，1979年。

（岩崎　正吾）

第15章 プラグマティズムの哲学と教育

　プラグマティズムの哲学は，最初パース（Peirce, C. S. 1839-1914）によって探究の方法として生まれ，認識論，論理学が中心に据えられていた。これにジェームズ（James, W. 1842-1910）が生物学の適応の概念を加え，きわめて個人心理学的な色彩の強い認識論哲学となった。デューイ（Dewey, J. 1859-1952）の哲学は，個人の心理構造の成長が同時に社会的関係の形成と不可分であることを強調するもので，一種の社会心理学的な性格をもっていた。ここにデューイが哲学を教育の一般理論とする理由があった。

　一方，アメリカ合衆国では19世紀後半から20世紀初頭にかけて，さまざまな新教育の運動が起こるが，総じてそれらは実際生活に即した「内容」を，子どもの体験や活動を「方法」として教えることをめざすものであった。そこには個人の主意を出発点とするプラグマティズム哲学の実際的・実践的性格と同根の思想がうかがえる。

　しかし，同時に，アメリカ教育の実際的で個人心理主義的な性格が教育測定運動となって極端な操作主義を招き，あるいは実際生活に即した教育内容の重視が生活適応主義を招き，さらには活動・体験を中心とする教育方法が自由分散の教育に堕するといった結果をもたらした。そうした中で，教育の目的を民主主義の実現に置き，教育内容を産業発達史に求め，教育方法を実験科学の方法から着想したデューイの教育哲学の意義を再確認してみることにする。

1　プラグマティズムの哲学

　プラグマティズムは，19世紀後半にアメリカ合衆国で生まれたアメリカ精神を代表する哲学である。この哲学は，抽象的な観念の世界よりも具体的な行動の世界を重視し，観念を現実の問題解決を導く道具ととらえ，観念と行動は不可分な関係にあるとみなす。

　わが国ではプラグマティズムを「実用主義」などと訳し，実際の役に立つも

のであれば何でも受け入れ利用する御都合主義の哲学と解する向きがある。しかし，これはプラグマティズムに対するきわめて通俗的な理解でしかない。

もともとプラグマティズムは，物事を確実な根拠に基づいて判断するための「探究の方法」として生まれた。19世紀後半のアメリカ合衆国では産業化と都市化が進み，伝統的なピューリタニズムの生活信条が大きく動揺し始めていたが，そうした中でプラグマティズムは古い価値観や道徳を精算し，科学が切り開く新しい世界に確固たる信念の拠り所を提供する哲学として登場したのである。

1　パース：科学と道徳

プラグマティズムの創成者の一人であるパースは，プラグマティズムの格率を次のように定式化した。すなわち，ある概念の意味内容は，かりにそれに基づいて行動を起こした場合に，どういう結果になるだろうかとあらかじめ考えた予想のすべてである，と。

少々難解だが，パース自身はこのプラグマティズムの格率を「実験家タイプの人間」にふさわしい思考方法と称している。実験家タイプの人間は，書物でしか知識を得ようとしない人間とは異なり，生活上のすべての事柄を実験室におけると同様に，実験上の問題として考察する。彼は，いかなる言明であれ，それを一つの実験が行われるための一定の指示を与えるものと受けとめ，その指示が実行に移されたとき，指示通りの結果が実際に得られるならば，その言明は有意味だったと認める。つまり，あらゆる概念の意味内容は，人がそれに従って行動した場合に，その通りの結果が得られることをあらかじめ指示するものなのである。

プラグマティズムの格率は，世界と人生に関するあらゆる言説を「科学の方法」によって吟味する規準である。これによってパースは「魂の不滅」とか「不可知な物自体」とか「神の存在」とかいった，およそ経験によっては確かめようもない形而上学の諸説を無意味な空論として退ける。そして，われわれの行動を導く信念についても，科学におけると同様に，勝手な憶測や因襲を乗り越えて，万人が共通に確認できる経験的事実を規準にして確実性と普遍性を

保証することができると考えたのである。

2　ジェームズ：個性の尊重

　しかし，パースによるプラグマティズムの提唱は世間からほとんど注目されなかった。プラグマティズムを世に広める役割を果たしたのは，パースのよき理解者であったジェームズである。ジェームズは，パースが提起したプラグマティズムの格率を画期的なものとして高く評価したうえで，それを「真理」に関する新しい理論として次のように説明した。すなわち，人がある観念を抱くことによって実践上の有意義な帰結を得ることができるならば，そうした観念はすべて「真理」である，と。

　パースとジェームズの間には根本的な見解の相違がある。パースが求めたのはわれわれの行動を正しく導く信念であり，それは科学の命題と同様に，それに従って行動すればどのような結果が得られるかをあらかじめ確実に保証する命題である。そして，そのような確実性を保証する命題は，われわれの主観的な意図や願望を離れて，客観的実在が有する一般的な規則性を限りなく忠実にとらえるものでなければならない。パースは明らかに実在論（realism）の立場に立っている。

　これに対して，ジェームズは唯名論（nominalism）の立場に立っている。実在そのものには一般的な規則性など存在せず，法則や概念といわれるものも，諸経験の混沌とした流れを効率よく整理するためにわれわれが作り出した道具にすぎない。ここから，概念なるものはそれを信じることがわれわれの生活にとって有益であるかぎりにおいて「真」であるという，ジェームズの有名な命題が引き出されてくる。つまり，彼にあっては「真理」は「有用性」の別名なのである。

　一般には，こうしたジェームズの主張がプラグマティズムの通俗化を招いたと解されている。たしかにその側面は否めない。しかし，彼の本来のねらいは，迫りくる機械文明と巨大組織の時代を前にして，全体性・斉一性に対抗する個別性・特殊性に価値を置くことであった。実在は一度かぎり出来上がったものではなく，一つ一つの個が織りなす多彩な運動を介して絶えず生成していく途

上にある。実在の規則性を仮に認めるとしても，それを動かしがたい宿命と受け取るのではなく，逆にそこから絶えずはみ出し自己を貫徹しようとする生の躍動によって，実在の「真理」はその可能性をますます豊かに顕現するようになる。

ジェームズの哲学には，何ものにも還元できない個人の独自性・特異性を承認する思想が貫かれている。そこには，人々の理解をどんなに越えたものであっても，異質なもの・逸脱者の存在を排除してはならないという強固な信念がある。なぜなら，実在の「真理」はそのような異質者・逸脱者の中にこそ新たな可能性の片鱗を示すからである。ジェームズのプラグマティズムは「個性に対する尊敬」と「異なった考え方に対する寛容さ」というリベラリズムの精神を人々に提示する。そして，これらの精神はそのまま20世紀前半のアメリカ合衆国の進歩主義教育運動が掲げる理念につながっていく。

3　デューイ：探究の理論

デューイはプラグマティズムの集大成者といわれている。彼の膨大な著作は，心理学，論理学，倫理学をはじめ，教育学，社会哲学，宗教論，美学など，じつに多方面に及んでいる。もともと彼はヘーゲル哲学の研究から出発したが，やがて「絶対精神」の自己展開として示されたヘーゲル弁証法を生きた心理現象の展開過程として経験主義的な形でとらえ直すようになり，ヘーゲル哲学から離脱していった。とりわけ，ジェームズの『心理学原理』（*The Principles of Psychology*, 1890）に出会って以降は「道具主義」（instrumentalism）の立場をとるようになり，パースの再評価へと向かった。

デューイの「道具主義」は，ジェームズの「有用性」イコール「真理」とする捉え方よりも幅が広く，人間の知性や思考の働きを有機体と環境との相互作用という生物学的な概念を用いて説明するものである。すなわち，彼は一方で観念は環境に適応しようとする人間の主観的な意図や願望に発するものとしながら，同時に他方で，観念の「真理性」はその観念が環境の客観的諸条件の統制に実際に役立つかどうかによって決定されるという構図を描く。これによって彼はジェームズの主意主義とパースの実在論との統合を図ったのである。

デューイは，思考を疑念から信念に至る探究の過程と定義する。疑念とは個人と環境との間にズレが生じた状態をさし，信念はこのズレが調整（adjust）されて両者の関係が回復された状態をさす。そして，思考，すなわち，探究の過程は，①疑念を生じさせている問題状況の把握，②解決すべき問題の設定，③解決のための仮説の設定，④仮説から導き出される結果の見通し，つまり推論，⑤推論結果の検証，の各段階をたどり，最終的に「保証つきの言明可能性」（warranted assertibility）としての「真理」に到達して終了する。これは，ある一定の条件のもとで，ある特定の行動を選択すれば，どのような結果が得られるかを，保証つきで言明する命題ないし観念である。そして，この「保証つき」の命題ないし観念は，新たな探究において思考を助ける道具として用いられ，そのことによってさらにいっそう洗練された「真理」へと改訂されていく。このような特徴を持つ探究の過程は，やがて問題解決のための学習過程として定式化され，いわゆる問題解決学習の５段階教授法へと次第に定式化されていった。

　デューイは，経験的世界における探究とその方法の分析を論理学の主要テーマとし，先験的論理学を否定する点で，明らかにパースの後継者の位置に立っている。しかし，パースにあっては探究の論理学は厳密な規範科学であり，実在が持つ規則正しい性質をわれわれが感覚と知覚の働きを通して正確に推論するための規準を示すものであるのに対して，デューイの場合，論理学はあくまでも経験的な記述科学であり，精神が実在との関係でとり行う探究活動の心理学的過程について，その一般的な機能と構造を説明するものである。

　デューイは探究の過程を思考一般の心理学的過程としてとらえることによって，日常生活における問題解決であれ，科学の研究であれ，道徳的価値に関する議論であれ，それらの間に基本的な違いはなく，ただ複雑さと洗練度の違いがあるにすぎないと論じた。そして，常識と科学と道徳を包括する「探究の方法」を構想し，それを20世紀前半のアメリカ社会が直面する広範な諸問題の解決に適用したのである。その際，彼はつねに解決策そのものよりもそこに至る「方法」の重要性を説き，最終的には広義の教育を通じて人々の日常生活レベルから社会的探究の共同体を作り上げることを説いた。デューイの教育思想の

核心は，まさに「探究の方法」を通じて人々が社会の自己教育ないし自己変革を不断に成し遂げていくことにあった。

2　新教育運動

　プラグマティズムの教育学は，デューイの経験主義教育論によって代表される。しかし，デューイがシカゴ大学に実験学校を設立し本格的に教育理論の研究に着手した1890年代半ばまでには，すでにアメリカ合衆国各地で「新教育」（new education）と呼ばれる斬新な教育実践の試みがいくつかなされていた。それらは前節で見たプラグマティズム哲学に直接関係するものではないが，ヨーロッパ生まれの教育理論を独自な形で消化していく過程で，プラグマティズムの教育理論を準備することになった。

1　オスウェゴ運動

　アメリカ合衆国の新教育運動の淵源は，1860年代にニューヨーク州のオスウェゴ州立師範学校を拠点に展開されたペスタロッチ主義の教育運動に求めることができる。オスウェゴ州立師範学校の校長エドワード・シェルドン（Sheldon, E. A. 1823-97）は，児童のうちなる自然の能力の開発を唱えるペスタロッチの考えに基づき，従来の暗誦中心の教授法に代えて，児童の自発的な学習活動を促す新しい教授法，すなわち「実物教授」（object lesson）の開発と普及に努力した。「実物教授」は具体的な事物に即して児童自らが思考をめぐらし明瞭な観念を獲得することをめざすものであったが，単に教授方法の革新にとどまらず教育内容の革新にも及び，植物，動物，土壌，鉱物等の自然学習，郷土地理，色彩・形態研究，手工等の導入をもたらした。やがてこれは，学校を児童の実際生活に結びつけるカリキュラム改造の動きにつながっていく。さらに，児童の内発性を尊重する「実物教授」は，児童研究（child study）の気運をもたらし，児童心理学の成立にも道を開くことになった。

2　ヘルバルト派

　ヘルバルト派といえば教師中心の形式的な知識教授を連想させる。しかし，アメリカ合衆国のヘルバルト派の活動は，「中心統合法」「開化史段階説」「方法的単元」等のドイツ生まれのカリキュラム理論を独自の形で発展させていく中で，次第にカリキュラムの児童中心化，実際化・生活化の方向を鮮明にし，デューイに代表される経験主義の教育理論の流れを準備することになった。

　ヘルバルト派は元来「品性陶冶」を教育の最高目的に掲げたが，「中心統合法」はこの「品性陶冶」に直接寄与する中心教科（コア）に「歴史」と「文学」を据え，これにほかのいっさいの教科を統合するカリキュラム理論である。しかし，アメリカ合衆国ではこの「中心統合法」の是非をめぐってさまざまな議論が交わされ，やがて教科や教科群の統合ではなく，児童の精神のうちに「品性陶冶」に向けた思想の統一を図ることが課題とされるようになり，そのためには教師の一方的な教え込みを排し，児童自らが学習内容の相互関係を洞察できるようにすべきであるという主張が優勢になっていった。

　「開化史段階説」は，中心教科である歴史・文学のシークエンスを決定するにあたって，個体発生は系統発生を繰り返すという反復説（recapitulation theory）を適用する学説である。この原理によって，中心教科の教材は児童の各発達段階に対応する歴史上の主要な発展段階の代表的な文学作品の中から選択されるべきであると主張された。だが，アメリカ合衆国のヘルバルト派の人々は，この学説を移入するにあたって，ドイツとは異なるアメリカ国民文化の特色を強調し，シークエンスの決定に際しては各発達段階にある児童と各文化段階を代表する教材との「共感」が特に重要な要件になると主張した。そこには児童の興味を喚起する教材の選択および配列という後の児童中心のカリキュラム編成の萌芽が示唆されていた。

　「方法的単元」は，教育内容を一定の観念や法則の論理展開に即していくつかのまとまりのある教材群に区分し，それらを教授計画の単位とすることをいう。これは，中心教科の内容にその他の教科の内容を関連づけて教授する「中心統合法」の必要から生まれてきた考えであり，これの採用によって，雑多な知識を機械的に教える授業に代わり，個々の知識の関係や概念の理解をねらい

とする授業が求められることになった。アメリカ合衆国では「方法的単元」の考えをさらに発展させて，タイプ・スタディ（典型学習）と呼ばれる独自の単元構成法が発案された。これは特定の学習テーマ，たとえば「植民地時代における綿の優越」などを設定し，そのテーマをもとにさまざまな教科の内容の統合化を図るもので，教科単元を基本とするものではあるが，部分的に後の生活単元の発想を先取りしていた。

3　パーカー

　パーカー（Parker, P. W. 1837-1902）は，ヘルバルト派の中心統合法に影響を受けながら，2つの点でヘルバルト派を乗り越え，独自の教育理論と実践を展開していった。

　第一点は，ヘルバルト派が歴史・文学を中心教科に据えたのに対して，パーカーは地理を中心とする自然科学の教科群によるカリキュラムの統合を主張したことである。なぜなら，パーカーの考えでは，歴史・文学はドイツの臣民教育にこそふさわしい現状維持の手段であるのに対して，自然科学の合理的思考は国民を専制と服従から解放し，個人の独立と社会の進歩を保障するものだったからである。彼もまたヘルバルト派と同様に「品性陶冶」を教育の最高目的としたが，その内実は民主主義社会を支える市民的資質の育成をめざすものであった。この点でパーカーはアメリカ土着の教育課題を初めて自覚的に追求した教育家だったといえる。しかも彼はこの課題の追求を科学の合理性に対する信頼と結びつけたのである。この点で彼はまさに教育学上のプラグマティストと呼ばれるにふさわしい人物であった。

　第二点は，同じくカリキュラムの統合を論じていても，ヘルバルト派の場合はあくまでも教科間の統合を問題にしたのに対して，パーカーの場合は学習の主体である子どもの活動の統合をめざした。そこにはフレーベルの自己活動の原理からの影響が見られる。パーカーがカリキュラム統合の中心に歴史・文学ではなく地理を据えたのも，地理は生活の基礎的条件を研究する科学であるとともに，植物学，動物学，化学，物理学，鉱物学など，他のいっさいの科学の発端がそこにあると考えたからである。パーカーの眼はつねに生きた活動の主

体である子どもに向けられ，まさに子どもこそがカリキュラムの中心であるべきだと説いた。そして，カリキュラムの統合は学問や知識の系列によって行われるべきではなく，あくまでも子ども自身による生活学習の必要に合わせて，その必然の結果として教材間の系列が用意されるべきだと論じた。そこには，知識はけっして目的ではなく，目的を実現する手段としてその意味が吟味されなければならないとするプラグマティズムの知識観が，日々の教育実践の積み重ねの中で確認されていたのである。

以上のように，パーカーにあっては児童中心のカリキュラムと活動主義の教授法は，民主的人格の形成という教育目的と一体のものとして追求されたのであり，アメリカ独自の新教育はまさに彼を出発点として展開されていくのである。その意味で彼はデューイによって「進歩主義教育の父」と呼ばれるにふさわしい人物であった。

3　デューイの教育哲学

デューイはプラグマティズム哲学の集大成者であるとともに，アメリカ合衆国で初めて体系的な教育哲学を提示した人物でもある。彼は，ロック，ルソーをはじめペスタロッチ，フレーベル，ヘルバルトらの既存の教育思想を批判的に摂取しながら，彼以前のアメリカの新教育運動，なかでもパーカーの教育実践に理論的な裏づけを与え，自らの教育哲学をシカゴ大学の実験学校において具体的に実践に移した。以下，彼の教育哲学の特色を，教育目的，教育内容，教育方法の各側面にわたって概観することにする。

1　教育目的

デューイは教育を「絶えざる経験の再構成」と定義づけ，「教育はそれ自体を超えたいかなる目的ももたない」と論じている。これは，一人ひとりの個人の価値の実現以外に，教育はいかなる目的にも従属しないとする教育の自律性（autonomy）を主張するものである。他方，デューイは，教育は社会生活の機能であるととらえ，教育は一人ひとりの個人を社会の有為な構成者へと形成し

ていくことを目的とすると述べている。つまり，教育は社会の存続と発展を目的とするのである。

　前者と後者は一見矛盾する主張のように思われる。しかし，デューイにあっては，個人の能力の発達は自己完結的な孤立した個人を想定したものではなく，自己の生活を直接・間接に支えている社会的諸過程・諸条件を可能なかぎり広範囲に認識し，そのことによって自己の生活を能動的にコントロールできるようになることを意味している。そして，社会的諸過程を通じて直接・間接に結び合っている人々が，彼らを結びつけている関係の構造を認識し，そのことによって関係の構造そのものを意識的にコントロールしていくところに，デューイは共同生活の様式としての民主主義を見ていたのである。

　デューイにとって，民主主義は単なる政治形態以上のものであり，民主主義は個々人の自由な交流と伝達のプロセスを通じて，人々が自立した個人の集合体として共通意志のもとに生活する社会の形態を意味した。いいかえれば，民主主義は教育を通じて達成されるべき目的であると同時に，それ自体が教育的プロセスでなければならないのである。

2　教育内容

　デューイの実験学校のカリキュラムは，子どもたちが料理，裁縫，織物，大工仕事などのさまざまな仕事（occupations）に取り組み，そうした活動に従事する中で，必要な知識・技能・理解を得るように組まれていた。デューイは，子どもこそカリキュラムの中心であるとするパーカーの考えを受け継いだが，パーカーが地理を主とする自然学習をカリキュラム統合の中心に据えたのに対して，デューイは上記のような家庭の衣・食・住に関わる仕事をカリキュラム統合の中心に据えた。その理由は，デューイにあっては，これらの仕事は単に子どもの興味を引きつける活動といったものではなく，社会生活の第一義的な必要条件を納得させる「媒体」であり，それらを通じて子どもたちに「社会的洞察力」を獲得させることを意図しているからである。デューイは教育内容をつねに社会的見地に立って，つまり未来の社会の構成員である子どもたちに，現在の社会生活の意味や構造を理解させる媒体としてとらえていたのである。

3　教育方法

「為すことによって学ぶ」(learning by doing) という言葉はデューイの名とともに広く知られている。子どもが自ら事物を操作することで能動的な学習を可能にする活動主義の教育方法は、アメリカ合衆国ではオスウェゴ運動の実物教授に始まり、パーカーによって実践的に完成された。デューイはこれに自らの「道具主義」の論理学に基づいて理論的な裏づけを与えた。

「為すことによって学ぶ」というのは、ただ単に活動や体験がそのまま学習になるということではない。それは活動や体験を知的認識の最も基本的な方法ととらえることを意味している。「道具主義」の論理学は、感覚・知覚の作用から日常の思考の働き、さらには最先端の科学や道徳上の価値選択に至るまで、人間のあらゆる認識作用を行為の選択ないし適応に関わる心理学的過程として統一的に説明する。ここでは、科学の真理探究の過程と日常生活の中で行われる問題解決の思考過程とは種類の違いではなく、論理学上の洗練度の違いとしてとらえられる。たとえば、料理の時間に蛋白質とでんぷんの性質の違いを学ぶ子どもの活動は、実験室でアミノ酸の合成を研究している科学者の活動と本質的な違いはないととらえられるのである。

こうしてデューイにあっては、活動主義の教育方法は学習者である子どもの思考過程を経験科学の方法に基づいて導くことを意味する。ここでは子どもの興味や自発性は、それ自体として尊重されるのではなく、子どもの活動が科学的論理の筋道によって正しく導かれていることを示す指標として尊重されるのである。

4　プラグマティズム教育思想の展開

デューイの教育哲学が広く注目を集めるころから、アメリカ合衆国の新教育運動は「進歩主義教育」(progressive education) の名のもとに、ロマンティックな児童中心主義に傾いていくようになる。デューイはそうした傾向に批判的だったが、やがて1930年代になって児童中心主義が批判されるようになると、デューイ派の人々の中から民主主義的価値の教え込み (indoctrination) を肯定

する立場が出てくる。以下では，こうした一連の流れをデューイを座標軸にしながら概観してみることにする。

1 教育測定運動

　教育測定運動は，教育成果の科学的かつ客観的な測定に基づいて教育改善を図ろうとする運動で，1920年代のアメリカ合衆国で全盛期を迎えた。教育測定運動の先駆は19世紀末の児童研究運動（child study movement）にあり，その指導者であったホール（Hall, G. S. 1844-1924）は質問紙法を用い，調査に基づく学校改革に先鞭をつけた。児童研究は，教育の児童中心化と個人差の重視に一定の科学的根拠を与えたが，社会的教育的諸関係から切り離された「あるがままの子ども」の研究という方向をとり，やがては数量化されていくようになる。ホールにはデューイのように子どもを初めから社会的存在ととらえる視点はなかった。

　「教育測定運動の父」と称されるソーンダイク（Thorndike, E. L. 1874-1949）は「すべて存在するものは量として存在する。量的に存在するものはこれを測定することができる」という有名な言葉とともに，数量化による教育測定を進めた。これにターマン（Terman, L. M. 1877-1956）の知能検査法が加わって，正規分布曲線を基準とする相対テスト法が普及し，1920年代にはついに「テスト狂時代」が出現するに至る。ターマンはビネー（Binet, A. 1857-1911）の知能検査法を知能生得説に立って解釈し，知能は学力形成を制約する前提条件とみなした。そして，民主主義とは素質の平等を唱えることではなく，生得的な能力の優劣に見合った適切な教育機会の配分を行うことだと主張した。

　このように教育測定運動は保守的・現状維持的な性格を露わにし，1930年代になると教育測定運動に対する正面からの批判も起こってきた。その中でもとりわけデューイは，測定値の宿命論的解釈や知能生得説を問題にし，教育測定運動は科学に名を借りたカースト制（社会階層差）の合理化運動だと批判し，その反民主主義的本質をついたのである。

2　進歩主義教育運動

　デューイの教育哲学が広く注目を集めるころから，アメリカ合衆国の新教育運動は「進歩主義教育」の名のもとに児童中心主義の傾向を強めるようになる。特に，1919年に結成された進歩主義教育協会（Progressive Education Association）は，子どもの自由で自然な発達を尊重することや，あらゆる学習活動を子どもの興味に従わせること，などを基本方針に掲げて全国規模で活動を展開した。そうした中で，キルパトリック（Killpatrick, W. H. 1871-1965）が考案したプロジェクト・メソッド（project method）は，活動主義の単元学習法の典型として，進歩主義学校（progressive schools）の多くで採用され広く普及した。それは，生徒自身が企画・立案し実行するひとまとまりの活動（プロジェクト）を通して問題解決型の学習を行わせるもので，①目的設定，②計画立案，③実行，④判断の4段階に定型化された。

　しかし，進歩主義教育は次第に自由が放任に，自発性が勝手気ままに堕する傾向を強めていった。たしかに進歩主義教育は子ども観・教育観の転換と斬新な教育方法の採用という点で進歩的な側面をもってはいたが，そこにはパーカーやデューイのように教育内容の研究やカリキュラム開発に地道に取り組む姿勢がほとんど見られなかった。プロジェクト・メソッドについても，それは活動や作業の遂行自体に力点を置き，活動に従事する精神的態度や性格形成などを「付随学習」の名で強調する一方で，生徒が学び取るべき学習内容についての研究は十分な掘り下げがなされず，その結果，単なる活動主義あるいは態度主義に陥ることになった。

3　教育と社会改革

　大恐慌を境に1930年代になると，進歩主義教育運動は児童中心主義の牧歌性が正面から批判されるようになり，運動内部でも社会的協同や社会改革を強調する動きが出てくる。とりわけ急進派のカウンツ（Counts, G. S. 1889-1974）は，進歩的学校が真に進歩的であるためには児童中心主義を捨てて，教師は社会変革の担い手になるべきであり，自由放任の個人主義に代わる集合主義（collectivism）の実現のために教え込み（indoctrination）を躊躇してはならないと主

張した。これに対してデューイやキルパトリックなどの穏健派は性急な教え込みに反対し、個人主義から集合主義への変革は社会的探究のプロセスを通じて民主的方法により達成されなければならないと論じた。カウンツなど急進派も1930年代後半にはニューディール政策を支持して穏健派に戻り、進歩主義教育運動は、戦争とファシズムの脅威が増す中で、体制の変革よりもアメリカ合衆国の民主主義的価値を擁護する立場を強めていった。

1934年から43年にかけて出されたヴァージニア・プランと呼ばれる一連の教育課程案は、この時期の進歩主義教育の社会的実践的志向を典型的に表していた。それは、学校を社会の維持・発展を図るための機関と位置づけ、子どもたちを民主主義社会の良き担い手とすべく、現実の社会生活問題を実践的に解決する能力や意欲を育てることを目的としていた。そのため、実際のカリキュラム編成にあたっては、伝統的な教科組織をやめて、生産、消費、輸送、通信等の社会機能をカリキュラム編成の原理とし、具体的な社会生活問題について機能的総合的学習を展開した。しかし、ここでは集合主義は相互依存主義に置き換えられ、アメリカ合衆国の民主主義体制の現状理解とそれへの適応が基調となって、パーカーやデューイに見られた社会改造のエネルギーは消失した。

参考文献

（1） 久野　収「プラグマティズムとデュウイの立場」『デュウイ＝タフツ、社会倫理学』（世界の大思想27）河出書房新社、1966年。
（2） 上山春平「プラグマティズムの哲学」『パース、ジェームズ、デューイ』（世界の名著48）中央公論社、1968年。
（3） 魚津郁男「プラグマティズムとアメリカ文明」斎藤真編『機会と成功の夢』（講座・アメリカの文化3）南雲堂、1969年。
（4） 木原孝博「アメリカ新教育運動史の研究」『岡山大学教育学部研究集録』No. 18-20、1964、1965、1966年。
（5） 市村尚久編『現代に生きる教育思想　1——アメリカ』ぎょうせい、1981年。
（6） 倉沢　剛『米国カリキュラム研究史』風間書房、1985年。
（7） 市村尚久「新教育運動の教育史的位置——アメリカ」長尾十三二編『新教育運動の歴史的考察』明治図書、1988年。

（8） 田中耕治「測定・評価論——アメリカの教育測定運動の特徴〜ターマンの足跡を中心に〜」長尾十三二編『新教育運動の歴史的考察』明治図書，1988年。

（小柳　正司）

第16章　批判的教育学の展開

　一口に批判的教育学といっても，そこにはさまざまな立場と内容が括られている。本章では，批判的教育学をドイツのそれとアメリカ合衆国のそれとに大別し，まず前者について概観したのち，アメリカの批判的教育学の動向をいくつかのグループに分け，比較考察を行うことにする。

1　批判理論と批判的教育学

　ドイツの批判的教育学は，1960年代後半から70年代の西ドイツ（当時）において，ハーバーマス（Harbermas, J. 1929- ）の批判理論の影響を受けて展開された。批判理論は，既存の社会的関係の変革と権力構造の解体をめざすが，変革の原動力を認識批判に求める点に特徴がある。すなわち，現代社会の中で進行している人間の事象化過程を批判的に分析して，そこから反省の力によって解放に向かう実践を動機づけようとする。批判理論は「理性」および「理性の実現」に対する関心の中で社会問題に実践的に関わろうとするのである。批判理論の中心に据えられているのはこのような「合理性」と「開放」の概念である。そのためドイツの批判的教育学は解放的教育学ともいわれる。

1　認識と関心

　批判的教育学は，1960年代当時の西ドイツ教育学界を支配していた2つの対立する立場——解釈学に基づく精神科学派の教育学と実証主義に基づく経験科学派の教育学——を，ハーバーマスが提起した「認識を主導する関心」の概念に基づいて批判し，両者をより高い次元で統合するものとして登場した。

　ハーバーマスは，いわゆる客観的認識なるものを否定し，認識は行動を導く特定の「関心」によってあらかじめ決定されていると主張する。そして，①道具

的行為(労働)に結びついた技術的認識関心,②相互行為(コミュニケーション)に結びついた実践的認識関心,③理性の自己反省に結びついた解放的認識関心の3つの類型にそれぞれ対応させる形で,①経験的・実証的科学,②歴史的・解釈学的科学,③批判的科学の3つに科学を類別する。これらのうち,経験的・実証的科学と歴史的・解釈学的科学の二者は,ともに自らの認識が特定の関心に導かれていることを意識化しないがゆえに,既成の生活世界を乗り越えて進むことができないとされる。これらに対して,第三の批判的科学だけが,前二者における認識と関心の連関を反省的にとらえるのであり,それによって既成の生活世界からの解放をわれわれに意識させるのである。

以上のようなハーバーマスの主張を受けて,批判的教育学は既成の教育と教育理論を,現実社会の政治的,経済的,文化的構造や歴史的発展過程に関係づけてとらえ,教育と教育研究の背後に潜む「関心」を批判的に省察することによって,既成の教育と教育学の保守性をあばきだし,そこからの解放を実践的に方向づけようとする。1968年に出たモーレンハゥアー(Mollenhauer, K. 1928-98)の『教育と解放』は,解放をめざす批判的社会科学として教育学を再構成することを論じたもので,当時の西ドイツで解放的教育学の綱領的著作と目された。また,モーレンハゥアーと同じく精神科学的教育学の第2世代に属するクラフキー(Klafki, W. 1927-)は,①歴史的・解釈学的方法によって教育と教育理論の固有の問題領域を明らかにし,②実証的・経験科学的方法によって教育と教育理論の有効性を検証し,③批判的方法によって教育と教育理論の社会的諸前提およびイデオロギー性を省察する,という統合的な教育科学を構想している。

2　理想的発話状況

「解放」の理念を掲げる批判的教育学は,逆説的ではあるが,「解放」そのものを教育の目標にしたり,教育を社会変革の手段と位置づけたりすることはできない。なぜなら,そうしたことは教育そのものを目的―手段の技術的合理性のモデルによってとらえることにつながり,結局は被教育者たる青少年を操作可能な事物として扱い,彼らを「約束された目標」に従属させることになるか

らである。

　批判的教育学では，教育を自律した諸個人の間の「相互行為」と規定し，そうした教育的関係の確立自体を教育の目標に掲げる。それによって批判的教育学は，いかなる強制や支配からも自由な，すべての人の自己決定を可能にする社会の実現をめざす。この点については，モーレンハウアーの1972年の著書『教育過程の理論』が最も代表的な議論を展開している。

　批判的教育学にこうした「解放」の理念を提供したのは，ハーバーマスの1971年の論文「コミュニケーション的能力についての予備的考察」であった。この中で彼は，通常のコミュニケーション的行為と，その前提になっている規範や了解について討議するディスクルスとを区別した。そして，ディスクルスにおいては規範や了解の正当性はただ論証の力のみによって保証されるべきであり，そのようにして正当化された規範や了解に従って人々の間に新たな真理の合意が達成されるべきことを主張した。ハーバーマスによるこの「真理の合意理論」は，論証の拘束力以外のいかなる強制も存在しない理想的発話状況を想定しており，そこに教育が達成すべき「解放」の目標が提示される。つまり，教育は理想的発話状況を先取り的に用意して，その中でディスクルスを通して行為規範の正当性を討議し，新たに合意された規範に従って行為を選択できる能力を獲得できるようにするのである。そして，批判的教育学はこのような理想的発話状況の実現を，それ自体が開放的な教育的関係の実現であるとして，教育目標に掲げるのである。

2　教育と不平等の再生産

　アメリカ合衆国の教育界では，1960年代から70年代にかけて，それまで社会の平等化を達成するための装置と考えられてきた公教育制度に対して根底的な疑問が投げかけられるようになった。公教育は，社会階層のヒエラルヒー構造を修正するどころか，むしろそれを維持し再生産する働きをしているのではないか。こうした観点から，公教育の制度および教育内容が権力作用やイデオロギー統制と深く関係していることを明らかにする立場を，アメリカ合衆国の教

育界では批判的教育学と総称している。もっとも，この呼び名が広がったのは1980年代になってからのことであり，そこにはさまざまな論者の主張がかなり幅広く括られている。

1　対応原理

　1966年に出たいわゆるコールマン・レポートは，人種ないし階級・階層間に存在する教育達成の格差は学校間の施設設備の格差によっては説明できず，もっと別の要因によって説明されなければならないことを示した。これを受けて，ジェンセン（Jensen, A. R.）のように教育達成の人種ないし階級・階層間格差を「IQ の遺伝」によって説明する議論が登場する一方で，これに真っ向から反対し，教育達成の格差を資本主義社会の階級構造によって説明したのが，ボールズ（Bowles, S.）とギンティス（Gintis, H.）の「対応原理」（correspondence principle）である。

　ボールズとギンティスは次のように主張する。資本主義的分業体制の社会では，階級的な下位文化が明確な形で生み出され，各下位文化に特徴的なパーソナリティ特性が家庭内での社会化を通して階級ごとに世代から世代へと伝達される。さらにそうした階級ごとのパーソナリティ特性は，出身階級の違いに応じて子どもたちが受ける学校教育の種類や年数の違いによって補強される。つまり，上流，中流，下層の各階級ごとに，下位文化と，家庭で形成されるパーソナリティ特性と，子どもが受ける教育の種類の三者がもののみごとに対応することで，学校教育は既存の階級構造の世代から世代への再生産に寄与しているというわけである。

　ボールズとギンティスの「対応原理」は，社会的地位達成の格差にとってIQ や知的能力は基本的な要因ではなく，階級的下位文化やパーソナリティ特性という非認知的要素が大きな意味をもっていることを指摘した点で，画期的な意味をもっている。しかし，彼らの研究は学校内部の教育過程の分析を欠いているため，「対応原理」による説明は全体として形式的・図式的な性格をもっていたことは否めない。

2 言語コード理論

　ボールズとギンティスが階級構造の再生産を説明するために鍵概念として用いた階級的下位文化について，より立ち入った分析を行ったのがバーンスティン（Bernstein, B. 1924- ）の言語コード理論である。「言語コード」とは，言語活動の表出を背後で規制している原理のことである。バーンスティンは，中産階級の子どもと労働者階級の子どもの間には言語使用の様式に原理的な違いがあることを発見し，両者の違いを「制限コード」（restricted code）と「精密コード」（elaborated code）の違いとして示した。「制限コード」は，話し手と聞き手の間に暗黙の了解が成り立っていることを前提に，言語表現がその場の状況や文脈によりかかり，発話の内容を言葉自体によって論理的に説明したり分節化したりすることが少ないという特徴をもつ。それとは対照的に，「精密コード」は特定の状況や文脈に縛られない論理的で客観性の高い言語表現を特徴とし，ものごとを一般化したり抽象的な観念を言葉で表現したりすることが容易にできる。

　問題は，こうした言語コードの違いが学校での学業成績の差に結びつく点である。学校で子どもたちに求められる知的活動は，一般に「精密コード」とは親和的であるが「制限コード」とは対立的である。そのため，中産階級の子どもたちは学校の教授言語による思考様式を比較的容易に受け入れることができるのに対して，労働者階級の子どもたちはそれに対応することが難しく，その結果，不利な立場に立たされることになる。

　かくして，学校教育は階級間の不平等を縮小する働きをするよりも，むしろ不平等を補強し再生産する働きをするというのが，バーンスティンの言語コード理論の結論である。階級間の差異は「言語コード」という文化的要素の差異に置き換えられ，それが学校における学業成績の差異として表示されたうえで，学業成績の差異が再び階級間の差異となって戻ってくるわけである。

3 文化的再生産論

　現代社会は，身分や世襲的特権ではなく機会均等の原則のもとで個人の「能力」に応じて社会的地位の配分が行われるメリットクラシーの社会である。そ

れにもかかわらず、階級的地位の世代間継承、すなわち親から子への地位の相続は厳然と維持されている。それはどうしてなのか。この問題にフランスの社会学者ブルデュー（Bourdieu, P. 1930-2002）は「ハビトゥス」という独特の概念を用いて切り込み、現代社会に特有な支配の様式として、学校制度による階級構造の再生産の仕組みを説明した。

　ブルデューは、一見社会が均質化し大衆デモクラシーが実現しているように見える先進社会では、人々が政治権力や経済的支配の存在を直接意識することなく、日常的な生の営みを思い思いに展開する中で、結果として階級構造のヒエラルヒーを受け入れ維持することになっているという。すなわち、本来は純粋に個人の自由意志に基づいて行われているはずの趣味や食習慣、余暇のすごし方、愛読雑誌の選択、ファッション、言葉づかい等々の日常的行為の一つ一つが、一定の社会的文脈の中では、自己を他者から区別し際立たせる弁別的特徴として機能し、そのことによって人々はそれぞれの所属階級へと分類され序列化される。ブルデューはこれを現代社会に特有な「象徴的支配」と呼んでいる。これは政治権力による支配や資本による経済的支配とは異なって、あくまでも個人の内発的な選択や性向、気質に基づきながら、人々の日常的行為が一種の社会的分類記号に転化することによって、結果として社会的階級構造のヒエラルヒーが維持されていく特殊な支配の様式である。

　こうした「象徴的支配」のメカニズムを理解するうえで鍵となるのが「ハビトゥス」の概念である。ハビトゥスとは、ある個人に備わった性向や気質の体系であり、特定の状況の中でその人に特有な反応様式を表出させるものである。それは、いわば外界に対する身体の身構えであり、状況に対する個人の知覚や価値判断、行動の選択などを身体レベルで無意識のうちに組織し方向づける。しかし、その一方で、ハビトゥスは個人の社会化過程の所産であり、個人の所属する集団（家庭や階級）が一種の共通コードとして共有しているその集団に特有の反応や行動、知覚の様式を、個人がその成育過程を通じて獲得したものである。それゆえ、社会の階級構造はハビトゥスを仲立ちとして人々の日常の活動や身振り、習慣、趣味などの違いとなって具現化するのであり、したがって人々の日常の活動や身振り、習慣、趣味などは人々の間の社会的位置の差異

を標示する分類記号として機能する。かくして，社会の階級構造は人々の身体の属性であるハビトゥスを介して自然的差異として自明視され，自発性の外観をとって受容されていく。

　学校はこのようなハビトゥスによる選別と排除を通して政治的，経済的権力の受託者を認定していく機関である，とブルデューはいう。機会均等の原則のもとで，学校は形式的には万人に開かれているけれども，実質的には学校文化に親和的なハビトゥスをその成育環境によって身につけてきた人々を受け入れ，そうでない人々を排除する傾向をもっている。学校は一見「知的能力」という比較的目に見える規準に基づいて選別と排除を行っているように見えるけれども，実際にはハビトゥスという目に見えない個人の属性のレベルで選別と排除を行っている。この指摘こそブルデューの再生産論の一大特徴である。

　こうして既存の階級的優越はいったん学校での成功という形に変換され，学歴証書の授与という迂回路をとって階級的地位の世代間継承が行われる。現代社会にあっては，親の権力，特権，地位は，直接公然と子どもに相続されるのではなく，学校制度による聖別を受けることによって，学歴証書という叙任形式をとって秘かに相続される。学歴証書は世襲されるものではなく，個人の努力によって獲得されるものである。そのかぎり，学校制度はメリットクラシーの原則を満たすのであるが，そのことによって階級的地位の世代間継承の事実はかえって人々の眼から覆い隠されてしまうのである。

　さらにもう一点ブルデューの再生産論を特徴づけているのは，学校制度は支配的階級から委任を受けた階級構造の再生産装置だという指摘である。この「委任」という表現は，ブルデューの再生産論を理解するうえで重要である。学校制度は社会から相対的な自律性を認められていて，そこで行われている教育がどんなに非能率で非生産的なものであっても，学校はその権威と正統性を保持し続けることができる。実際，学校は人材育成や技術的能力の伝達といった社会的要請に応えることよりも，学校特有の「言語と教養の型」の伝達に執着する傾向がある。それでも学校がその教育的営為において自律性を認められるのは，学校特有の「言語と教養の型」の伝達が果たす階級的役割のゆえであり，学校に与えられる自由と独立はそれへの代償である，とブルデューはいう。

つまり，学校の教育システムは，その固有の教育機能をまったく果たしていないと見えるときでも，学校自身が打ち立てた文化的範型の伝達を通して階級構造の再生産に貢献するのであり，それゆえに学校は選別と排除の権能を全面的に委任され，自律性を認められることで選別と排除の中立機関としての外観を呈するのである。

3　カリキュラム・ポリティックス

1　イデオロギーとカリキュラム

　カリキュラム・ポリティックスというのは，簡単にいうと「学校は誰のために，どういう種類の知識を教えているのか？」を研究対象とする。学校で教えられる知識はけっして無色透明の中立的な知識ではない。特に，多人種・多文化のアメリカ社会では，学校のカリキュラム内容の多くがマジョリティ（多数派）である白人中産階級（ワスプ）の価値観や生活スタイルを標準として組織されている。なぜなら，教育内容を選択しカリキュラムを組織するのは政治的，教育的にヘゲモニーをにぎっているワスプの人たちだからである。そこで，それらを学んでこそ「りっぱな大人」「成功者」になれるのだということになると，黒人やヒスパニックやアジア系などのマイノリティ（少数派）にとって，学校は差別と抑圧の場所になる。彼らは最初から主流から排除されているのに，学校に行くことを強制される。なぜなら，だれでも学校に行かなければ教育を受けたことにはならないからである。そして，そのように強制させておいて，こんどはいく年かの学校教育を通じて劣等の烙印を押され，そうして再び社会の底辺へと配置されていく。

　このように，機会均等の国アメリカ合衆国では，学校が下層の人々に彼らの現在の地位を受け入れさせるように仕向けていて，ワスプのヘゲモニーは維持されるようになっている。このようなイデオロギーの再生産に果たす学校の役割をカリキュラム研究の視点から分析しているのが，ウィスコンシン大学のアップル（Apple, M. 1942- ）である。

　アップルのいうイデオロギーというのは，日常生活の中で人々の意識に暗黙

に作用して一定の価値観に染め上げるものである。彼は，先に見たボールズとギンティスの主張を批判的に継承し，教育は階級構造を単純に再生産しているのではなく，学校内で日常的になされている慣行や意味付与の枠組みを通じて，人々の内面の主観性のレベルにおいて，階級構造を「創造」的に再生産していると主張する。この点を彼は特に潜在的カリキュラム（hidden curriculum）の研究を通して明らかにしている。

　潜在的カリキュラムというのは，計画的に編成された正規のカリキュラムに対して，むしろ生徒の意識や価値観に潜在的に作用する影のカリキュラムのことをいう。アップルによれば，学校で教えられる知識は意識的にせよ無意識的にせよ，社会の支配的な勢力を維持する方向に選択され組織化されている。今日の学校で見出されるカリキュラムにおいては，たとえば，政治的自覚を促す内容の欠如，合意と一致を強調することによる社会階級間の葛藤についての消極的な取り扱い，現実秩序こそ唯一正統性をもつものであるとする虚偽意識の注入などを通して，社会の支配的な勢力とその文化の優越性を維持するように，知識の選択と組織化がなされている。アップルはこのように学校のカリキュラムが支配的勢力に暗黙のうちに献身する傾向を指摘したうえで，教師はカリキュラムと政治的・経済的支配勢力との関連を意識的に吟味し，中立の美名におぼれることなく，自らの使命を自覚しなければならないと論じている。

2　教育と抵抗

　ペンシルベニア州立大学のジルー（Giroux, H. A. 1943- ）は，アップルと同様に，学校の日常的な教育活動を通じて展開する権力問題を指摘しながら，さらにそこから社会的不平等の是正に向けた現状変革のための学校論を展開している。彼は，学校と階級構造の再生産との関係を指摘するこれまでの議論は，再生産の仕組みそのものを打ち破る変革主体の形成について何らの展望も示すことができなかったと批判する。そして，現状変革と解放の可能性を示す一つの有力な理論的拠り所として，ブラジルの識字教育家フレイレ（Freire, P. 1921-97）の教育思想に注目している。

　フレイレは，自らの識字教育の実践をふまえて，被抑圧者が社会的な支配─

従属の関係だけでなく，それへの抵抗の関係によっても形成されると論じた。被抑圧者は学校で教えられる支配的な文化や生活態度，規律に対して本能的に違和感を感じ，無意識のうちに抵抗の態度を示す。それは抑圧された者の自己防御の反応であるとともに，裏返しの自己肯定の表現でもある。フレイレの識字教育はこの抵抗を出発点にして，そこから被抑圧者が支配―従属の関係を自らの力で乗り越えていく教育をめざす。そのために，彼は被抑圧者を抑圧してきた支配的な読み書き文化を彼らから遠ざけるのではなく，むしろ彼らに正面から提示して，抵抗と拒絶の理由を彼ら自身に探究させ，支配―従属の関係を批判的に読み解く力を獲得させるのである。

　ジルーはこうしたフレイレの思想と実践に学びながら，学校を階級構造の再生産の場から変革の場へと組み換えるための実践的な課題を追求している。その第一は，正統文化の脱神話化（demystification）である。学校で教えられる正統文化は，一定の歴史的・社会的文脈のもとで特定の知識を中心化し，他の知識を周縁化しながら構成されてきたものであって，そこには階級，人種・民族，性に関わる社会的差別構造が「知識の価値中立性」の名のもとに覆い隠されている。学校はこの正統文化の習得を通じて，人々の意識のうえに社会的な支配―従属の関係を自然なものとして受け入れさせ，そのことによって社会的差別構造の再生産に寄与している。そこでジルーは実践的な課題の第一として，学校で教えられる知識をそれらの生成過程にまでさかのぼって，そこに書き込まれている差別的な利害関心や暗黙の前提を批判的・分析的に読み解き，勝者や多数派の側から付与された意味内容を脱神話化して，敗者や少数派の側から別の意味内容に読み替えていくことを提起している。

　ジルーがあげる第二の実践的課題は，主観性の脱構築（deconstruction）である。正統文化は，それが提供する特定の表象や価値観が人々の思考や精神のうちに浸透することによって，規範としての正統性を維持している。だが，抑圧された民衆が正統文化に対して示す抵抗こそは，正統文化を民衆の立場から読み替えていくための契機となるものである。民衆は，正統文化との間に本能的に距離を置く自らの主観性の発見を通して，正統文化をまさに正当なものとして無批判に受け入れてきた自らの主観性を脱構築し，そのことによって自分

たちと正統文化との既成の関係を逆転させて，自分たちの「主体的な語り」を取り戻すことができるのである。

参考文献

（1） W. クラフキー，小笠原道雄監訳『批判的・構成的教育科学』黎明書房，1984年。
（2） 小笠原道雄編『教育学における理論＝実践問題』学文社，1985年。
（3） ルドルフ・ラサーン，平野智美・佐藤直之・上野正道訳『ドイツ教育思想の源流——教育哲学入門』東信堂，2002年。
（4） Lakomski, G. "Critical Theory and Education," *International Encyclopedia of Education*, Second Ed., vol. 2, Pergamon, 1994, pp. 1199-1204.
（5） S. ボールズ／H. ギンタス，宇沢弘文訳『アメリカ資本主義と学校教育』岩波書店，1986-87年。
（6） B. バーンスティン，久富善之他訳『〈教育〉の社会学理論』法政大学出版局，2000年。
（7） P. ブルデュー／加藤晴久編『ピエール・ブルデュー——超領域の人間学』藤原書店，1990年。
（8） P. ブルデュー，J. パスロン，宮島 喬訳『再生産』藤原書店，1991年。
（9） M. アップル，浅沼 茂・松下晴彦訳『教育と権力』日本エディタースクール出版部，1992年。
（10） Giroux, H. A., *Theory and Resistance in Education : A Pedagogy for the Opposition*, Bergin & Garvey, 1983.
（11） J. カラベル／A. H. ハルゼー，編，潮木守一・天野郁夫・藤田英典編訳『教育と社会変動』東京大学出版会，1980年。
（12） 宮島 喬・藤田英典編『文化と社会——差異化・構造化・再生産』有信堂，1991年。
（13） 小内 透『再生産論を読む』東信堂，1995年。

（小柳 正司）

第 3 部
教育哲学を実践する

第17章　生涯学習の根本問題を追求する

　生涯学習の時代がやってきた，といわれ出してから，すでに久しい。そのためもあってか，生涯学習への人々の熱気はひと頃に比べると沈静し，ブームは去ったかにも見える。だが，「学び」がブームになること自体がおかしな現象なのである。それは，本来もっと地味で継続的な営みである。たとえば，修養や職人気質やお稽古に見られるように，日本には生活の中に根づく学びの伝統が数多く存在した。そのような学びの息づかいは，昔もいまも変わることなく，人々の生の営みに寄り添いながら，また人生の奥深いところで，あたかも地下水のように脈々と流れ続けている。

　ここでは，そうした生活の中の学び，すなわち生涯学習の根本問題について考察する。まず，これまでの学習観や教育観の問題点を，変動し続ける現代社会との関わりにおいて考察する。続いて，これからの時代に望まれる学習と教育について，その本質的な課題を生涯学習の視点から見つめ直し，そのうえで，人と人とが繰り広げる相互教育への志向について考察する。そして，最後に，学びのコミュニティの創造という視点から，これからの生涯学習社会を描くための道筋の一つを探っていくことにしたい。

1　学習観および教育観の転換

1　立身出世と学歴

　学びや教育は，もともと日々の生活の営みの中で，生活に即して自然に行われていた。たとえば農夫の息子は，米作りの方法を苗代づくりから収穫に至る一連の農作業の中で親から学び，親はその息子の学びに手取り足取りで応じ教育を施した。職人は，親方や先輩の模範を学び盗み取ることで，自らの職業的社会化を果たした。家庭生活の中では親から子へ，地域生活の中では長老から若者へと，社会生活のルール，健康，しきたり，そして趣味や娯楽に至るまでさまざまな事柄が伝えられ教えられてきた。こうした生活の中の生活に密着した学びや教育は，人類の歴史とともに古く，その内容ややり方は大きく変わっ

てきてはいるが、今日でも豊かに存在する。それは、人が生きることと密接な関係にあるため、特にそれを意識させないくらい自然な営みであるといえる。

　ところが、近代に入って、組織的で計画的な学校教育制度が発達してからは、人々の学習観や教育観が大きく変化した。学ぶことは学校で学ぶということであり、学校を卒業することが学んだということであるといったふうに、学びについての価値の転倒が常態化するようになった。しかも、そうした学びは、学歴といった社会的流通価値と結びつき、立身出世の手段とみなされるようになった。学ぶことは、学歴を得ることであり、それによって地位やお金や名誉を得ることであり、人生において得をすることにほかならない。そのための教育には、お金や時間やエネルギーを大いに注ぎ込みたい。いわゆる「教育は投資である」という考えが、こうして生まれ育った。

　この「教育は投資である」という考えは、個人レベルにおいてだけでなく国家規模においても首肯され推奨された。それは、明治の富国強兵を支える学校教育制度の整備の中に、また国の経済成長が教育に負っていることを実証的に明らかにした、昭和・高度経済成長期の教育白書『日本の成長と教育』の中にも鮮明に現れている。

　もっとも、このように学びや教育を投資とみなす学習観や教育観、またそれを根底に置く学歴社会は、いまでは衰退しつつあるともいえる。企業は学歴のみで社員を評価しなくなった。また、高等教育の普及・発達は大学卒業の希少価値を薄れさせてもいる。だが、「学びの主流は学校にある」という考えは、今日の学校の肥大化から見てもわかるように、社会生活のあらゆる場に浸透している。学ぶことは、学校で教えてもらうことである。そして、そうした人々の期待に応えるための知識や技術の伝達こそ、教育である。そのような学習観および教育観は、いまなお根強く強固である。

2　変動社会における学び

　世の中があまり変化しないで、十年一日のごとくゆっくりと進む。そういう伝統的社会では、人々が生きていくために学ばなければならない事柄は、ある程度限られていた。しかも、人々はそれを人生の初めの頃に学んでおけば、後

の人生は万々歳であった。だが，今日のようにめまぐるしく変動する社会では，そうはいかない。その理由は，およそ4つある。

　まず第一に，生きていくために必要な知識や技術が日々増大していくばかりか，それらはすぐに古くなり役に立たなくなる。そのため，われわれは，新しい知識や技術を獲得するために絶えず学び直さなければならない。一度学んでしまえば一生役に立つという知識や技術は，ほとんどなくなってしまった。いまやわれわれは，知識や技術の買い直し，学び直しの時代に生きている。

　第二に，生活の中で答えのない難問や課題が続出し，その答えを模索する学びが増大している。およそ学ぶということは，生活上何か困った課題にぶつかったときに，その解決のための答えを，親や上司や先達の助言の中に，あるいは書物の中に，見つけ獲得する行為である。だが，そのような学びに加えて，答えそのものを模索する学びが求められるようになっている。

　第三に，そうした答えを模索する学びは，個人生活の中にも存在するが，その多くは広く社会的な広がりをもつ課題の中にも存在する。よく知られているように，ローマクラブ・レポート『限界なき学習』が指摘する人口，資源，環境，エネルギーなどの課題がそうである。このような課題の解決なくして，われわれの未来は存在しない。いうまでもなく，そうした課題の解決は，人々の学習によって決定される。すなわち，みんなで答えを探り合う「社会的学習課題の増大」こそ，現代を特徴づける重要なキーワードである。

　第四に，長寿化の進行が，人生における学びそのものの意味を大きくしている。長くなった人生を，どのように活力ある豊かなものにするか。そのための健康の維持，生きがいに向けた趣味，ボランティア活動，再就職に向けた知識や技術の獲得などについての学びが，増大し日常化するようになった。

　以上のように，今日の変動社会では，かつての伝統的社会の学びとは異なる新しい学びが数多く必要になっている。このことは，これまでの学習観や教育観に少なからぬ影響を及ぼす。すなわち，学びや教育は，将来への備えとしての投資というよりは，いまを生き抜くためのサバイバルのかかった日常的営みとしての性格がより強くなるのである。

3　学びと教育の生涯性

　サバイバルの性格を色濃く帯びる現代の学びは，人の一生というタイム・スパンの中で止むことなく連続して行われる。そのことは，これまで支配的であった「教育は人生の初期に集中し，人生の初期にほぼ終了する」といった，いわば「教育の完結性」に変更を迫ることになる。すなわち，学びが生涯にわたって連続するからには，それを支える教育も生涯性を帯びざるをえない。こうして，現代の変動社会では，学習観や教育観の転換が必要になってくるわけである。

　このことをいち早く洞察したフランスのラングラン（Lengrand, P.）は，1965年のパリで開かれた成人教育推進国際会議の席上で，「生涯教育について」というワーキング・ペーパーを提出し，その中で生涯にわたる教育の体系的一貫性について次のようなことを主張している。

　すなわち，教育は人の一生という時系列に沿って間断なく行われるものであるが，その場合，先行する教育が後の教育にとってマイナスに作用しないように，もっといえば有効に作用するように，相互に関連づけられ統合されることが望ましい。幼児期の家庭教育，児童期や青年期の学校教育，成人してから高齢期までのさまざまな教育が関連づけられ統合されてこそ教育の実が上がる。すなわち，教育の「垂直的統合」，いいかえれば教育の「時系列的統合」の主張である。また，人の一生の一時期をとって見ると，そこには多種多様な教育が存在する。家庭教育，学校教育，職場の教育，コミュニティや団体や社会教育施設で行われる多種多様な成人教育などが，それである。そうした多種多様な教育も相互に関連づけられ統合されることこそ重要である。教育の「水平的統合」，いいかえれば「教育機会の統合」の主張である。

　ラングランのこのような主張は，教育をどう考えるかということについての新しい理念枠組みということができる。ここで述べられた主張を実現していくためには，いうまでもなく，多くの時間，金，労力が必要であろう。その点からいえば，ラングランの主張は，あくまでも理念の域を出ていなかったともいえる。だが，それは，それまで支配的であった学習観や教育観に多くの転換を迫るものであり，いまなおその新鮮味を失っていない。

こうした学習観と教育観の転換は，ラングラン以後もハッチンス（Hutchins, R. M.）の「学習社会論」やフォール・レポート（『未来の学習』），また貧困や無知からの解放を志向するジェルピ（Gelpi, E.）の「生涯教育論」，それにOECD（経済協力開発機構）の構想する「リカレント・エデュケーション」等によって受け継がれ，語られ，今日に至っている。わが国においても，そうした学習と教育の生涯性についての考えは，ここ十数年の間，文教政策の中心に置かれ続けてきた。それでは，次に，そうした考えを根底で支える基本理念について考察していくことにしよう。

2　生涯学習を支える基本理念

1　フォール・レポートの指摘

多くの生涯教育論の中でも，ユネスコ教育開発国際委員会の手による報告書'Learning to be' は，委員長の名を冠して一般にフォール・レポートと呼ばれるものであるが，生涯学習の基本理念から見て，とりわけ画期的な内容を含んでいる。

それは，①教育の客体を自己教育の主体に，他者の教育を自己教育に転換させることを主張し，②教え授ける教授原理から学習尊重の原理への移行を提唱した。そして，これからの学習は，高度産業社会に支配的であった「財産，知識，社会的地位，権力などを所有することに専念する〈持つ様式〉」の学習（Learn to have）ではなく，「自己の能力を能動的に発揮し生きることの喜びを確信できるような〈ある様式〉」の学習（Learning to be）であるとの方向を示した。

ここに見られる「学習者の主体性」の強調と「学習の質的転換」への志向は，これからの生涯学習がめざす基本理念として注目されねばならない。とりわけ後者は，フロム（Fromm, E. 1900-80）が提唱した To have or to be ?（『生きるということ』）の援用であり，現代社会における人間疎外からの脱却というテーマをうちに含んでいる点でも注目に値する。

フロムによると，「持つこととあること」は，2つの基本的な存在様式であ

る。現代の大量生産・大量消費の社会に生きているわれわれは、できるだけ多くの物質や富の獲得、またそれを可能とする権力や地位を所有することに専念しようとする。すなわち、「持つ様式」の生き方に傾斜しがちである。だが、われわれは、他方では、自分の人間的な力を生産的に使用し、内面的な能動性を発揮し、自己を表現し、充実して生きることをも求める。すなわち、「ある様式」の生き方への願望を欠くことができない。ところが、前者が後者を圧搾し枯渇させてしまっているところに、現代の深刻な人間疎外状況を見ることができる。こうして、「ある様式」の生き方の再生・復活こそ、フロムのめざすところである。それは、これからの学習のあり方にも、そのまま援用しうる考えということができよう。

2　自己管理的学習の推奨

「あるための学習」は、与えられたものを受け入れるだけの、単なる受け身の学習にはなじまない。それは、学習そのものの自己制御に基づく、きわめて能動的な性格をもつものである。ノールズ（Knowles, M. S.）たちが提唱する「自己管理的学習」は、そうした「あるための学習」を貫く基本概念ということができる。そして、そこに、生涯学習を支えるもう一つの基本理念を見ることができる。

「自己管理的学習」の主眼は、学習者自身がさまざまな教育機関、教師、指導者、教材などの教育資源を利用しながら、自己の学習の全体をプランニングし、コントロールおよび監督し、自己の学習に責任をもつことにある。したがって、「自己管理的学習」は、他者による学習の管理、すなわち「教師主導的学習」ではない。それは、学習の「自己管理性」と学習者の「自己管理」であり、次の3つの内容を内に含んでいる。

その1つは、自己の学習の目的や手段について他者からコントロールされない独立性を維持していること、2つは、学習の診断と目標の設定、学習の資源や戦略の選択、学習の実施およびその評価といった学習過程全体を自己の主導性の中に置いていること、3つは、もっと本質的なことだが、学習の意味や学習を通して実現する価値について判断する際に自律性を保っていること、であ

る。

　考えてみれば，われわれの学習は，朝起きてから夜寝るまで，見たり聞いたり読んだりあるいは実際の体験の中で，ほとんど絶え間なく行われている。それは，たいていの場合，自己の主導のもとに行われている。すなわち，成人期以後の生涯学習のほとんどは，「自己管理的学習」である。それは，学校教育や社会教育の視野の外にあり，水面下にあるため見えにくい。だが，この部分こそ生涯学習全体から見るとむしろ中心的な位置を占めている。したがって，生涯学習のこの見えない部分を教室や施設で行われる見える学習部分に構造的に関連させることによって，生涯学習はより充実したものになる。

　もっとも，学習目的や学習内容によっては，また学習者のそれまでの経験の度合いによっては，学習者による「学習の自己管理」よりも教師や指導者による「学習の指導的管理」の方が優れておりより効果的であるという場合も大いにありうる。にもかかわらず，教師や指導者は学習者の「自己管理的学習」を念頭に置いた指導を心がけることが大切であり，そのことで学習者の学習の維持・発展を図ることは重要である。

3　永続的独学者をめざす

　こうして，生涯学習の究極の目標は，充実した人生を生涯にわたる学習によって自らの手で創り出していくことにある。そのことは，いいかえれば，永続的な独学者をめざすということでもある。

　一般に，独学といえば，ひと頃の貧しかった時代に，経済的な，もしくはなんらかの家庭の事情で学校教育とりわけ高等教育を受けることが困難であった者が，夜間教育や通信教育を利用して苦労しながら学校の教育課程を修得することをさしていた。だが，ここで永続的独学者という場合の独学の意味は，それとはまったく異なる。それは，生涯にわたる自己実現に向かって学習を自己の管理下に置くことをさしている。

　このような意味での独学の内容は，いろいろある。仕事のこと，健康のこと，家庭生活や地域生活のこと，さらには生き甲斐に関わる趣味や教養に至るまで，およそ人が生きることにまつわるあらゆることが独学の内容になる。

独学は，社会生活のさまざまな場で行われる。家庭，学校，職場，地域，映画館，劇場，公民館などの学習施設，それに各種団体やグループの中など，あげていけばきりがないくらいである。永続的独学者は，そのような場を自己の学びのための学校とし，それを生涯にわたって利用しながら自己の成長を図る。彼らの学習は，ラングランの後任でユネスコの生涯教育の責任者となったジェルピの言葉を借りていうと，単なる独学，独習の域を越えた自己教育あるいは「自己決定学習」(self-directed learning) である。永続的独学者は，この点でまさにこれからの時代を生きる独学の徒である。

3　相互教育への志向

1　教育における対話の強調

　生涯学習の考えが普及し一般化してくると，教える者と学ぶ者との固定的な役割分担を中心とするこれまでの伝統的な教育とは異なる，新しい教育のあり方も生まれ成熟してくる。再び生涯教育の提唱者ラングランの言葉の中に，それを見てみよう。

　ラングランによると，19世紀中頃の成人教育は，一方的な伝達や問題練習や試験に基づくものが多かったが，今日ではこれとは異なる新しいタイプの成人教育が漸次形を成してきている。それは，デンマークの国民大学，相互教育の諸組織，労働組合の諸機関，あるいは民衆教育の運動体や団体等の中で少しずつ実り始めた。つまり，そこでは，成人は教育の単なる対象ではなく，彼らはともに集団的事業のパートナーであり，受けもし与えもする地位に置かれている。こうして，新しい様式の教育関係――学習に参加する成人が生徒でもあり教師でもあるというような――が学校や大学の伝統的な教育の外側で次第に形成されてきた。こうして，彼は，生涯教育は至る所にあり，教育の責任も広く拡大しつつあり，事実，誰もが教育され教育する立場に置かれている，と主張する。

　このことは，伝統的な教師像にも修正を迫ることになる。生涯学習の指導者は，「それぞれ固有の知と無知，有能さと無能さの組み合わせをもった他の成

人たちの中の一成人となることに同意すること」が必要であり，「すべてのごう慢さを排除する科学的な性格の謙虚さという確固たる基底の上にこそ，教える者が，他の教育的場面におけるよりも遥かに多くのものを与えなければならずまた遙かに多くを受け取りもするような，教育の対話が確立される」ということになる。

　すなわち，生涯学習を支援する教育の中では，教育者から被教育者への一方的伝達という伝統的図式に代わる「学び合いの対話」がクローズアップされることになる。生涯学習は，まさに，こうした「教育における対話」を強調しながら，その内容と方法を拡大する方向にある。そして，このことは，ユネスコの「成人教育の発展に関する勧告」もいうように，学習者である成人に，教育過程のあらゆる段階における積極的参加を要求するものである。

2　相互教育の追求

　「教育における対話の強調」は，いいかえれば，「相互教育の強調」ということができる。相互教育が強調されなければならない理由は，じつは，今日の生涯学習に見られる次のような事情にもよる。

　先にも見たように，変化を主眼とする現代の社会では，知識や技術の陳腐化が絶え間なく起きており，人間は生きていくためにはつねに新しい知識や技術を学び直さなければならない。そのような時代には，「自己教育力」や「自己決定学習」や「自己管理的学習」が一層重要となり，教育の重点は，「与える教育」から「自己学習の援助」へと移る。そのようにして，独力で学び続ける人間としての「自立的学習者」をめざすところに，生涯学習の主眼がある。

　「自立的学習者」をめざすことは，他者との学び合いの関係をより広く求めることでもある。たとえば，性，年齢，職業の異なる者相互が，また，国際化の中で文化を異にする者相互が，情報を交換し，教え合ったり学び合ったりする機会をもつことによって，われわれは，学びの果実をより多く獲得することができる。「出会う人はすべて師である」という言葉は，日常生活における学びの重要性が増した今日こそ，一層現実味を帯びているといってよい。

　また，環境，資源，食料，人権問題などの社会的学習課題の多くは，その解

決をめぐって，答えを模索し合う相互教育を必要としている。そうした相互教育の動きは，NPO（特定非営利活動団体）や NGO（非政府組織），および各種ボランティア団体，社会教育の諸施設における学習グループなど，われわれの周りで次第に広がってきている。生涯学習の主要な動きの一つとして注目されよう。

こうして，生涯学習において相互教育を欠くことはできない。いいかえれば，相互教育の豊かさの中にこそ生涯学習の成否がかかっている，といってもけっして過言ではない。

3 「異質者」の重視

相互教育は，先にも見たように，性，年齢，職業，国籍，思想・信条などの異なる者相互において，より活発に行われる。このことを一般化していえば，相互教育は，「異質者」の間で行われるとき，いっそうその力を発揮するということができる。「三人よれば文殊の知恵」という諺は，「三人が集まって考えると，一人で考えたときには思いもつかなかったような考えやアイデアが生まれる」ことを意味しているが，異質な人間相互の交わりがいかに大切であるかを物語っていて，じつに興味深い。それは，相互教育における「異質者」の重視を謳っているとも考えることができる。

一つの例をあげてみよう。いうまでもなく，男と女は相互に異質な性である。両者は，相互に交流することによってお互いの性的な個性を鍛え合うことができる。男女が自己の性を意識し発揮するのは，相互の交流があってのことである。そうでなければ，お互いの性的個性は，その発現を弱められ，貧しいものになってゆく。同じことは，国際化の中での異文化交流についてもいえるであろう。異文化交流は，お互いの異質性を交流を通して理解し合い，次第に１つのものへと解け合っていくことであるが，それとともに，それぞれの文化的特性を浮き立たせ，その良さを際立たせ，お互いの文化の中にそれを拡張していくことを意味している。異質な文化との接触がなければ，文化は鍛えられ輝きを増す機会を失うことになる。

こうして，相互教育を追求する生涯学習の過程では，絶えず「異質者」との

交流が重視される。世代間交流，男女共同参画，多文化交流などの必要性が盛んに主張されるのも，そうした事柄が内包する理念的意義とともに，このようなコミュニケーション的文脈でも理解することができよう。

4 学習のコミュニティの創造

1 学校化社会への批判

　これまでの考察から，生涯学習がめざすところは，学習の日常化，生涯化，自己管理化，相互学習化にあるということができる。それは，学校教育を教育の中心とする考えに鋭く対立するものでもある。事実，ラングランによる生涯教育提唱のもとになった社会的背景は，急速に進む社会変動とそれまでの「教育の完結性」を旨とする学校教育中心主義との間のギャップにあった。そのため，生涯教育がめざす理念は，もともと，その根底に学校教育批判を内包していた。そのうえで，教育全体の中での学校教育の相対的価値とその位置づけを探るところに生涯教育論の特徴があったということができる。

　ところで，こうした生涯教育理念が内包する学校教育批判とは別の文脈で，もっとラディカルな学校教育批判が1970年代に現れた。「脱学校化社会」の主張がそれである。それは，今日の生涯学習の根本問題を考察するうえで多くの示唆を与えてくれる。

　「脱学校化社会」は，いうまでもなく，「学校化社会」に対立する言葉である。「学校化社会」は，学校教育が普及・拡大した結果，学校教育制度固有の文化が人々の思考や行動様式に多大の影響を及ぼすようになった社会をさしている。脱学校論者の代表格ともいえるイリッチ（Illich, I.）によると，そのような社会では，能力は学歴で計られ教育の中身とプロセスが混同されるようになる。生徒は，学校に通うことと能力があるということとを同一視し，学ぶことと教師に教えてもらうこととは同一のことであると考えるようになり，教育があるということは学歴があるということ，能力があるということは上級の学校を卒業していることだと考えるようになる。「学校化社会」では，このような中身とプロセスの混同が社会生活のさまざまな領域で起きる。たとえば，健康を守

ることは病院の診察を受けること，安全な生活は警察制度を完備すること，生活の安定は福祉制度を整えること，といった具合にである。したがって，このような社会では，教育，健康，安全，生活に問題がある場合には，それに関わる諸制度のサービスが不十分であることだから，取るべき措置はそれらの諸制度の拡充にさらなる投資を行い，サービスの量を拡大することこそ重要だということになる。このようにして，主体的に学ぶ人間は衰退し，自らの生活の安定，健康，安全についての自助の精神は次第に枯渇していく。こうして，イリッチの「学校化社会」批判は，学校化という現代文明がもたらした人間疎外の告発でもある。

2　学びのネットワーク

　「学校化社会」から脱出し，主体的で生き生きとした人間をどう取り戻すか。とりわけ，ここでの焦点である「学ぶ人間」をどう回復するか。イリッチによる「脱学校化社会」における一つの提案，学習のための網状組織（Learning web）は，そこに迫る興味深い視点である。

　それは，学習に必要な4つの資源，すなわち事物，模範，仲間および年長者を，すべての人に利用可能にする特別な方法である。つまり，学習者のための網状組織であり，教育のための網状組織である。彼によると，「子供は，技能や価値のあるものの模範として役立つ人々に取り囲まれながら事物の世界の中で成長する。子供は自分に議論を挑み，自分と競争し，自分に協力し，あるいは本当に自分のことを心配してくれる経験豊かな年長者からの対決や批判を受ける」。したがって，事物，模範，仲間および年長者が学習に必要な4つの資源であり，「すべての人がそれを十分に利用することができるようにするためには，その一つ一つは，異なったタイプの取り合わせを必要とする」。子どもを学校から外に出し，このような網状組織の中で主体的な学習活動を活性化することが大切である。そのために社会全体が変革され，脱学校化し，学習化していくことがまず先決となる。

　イリッチのこのようなアイデアは，学習と教育の多面的な関係，また学習者の発達段階的特徴が考察の外にあり，現状の学校教育批判としての意義は大い

にあるものの，あまりにも荒削りで現実性に乏しい。にもかかわらず，それは，成人の生涯学習場面に移して考えてみると，また新たな光彩を放ち始める。学習のための網状組織は，地域社会の学習環境を構想するうえで，きわめて有効な観点ともなっているのである。

3　学びのコミュニティを求めて

　イリッチが提唱する学習のための網状組織を，成人の学習場面の中で再度翻訳し直してみよう。

　成人の学習機会を考える場合には，学習のための事物やモデルや仲間，それに学習を導いてくれる先達たちが，それこそ身近な日常生活レベルにおいて用意されていなければならない。成人の学習場面でこそ，イリッチのいう学習のための網状組織が渇望されているとも考えられるのである。先に見たように，今日のわれわれが直面する絶え間ない難問の解決は，従来の学校教育の埒外にあるため，相互教育の成果に負うところが大である。学習のための網状組織は，そのような相互教育の場や機会を創り出し，活性化し，地域学習者集団の形成に大いなる力を発揮する。そういう方向性を示すものとしてイリッチの脱学校論を見つめ直すとき，われわれはじつに多くのヒントをその延長線上に見つけ出すことができる。じつは，その実質的な動きは，すでに各地で実践され成果をあげつつある。

　たとえば，ある町の老人クラブでは，自分たちの学習活動の一つである人権学習を，小学校の授業に祖父母学級を設けて参加し，その中で行うことを思いついた。学校側も賛同して進められたこの授業は，一面では学校教育であるが他面では社会教育でもある。また，これがきっかけになって，高齢者たちの学校教育への参加の機会が広がった。日頃の自分たちのサークル活動で身につけた技量を生かして，児童のクラブ活動の指導にあたるようにもなった。子どもの学習活動と高齢者の学習活動との融合である。また，学校の国際理解教育と地域の国際交流団体活動とを融合させたり，学校と家庭・地域が一体となって，生活科年間指導計画を作成している地域もある。

　学習のための網状組織を彷彿させる動きは，各種ボランティアの活動の中に

も見出すことができる。ボランティア活動は，いまや生活の一部であり，ごく自然の活動になりつつある。活動の領域は，福祉，災害，環境，教育と多岐にわたる。活動場所も，地域や職場やグループ・団体の中はもちろん，ときには遠く離れた国際舞台にまでも広がりつつある。そして，今日の生涯学習は，こうしたボランティア活動と深いつながりをもつようになってきている。ボランティア活動自体が生涯学習の過程であるが，そこで学んだことを他者におすそわけする，いわゆる「学習成果の社会的還元」が，親子，夫婦，友人同士や他のボランティア仲間の間で日常化するようになっている。「草の根の指導者」の誕生である。そのような「草の根の指導者」を集めて，それぞれの活躍場所を提供している地域も現れている。さらに，市民団体が自主的に企画し運営する市民講座が，講義形式によるものからゼミ形式によるものまで，多種多様に存在するようになった。

　こうして，生涯学習社会を根底で支える「学習のコミュニティ」を創造する動きが，われわれの身近なところで，静かな音を立てながら進行している。

参考文献

（1）　ラングラン，波多野完治訳「生涯教育について」『生涯教育事典・資料文献篇』ぎょうせい，1979年。
（2）　波多野完治訳『生涯教育入門』全日本社会教育連合会，1976年。
（3）　大来佐武郎監訳，市川昭午他訳『ローマ・クラブ第6レポート　限界なき学習』ダイヤモンド社，1980年。
（4）　ユネスコ教育開発国際委員会，国立教育研究所内フォール報告書検討委員会訳『未来の学習』第一法規出版，1975年。
（5）　フロム，佐野哲郎訳『生きるということ』紀伊國屋書店，1977年。
（6）　日本生涯教育学会編『生涯学習事典』1990年。
（7）　ジェルピ，前平泰志訳『生涯教育――抑圧と開放の弁証法』東京創元社，1983年。
（8）　イリッチ，東　洋・小澤周三訳『脱学校の社会』東京創元社，1977年。
（9）　市川昭午・潮木守一編『学習社会への道』（教育学講座第21巻）学習研究社，1979年。

第3部　教育哲学を実践する

推薦図書
［1］　新堀通也編纂『教育「大変な時代」』教育開発研究所，1996年。
［2］　新堀通也『サバイバルのための教育』広池学園出版部，1988年。
［3］　讃岐幸治・住岡英毅編『生涯学習社会』ミネルヴァ書房，2001年。
［4］　住岡英毅『生涯教育の人間関係』アカデミア出版会，1985年。

（住岡　英毅）

| 第18章 | 国際理解のための教育 |

　国際化社会の到来を受けて文部科学省も小・中・高等学校の学習指導要領の改訂・実施によって，国際理解教育を展開することを表明した。具体的には，2002～03年度から実施の「総合的な学習の時間」を中心としたカリキュラムの中で行われる。

　そこで本章では，まず，国際理解教育が戦後改革の中で登場してきた日本国憲法，教育基本法の精神のうちに，すでに内在していたことに触れたい。その精神は，国際的には「ユネスコ憲章」に見出される平和主義の精神と軌を一にする。ある意味では，ユネスコの国際教育にリードされる側面が多分にあるので，その展開を中心に述べる。

　第二に，国際理解教育に対するわが国の教育政策上の対応を検討する。その最初の現れは，1966（昭和41）年の「期待される人間像」とみなすことができる。その後の展開では，臨時教育審議会が1987（昭和62）年に提出した最終答申の「世界の中の日本人」育成論が一つのメルクマールをなしている。

　第三に，「総合的な学習の時間」を中心として行われる国際理解教育であるが，それが今日の国際化社会の中では，「共生社会」を展望する必要があることを指摘したい。

　そして最後に，これからの国際理解教育はポスト・ナショナリズムの教育を理念とし，新たな視点から学習内容が構成される必要性を紹介する。

1　国際理解教育の端緒

1　教育の新生

　わが国の戦後教育は，第一の教育改革（教育の近代化）といわれる1872（明治5）年の「学制」公布に次いで，それは第二の教育改革の時期（教育の民主化）と位置づけられる。また，それは戦前の超国家主義教育・軍国主義教育の反省のうえに立っている。戦前の教育を支配したものは，1890（明治23）年の「教育ニ関スル勅語」であり，その精神は君臣父子の関係を忠孝と規定して，国家的には忠君愛国を説いたものである。天皇に対して国民は臣民とされ忠誠

を求められ，家にあっては子は親に孝行を尽くすものとされた。これに対して，戦後教育は1946（昭和21）年の日本国憲法の三原則，すなわち，国民主権・基本的人権の尊重・平和主義の精神を継承している。

憲法の前文はその冒頭部分において，「日本国民は，……政府の行為によつて再び戦争の惨禍が起ることのないやうにすることを決意」した。とりわけ，「戦争の放棄」を第9条で定め戦力の不保持を明らかにした。この第9条は幣原喜重郎の発意によるといわれ，堀尾輝久が『現代の教育　第11巻』の中で紹介しているところよれば，第9条は幣原首相の先見の明とステイツマンシップと英知の記念塔として，マッカーサーから評価されているといわれる。また，アメリカ合衆国では「憲法第9条の会」が作られ，東西冷戦構造崩壊後の世界秩序の中で日本国憲法第9条の理念が模範とされている動きが知られる。

そして，1947（昭和22）年の教育基本法は，その前文において「民主的で文化的な国家を建設して，世界の平和と人類の福祉に貢献しようとする」憲法の「理想の実現は根本において教育の力」に待つべきことを述べた。ここに日本国憲法と教育基本法との密接不可分な法的関係があり，とりわけその精神において国際協調と平和主義とをうかがい知ることができる。

教育の民主化は，「教育基本法」，「学校教育法」，そして1956（昭和31）年の「地方教育行政の組織及び運営に関する法律」で廃止されるまで教育委員の住民による公選制を敷いた「教育委員会法」の三法により，法的に裏づけられたものであった。

2　ユネスコについて

上記において国内的な戦後教育のあり様を見たのであるが，国際的な教育の動向ではユネスコ（UNESCO：United Naitions Educational, Scientific and Cultural Organization：国際連合教育科学文化機関）の存在を忘れることはできない。

ユネスコは，国際連合（国連：1945年）経済社会理事会の管轄のもとに専門機関としてまた政府間機関として，1946年に誕生している。その誕生には人類が二度と戦争の惨禍を繰り返さないとの願いが込められている。その憲章は1945（昭和20）年に連合国教育文化会議の43ヵ国の代表によってユネスコ憲章

として採択された。この憲章の前文では、「戦争は人の心の中で生まれるものであるから、人の心の中に平和のとりでを築かなければならない」と銘記されていた。相互の風習と生活を知らないことが、人類の歴史を通じて世界の諸人民間の疑惑と不信を招き、ひいては戦争の原因となったと、続けている。また、真の平和は政府の政治的、経済的な取り決めによってのみもたらされるのでなく、「人類の知的及び精神的連帯」のうえに構築されるとして、知識人のみならず広く一般市民の参加・協力を要請している。

その憲章の第1条では、「世界の諸人民に対して人種、性、言葉又は宗教の差別なく確認している」国際連合憲章の「正義、法の支配、人権及び基本的自由に対する普遍的な尊重」を助長するために、教育、科学と文化によって諸国民間の協力を促進することで、平和および安全に貢献することを謳っている。こうした目的を実現するために、①諸人民が相互に知りかつ理解すること、②一般の教育と文化の普及、③多様な方法によって知識を維持し、増進し、かつ、普及すること、を主要な任務としている。わが国は国際連合加盟より前の1951（昭和26）年にユネスコ加盟を果たしたのであるが、こうした背景には民間ユネスコ活動があったからであるといわれる。そのユネスコ運動は、1947（昭和22）年以降、仙台や京都から全国に広がったものである。

こうしてユネスコは、今日わが国で注目さている国際理解教育の先駆けとなる考えを明らかにしていたのである。そうした教育の呼び方は「世界市民の教育」とか「世界社会に生活するための教育」とかいわれたりしたが、1954（昭和29）年の第8回総会で「国際理解と国際協力のための教育」の呼称が採択されたため、一般的にはそう呼ばれるようになった。しかし、日本では「国際理解教育」と略称され、今日に及んでいる。

1946（昭和21）年のユネスコの創設まもなく、国内では各地にユネスコ協会が設立され、こうした民間のユネスコ運動と高等学校の教育課程の中の特別活動の一環としてのユネスコ・クラブ活動が始められた。1952（昭和27）年には日本ユネスコ国内委員会が発足し、1954（昭和29）年に始められた世界的な教育実験活動であるユネスコ協同学校（Unesco Associated Schools）への参加がなされた。『国際化時代の教育シリーズ　国際理解教育事典』によれば、日本

のユネスコ協同学校は，1968（昭和43）年のピーク時には，小学校5校，中学校13校，高等学校10校，教員養成大学2校の参加があったと報告されている。

次いで，1954（昭和29）年，日本ユネスコ国内委員会は，わが国における国際理解教育の一般目標として以下の4点を掲げた。

① 基本的人権の尊重
② 日本と諸外国との相互理解と協力
③ 国連やユネスコなどの国際協力機関についての理解と協力
④ 世界平和の実現

3 ユネスコの国際理解教育

わが国が戦争の当事国であるから当然といえばそれまでであるが，既述のように，国内においては，日本国憲法と教育基本法で世界の平和と人類の福祉に貢献することで，また，国際的にはユネスコに加盟することで，国際理解と国際協調という同じ趣旨のもとにあったといえる。このようにわが国では1950年代と60年代は，戦後民主主義教育の実践とユネスコの「国際理解と国際協力のための教育」とがほぼ一体となって進行した幸福な時代であった，ということができよう。

この転機は国際的な政治・経済の変化からもたらされた。厳しい東西冷戦構造の中で，1950年代以降政治的独立を果たした新興アジア・アラブ・アフリカ諸国は「非同盟政策」（non-alignment policy）を掲げ，米ソ両大国のいずれとも軍事同盟を締結せず，植民地主義に反対して非同盟諸国会議を立ちあげた。『国際化時代の教育シリーズ 世界に子どもをひらく』によれば，このようないわゆる第三世界が「資源ナショナリズム」を自己主張することで，1974（昭和49）年の「新国際経済秩序樹立宣言」が国連資源特別総会で採択されたのである。

こうしたことを背景にして，1974（昭和49）年11月，ユネスコは第18回総会をパリで開催し，「国際理解，国際協力および国際平和のための教育ならびに人権および基本的自由についての教育に関する勧告」（以下，「国際教育勧告」と略称する）を採択した。勧告名からも推察されるように，国際理解，国際協

力および国際平和のための教育を，人権および基本的自由についての教育と密接不可分のものとしたことが注目される。また，勧告はこれらの教育をまとめて「国際教育」（International Education）と表現するように求めている。

ユネスコは従来，その理念を展開するために上述したように3つの主要な任務を遂行する経緯を「国際理解と国際協力のための教育」(1954) と呼んできたが，今回，勧告はそれらを観念的に論うだけでなく具体的なアクションを求めたということができる。川端末人は『国際化時代の教育シリーズ　世界に子どもをひらく』の中で，勧告はその行動計画が準拠できるものとして7つの「教育政策の指導原則」を定めたと主張している。

さらに，勧告は，ユネスコの国際教育が「拡張，侵略および支配の目的のため戦争に，あるいは抑圧の目的のため武力および暴力の使用に訴えるべきでないこと」，「国際理解と世界平和の強化に貢献すべきこと」，そして「あらゆる形態と種類の植民地主義と新植民地主義との闘い，また民族的，人種的憎悪を醸成するイデオロギーの外にあらゆる形態の多様な人種主義，ファシズムやアパルトヘイトとの闘い」に貢献することを求めている。

こうして，ユネスコの国際教育は質的な転換点を迎えたのである。この質的な転換は，1975年からの日米文化教育会議（United States-Japan Conference on Culutural and Educational Interchange，略称カルコン）の開催をもたらした。これによって，二国間の国際理解教育の共同研究事業がなされることとなった。また，1984（昭和59）年にはアメリカ，イギリスが，1985（昭和60）年にはシンガポールが，それぞれユネスコを脱退するという事態をみるに至った。わが国も国内外の情勢から微妙な変化を示すこととなる。

2　国際理解教育の展開

1　教育政策上の対応

前節においては，戦後民主主義教育の展開との関連においてユネスコの国際理解教育を見てきたが，1974年の「国際教育勧告」によってそれが質的転換を迎えたことが理解された。その60年代のわが国の教育政策上の対応の中で，中

央教育審議会（以下，中教審と略称）は「期待される人間像」（答申「後期中等教育の拡充整備について」の別記：1966〔昭和41〕年）を公表し，日本人のあり方の理念を明示し，注目されもし批判もされた。「期待される人間像」は「まえがき」と「第１部　当面する日本人の課題」と「第２部　日本人に特に期待されるもの」で構成されている。その第１部の中で，「今後の国家社会における人間像はいかにあるべきか」という課題を考察して，この人間像に対して３つの要請を行った。その第二の要請が，「世界に開かれた日本人であること」である。

次いで，勧告が出された1974（昭和49）年５月，中教審は「教育・学術・文化における国際交流について」を答申した。永井滋郎によれば，この答申は，「期待される人間像」の第二の要請，すなわち「世界に開かれた日本人であること」をより強く具体的に示したものである。この答申は，国際協調と国際協力が求められている世界情勢に呼応して，国際社会で活躍・貢献できる日本人を養成するため，教育・学術・文化における国際交流のあり方を根本的に改善・拡充することを求めたものである。なかでも答申は，国際社会に生きる日本人を養成する立場から，国際理解教育の推進を強調している。

この中教審答申は，従来の学校教育・社会教育が国際理解教育を推進するにあたって観念的であり具体的な実践にまで至っていないとし，またその一方で，ユネスコ協同学校や姉妹校活動を「その内容，規模において極めて貧弱で……一層の充実が期待される」としている。そして，「国際性を培い，国際理解を深めるという観点からも留意」すべきものとして海外・帰国子女教育を取り上げその充実を求めた。この答申からうかがえることは，ユネスコ主体の国際理解教育に対する批判と海外・帰国子女教育へのその重点の移動である。この答申を受ける形で「海外子女教育推進の基本的施策に関する研究協議会」が設置され，1976（昭和51）年に提出された報告書がその後の海外・帰国子女教育を方向づけた。

教育課程審議会（以下，教課審と略称）は1976年，この中教審答申の基本的な考えを引き継いで，家族，郷土，祖国を愛するとともに，国際社会の中で信頼と尊敬を得る日本人の育成を教育課程改善の方針の一つとしたのである。

2　臨時教育審議会の対応

　ここで日本ユネスコ国内委員会の仕事を紹介しておこう。それは先のユネスコの「国際教育勧告」（1974）を1982年に『国際理解教育の手引き』（日本ユネスコ国内委員会編）の中で取り上げたことに見られる。この手引きはユネスコが特にわが国の国際理解の教育に対して大きな影響を与えているとして、「国際教育勧告」を検討してみる必要性があると述べている。この手引きによると、勧告をきっかけとしてユネスコの国際理解教育がいっそう重大で深刻なねらいをもち、内容も多面的、包括的なものとなったとして、こうした新たな展開に対応する研究を促すかたわら、「『勧告』の実践については多くの困難な問題も含まれている」との見解を取った。

　一方、国内政治では新保守主義政策でレーガン、サッチャーと並置される中曽根康弘首相が、教育の世界で「臨時教育審議会」（以下、臨教審と略称）を1984（昭和59）年に首相直属の諮問機関とし、教育改革断行に踏み切った。臨教審は「教育改革に関する第4次答申」（1987）を最終答申として、教育改革の視点に、①個性重視の原則、②生涯学習体系への移行、③変化への対応の3点をあげた。この変化への対応に関係して、第4次答申は従来の欧米に追いつき型と異なる「新しい国際化の時代」に突入したとの認識を基本的に示している。最終答申は第一章、教育改革の必要性、の三、教育の基本的在り方、の中で教育目標としての人格の完成を実現するため、徳・知・体の調和のとれた教育がきわめて重要であることを指摘している。そして、「21世紀のための教育の目標」として、①ひろい心、すこやかな体、ゆたかな創造力、②自由・自律と公共の精神、③世界の中の日本人、が特に重要であることを強調している。世界の中の日本人とは、全人類的視野に立ってさまざまな分野で貢献するとともに、国際社会において真に信頼される日本人をさしている。4次にわたる答申の中では、「国際理解教育」という表現そのものは使用されずに、「世界の中の日本人」あるいは「国際社会の中に生きるよき日本人」の育成の方法論の中に収斂されている。

　そして、1987（昭和62）年の『文部時報——臨教審答申最終篇』の記述では、第三章、改革のための具体的方策、の第四節、国際化への対応のための改革、

の中で次の6点の提言を行っている。すなわち，
① 帰国子女・海外子女教育への対応と国際的に開かれた学校
② 留学生受け入れ体制の整備・充実
③ 外国語教育の見直し
④ 日本語教育の充実
⑤ 国際的視野における高等教育のあり方
⑥ 主体性の確立と相対化

3　学習指導要領と国際理解教育

　臨教審が1984（昭和59）年に発足する一方，中教審の方は休眠状態に入る。しかし，その前年の1983年に，第13期中教審はその教育内容等小委員会の審議経過報告において，今後重視されなければならない視点を4つあげている。すなわち，①自己教育力の育成，②基礎・基本の徹底，③個性と創造性の伸張，④文化と伝統の尊重，である。

　他方，教課審は中教審とは逆に12年振りの1986（昭和61）年に再開され，同年の「中間まとめ」において「学校週五日制」，小学校低学年の「生活科」，中学校の選択教科の拡大などの諸提言を行った。そして，教課審は「審議のまとめ」を1987（昭和62）年に発表し，同年12月に2年余の審議を経て最終答申「幼稚園，小学校，中学校及び高等学校の教育課程の基準の改善について」を提出した。そこで，教課審は教育課程の基準の改善の一つに「国際理解を深め，我が国の文化と伝統を尊重する態度の育成」を掲げた。

　この教課審の最終答申を受けて，文部省は1989（平成元）年に小・中学校の学習指導要領を告示した。これらの学習指導要領では，「我が国の文化と伝統を尊重する態度の育成を重視するとともに，世界の文化や歴史についての理解を深め，国際社会に生きる日本人としての資質を養うこと」が，教育課程改訂の基本方針とされたのである。こうしてようやく，「国際理解教育」の理念が学習指導要領の中に取り入れられることとなった。

3 共生社会

1 国際化とは

これまでに臨教審がその教育改革の視点の第三として「変化への対応」をあげ、その流れの中で「新しい国際化の時代」へ入ったことの認識を示し、国際化への対応のための改革の諸提言を行ったことを見てきた。これらの提言は今日着々と実現され、初等教育から高等教育まですっかり変容した感がある。

国内的には1980年代以降のバブル経済期に、また国際的には1990年代以降の冷戦構造の崩壊過程で現実のものとなった国際化という言葉には、3つの言葉を充てることができるような事態が見られる。それらは、佐藤郡衛が『新訂 国際化と教育』の中で述べている、インターナショナリズム、トランスナショナリズム、そしてグローバリズムの3つである。

政治、経済あるいは軍事の領域で見られるような国家間の相互関係が、インターナショナリズムと表現される。これは地域ブロック化の形態を取りブロック間の相互理解と利害調整を計るものもあれば、国際連合のような最大規模のものもある。

トランスナショナリズムは、国民国家や民族を越えた文化概念としての「脱国家・超国家」とも呼ばれ、「越境の日常化により事実上、国境が消失した状況」をさすといわれる。学校、職場、地域社会では、さまざまな言語・風俗・習慣・宗教をもった人々が学び、働き、生活するようになった。

このようないわゆるボーダレス化は今後ますます拡大していくであろう。こうして世界の諸国民・諸国家の相互依存関係は緊密なものとなり、世界が一体化した状況が出現してきている。こうした状況がグローバリズムと表現される。環境、人権、人口、食料、資源問題など一国あるいはブロックでは解決できないような問題は、地球規模で英知を結集して解決にあたらねばならない。

2 共生とは

臨教審最終答申以来、「教育の国際化」が主張されるようになった。そして、

この国際化にともなって登場してきたものが，競争社会を産み出す競争原理である。競争原理を導入しようとしている遠山プランによると，大学では国際競争に耐える30大学を，高校では30校のスーパー・サイエンス・ハイスクールを，小・中学校では全国1000校の重点校の配置が構想され，かつ実施に移されている。
　こうした競争原理・競争主義が教育の世界に何をもたらすのであろうか。これまでのわが国の教育は，受験競争あるいは受験戦争とまでいわれてきて，多くの子どもたちが傷ついてきたのではなかったか。人間が分断化され，深い孤独のうちにあったのではなかったのか。
　このような状況の中で競争原理の対抗軸として提出されているのが，「共生原理」であると思われる。共生原理という用語はあまり見うけられないが，共生社会あるいは男女共生社会といういい方は一般化している。この「共生」という概念は，元来生物学で（symbiosis）として使用され，ワロン（Wallon, H.）等の人間発達論の中で母子関係の有機的共生論から心理的共生論への展開過程で用いられてきた。今日わが国においても日常生活の中で，男女の共生といった形で多用されているが，古い共同体論と安易に結びつけられると個人の尊厳を犯すおそれも指摘される。
　堀尾輝久によれば，この共生はまず万物との共生において考えられている。欧米のとりわけ自然科学思想に見られる自然を支配・征服しようとする観念は，科学技術優先思想となって，自然の破壊・環境破壊をも結果的にもたらし，人類の生存さえ脅かしかねない状況である。このような状況下では，動・植物との共存を説いてきた東洋思想・仏教思想あるいは先住民族の自然を畏敬するような生活態度が，もっと見直されてよいのではないかと思われる。
　次に堀尾は万人との共生を考えている。ヨーロッパの政治思想ではホッブズ（Hobbes, T.）によって「万人の万人に対する戦い」といった思考が伝統的に見られる。このような思考のみでは，先の2001（平成13）年9月11日のような衝撃的なテロリズムを生み出すであろう。またその報復は報復を呼び，新たな不安が世界を覆うであろう。世界の諸国民・諸民族の共存と平和のためにも，「共生原理」の精緻な理論化が行われなければならない。
　結論的にいえば，競争原理と共生原理との弁証法的な止揚が求められる。堀

尾は日本学術会議主催のアジア学術フォーラムで，競争主義とは違う発想が求められたことを紹介し，そこでは「共生」「持続可能な発展」「生活の質」がキーワードになったことを強調している。学問論からすれば，成長神話と競争の原理を基軸とする従来の学問のパラダイムから，持続可能な発展と共生の原理を根幹とする新しいパラダイムへの転換が求められている。このパラダイムは，たとえば古沢広祐が『共生社会の論理』で紹介しているように，経済活動の中で「市場メカニズム」や「計画メカニズム」に対して，カウンター・エコノミー（対抗経済）としての「協議メカニズム」に見られる。それは，友愛の原理に基づき，協同組合セクターへの世界的関心の高まりなどにうかがうことができる。また，「共生」のテーマをめぐっては，花崎皋平が『増補版　アイデンティティと共生の哲学』の中で展開している論考，すなわち，「エスニシティとアイデンティティ」が注目される。

4　これからの国際理解教育

1　新学習指導要領

　教育の世界では，1980年代の臨教審に見られた国際化の施策を受けて，第15期中教審はその第1次答申「21世紀を展望した我が国の教育の在り方」（1996年）で「生きる力」をキーワードとし，同時に「国際化の進展は，人と人との相互交流・相互理解が基本である」として，共生を国際理解教育の第一の柱とした。具体的には，国際化への対応として「今後の国際理解教育の進むべき方向」でもある次の3つの視点が提言された。

①　広い視野を持ち，異文化を理解するとともに，これを尊重する態度や異なる文化を持った人々と共に生きていく資質や能力の育成を図ること。

②　国際理解教育のためにも，日本人として，また，個人としての自己の確立を図ること。

③　国際社会において，相手の立場を尊重しつつ，自分の考えや意思を表現できる基礎的な力を育成する観点から，外国語能力の基礎や表現力などのコミュニケーションの能力の育成を図ること。

こうした中教審答申をふまえて，教課審答申は1998年教育課程基準を改訂する方針の第一に，「豊かな人間性や社会性，国際社会に生きる日本人としての自覚を育成すること」をあげた。1998年の学習指導要領（2002年から実施）で「総合的な学習の時間」が新設され，小学校中学年は年間105時間，高学年は年間110時間，中学校では年間70～130時間が充てられる。この時間で国際理解，情報，環境，福祉・環境などの横断的・総合的な課題を学習すると例示されている。こうして，国際理解教育は明確に教育課程の中に位置づけられ，新たな段階を迎えたのである。

2 国際理解教育の新理念

国際理解教育は教科ではないが，「総合的な学習の時間」という教育課程の一領域でなされることとなった。これまでの国際理解教育は，教育課程のある領域，ある教科のある単元で実践するか，これらと国際理解教育の目標とが重層する箇所で行われてきている。したがって，国際理解教育は新たな実践の足場を確保したことになり，その発展的な新しい理念を提示している。佐藤郡衛はその著『国際理解教育』の中で，ユネスコの国際理解教育の展開と関連づけながら，佐藤は日本の国際理解教育に3つの発展的な理念型を示している。それらは，まず第一に1970年代までの「ナショナリズムとしての国際理解教育」であり，第二に1980年代の「グローバル教育」であり，最後に，これからの「ポストナショナリズムの教育」である。

前節でも見たように，今日「脱国家・超国家」のボーダーレス的な現象がいたるところで見られるようになった。国民国家の擬制性の知見が，政治学の領域で展開されてもいるように，われわれは「ポスト・ナショナリズムの時代」を迎えているといっても過言ではない。このような歴史の中での「ポスト・ナショナリズムの教育」は，佐藤によると，その基本的枠組みは多元主義であり，その価値は共生である。

要するに，ポスト・ナショナリズム時代の教育は多元主義を支柱とし，普遍的価値を共生の理念に置いている。しかしながら，花崎皋平が戒めているように，安易な共生概念の使用は避けねばならない。国民国家が，国内のエスニッ

ク集団，無国籍者，難民などの「人権」を保障しえない事態が，諸国家の政治状況に見られる。この国民国家の擬制性に代わり，要請されるものが「人類」概念であるといわれる。この「人類」概念，いいかえれば，「人類に属する」ということが，人権を現実に保障しうるかが，大きな問題なのであると花崎は述べる。この問いが，「私たち各人のアイデンティティの問題の本質にかかわる」という。共生という言葉を語る中には，このような「重い原理問題」が内包されているのである。

　この共生という概念は多義的であるが，佐藤は自己との共生，他者との共生，環境との共生の3つの次元から定義できるとしている。

3　国際理解教育の学習内容

　佐藤は，ポスト・ナショナリズム時代の国際理解教育の学習内容に4つの基本的視点をあげている。第一に文化的多元主義の視点である。われわれは，これまで自文化理解，異文化理解という二元論でもって文化を理解してきた。この文化のモダニズム的理解に揺らぎが見られる。佐藤も文化を「多元的かつ可変的に」とらえる必要性を指摘している。

　第二にあげられているのは，相互依存関係の視点である。経済活動を中心にして，政治的，社会的，文化的なグローバリゼーションの進展は，ここでもモダニズムの二分法的理解の見直しを迫っている。反グローバリズム運動を見据えながら，対等な相互依存関係における関係性の重要性が示されている。たとえば，少数・被抑圧民族の諸歴史が，社会科などの教科でも取り上げられる必要がある。

　第三は，地球規模の問題となっている「グローバル・イッシュー」の視点である。それらは，南北問題をはじめ，環境・開発・人権・難民問題等である。これらの問題と学習者である子どもたちが，どのように関わるかの関係性がここでも大切である。「知っている」から「わかる」段階を経て，いずれはボランティアなどとしての行為にまで至るよう，その学習を構成しなければならない。

　そして，佐藤が最後にあげているのが「共生」の視点である。上記において，

佐藤は自己との共生，他者との共生，環境との共生を示している。自己への気づきは，個性を含めて自分の自分らしさ，あるがままの自分を受け入れることであり，これが自尊感情，自己肯定感となり，自己との共生が可能になるとしている。この自己との共生ができだしてから，他者との共生，換言すれば，他者との関係を築くことができるであろう。こうしたネットワークは，次第に広がり，国籍・民族を超えて拡大するであろう。最終的に，新しい生活環境を作り上げていくことが，環境との共生というのである。

参考文献
（1） 堀尾輝久「地球時代とその教育」（岩波講座『現代の教育』第11巻所収）岩波書店，1998年。
（2） 永井滋郎『国際理解教育』第一学習社，1989年。
（3） 石坂和夫編『国際化時代の教育シリーズ　国際理解教育事典』創友社，1994年。
（4） 川端末人・多田孝志編『国際化時代の教育シリーズ　世界に子どもをひらく』創友社，1990年。
（5） 文部省『文部時報──8月臨時増刊号』ぎょうせい，1987年。
（6） 佐藤郡衛『新訂　国際化と教育』放送大学教育振興会，1999年。
（7） 天野正治『教育の国際化』玉川大学出版部，1993年。
（8） 古沢広祐『共生社会の論理』学陽書房，1988年。
（9） 花崎皋平『増補版　アイデンティティと共生の哲学』平凡社，2001年。
（10） 天野正治・村田翼夫編『多文化共生社会の教育』玉川大学出版部，2001年。
（11） 佐藤郡衛『国際理解教育』明石書店，2001年。

推薦図書
［1］ 大津和子『国際理解教育』国土社，1995年。
［2］ 庄司興吉編『共生社会の文化戦略』梓出版社，1999年。
［3］ 徐　龍達・遠山　淳・橋内　武編『多文化共生社会への展望』日本評論社，2000年。
［4］ 武田一博『市場社会から共生社会へ』青木書店，1998年。

（北川　明）

第19章　これからの教育哲学

　実際に行われている教育活動の現実を直視するとき，その活動を支えている諸要因について，単独的にあるいは関連的に，大きな問題が浮上してくる。教育者は時代の流れがあまりにも速いため，教育の目的・目標を考えるとき，究極的には子ども自身で探さなければならないことを忘れている。学ぶべき内容・文化の質および量は，日進月歩であり，人間の理解をはるかに超えている。教育環境は，あまりにも意図的になり過ぎ，子どもは精神的・肉体的な面でのゆとりを喪失している。そして，時代・社会は，有無をいわさず，人間を見知らぬ方向へと導いている。

　教育哲学は，目的である「生きる力」の付与を考慮に入れ，教育活動の現実における諸問題の分析とそれらの解決方法を提示しつつ，あるべき方向を示唆する。このような未来観においては，まず，教育活動が人間対人間関係を根底に据えているため，人間をどのように把握・理解すればよいのかが最大の課題になるであろう。次に，教育活動が時代や社会との関わりの中で行われているため，これからの時代や社会の趨勢をどのようにとらえるべきかが重要な課題になるであろう。

　これらのことから，考察する順序が導き出される。まず，いま生起している教育問題に焦点を合わせ，そのあるべき方向を示し，次に，人間観に焦点を合わせ，とりわけ人間の心を明らかにし，次に，いまの時代の新しい考え方を紹介し，最後に，未来科学，人間学を吟味・検討し，新しい考察方法を紹介する。

1　教育の諸問題に応える教育学

1　いじめ　不登校　学級崩壊

　教育の具体的な事例として，暗くて悲しい現実を列挙しなければならない。典型的なものは，いじめであり，不登校であり，学級崩壊である。

　いじめとは，強くて大きな力をもった者が，それを乱用することによって，力の弱い立場の者を意識的に，集団的に，精神的に，肉体的に侵害することを

いう。問題なのは，子どもの基本的人権が侵害されることである。

いじめで特徴的なことは，それをする側とされる側との相互性がなく，中心が明らかでないこと，標的を抱え込み，その標的をその都度変え，持続的であること，そして，それを起こす集団が閉鎖的であることにある。いじめの原因として，学校内の秩序が形骸化したこと，教師が尊敬の対象から外れたこと，子どもが精神面でいらだちを覚えるようになったこと，などが考えられる。いまのいじめの特徴として，人間関係においてつねに優位と劣位関係でとらえられ，他人への配慮を欠いている，種類として，言語的ないじめ，心理的・精神的いじめ，身体的いじめがある，構造的に，いじめっ子，いじめられっ子，観衆，傍観者の4層から成り立っている，などがあげられる。

次に，不登校とは，子どもが何らかの原因で学校に行かない状態もしくは行けない状態のことをいう。不登校の原因として，発達の早期からの選別および序列化，学校へ行くことのメリットのなさ，家庭と学校とにおける，豊かさと便利さにおける大きな隔たり，他人の痛みや苦しみに共感できない感性の喪失，そして，自己自身による自己の言動の不制御，などがあげられる。

最後に，学級崩壊とは，それぞれのクラスで，授業中，大半の子どもが自己をうまくコントロールすることができないため，授業そのものが成立しない場合をいう。セルフ・コントロールできない例として，立ち歩き，教師への接近，隣の子どもへのちょっかい，無断で教室から出ていくこと，教室から出ていって帰ってこないこと，大声を発すること，などがあげられる。学級崩壊の解消策としては，カリキュラムのボリュームの検討，教師の質の向上，副担任制，1クラスの子どもの数の減少化，などが考えられている。

ところで，上記の，いじめ，不登校，学級崩壊において，その原因を深く探っていくとき，偶然にも共通項が発見される。それらは，子どもは内面において焦燥感，すなわち，いらだちやあせり，さらには，不安感や孤独感などを抱いていること，また，子どもは自分の弱さやつらさや暗さに積極的に向かい合っていないこと，したがって，自分という者に自信をもつことのできない未完成の自我のみをもっていること，内面の中での喜怒哀楽が素直に外部に表現されていないため，人間関係における信頼関係が喪失されていること，などであ

る。

　ここでこれらの原因に注目し，子どもの側に近づき，暖かく支援し，子どもに生きる力をつけようとする動きがある。その方法を紹介してみよう。焦燥感，不安感，孤独感を取り除くため，失敗を許し，無駄を認め，時間をかける。子どもの自己世界内で穏やかに自己自身を見つめさせるため，沈黙を重視する。自分の感情を素直に表現したことが受け止められるように，共存的な関係を保持する。つまり，この方法の特色は，子どもの絶望的な心情やのっぺらぼうな情緒を，許されうる多くの時間を使用しながら，創造と想像の支援手段を通して，素直に表現させること，そして，従来の諸々の関係をもう一度取り戻し，自己創世的な自我へと導いていくことにある。

2　癒しと励まし

　このような方法を学問の中心に置き，他の科学や他の分野と密接に関係しながら，教育学自身の中に生起している学問，それが臨床教育学である。

　庄井良信によれば，臨床教育学は，3つの関係軸をもっている。それらは，①個々の子どもに直接関わること，②個々の子どもの心理的な特徴に関心を示すこと，③いろいろな事例によって技術開発に心がけること，である。

　臨床教育学は，子どもと子どもが置かれている具体的な環境に注目し，環境からの刺激による子どもの心理的な振動を鋭くキャッチし，それに基づく具体的な援助を通して，子どもが自己の所与の力に目覚め，その力によって創造し始め，自己自身の力で発達することを望む学問である。つまり，臨床教育学とは，子どもの心に寄り添いつつ，子どもの心を癒し，そして，これから生きていくための励ましを与える教育学である。

　現在，臨床教育学は，癒す方法論と励ます技術論をほぼ確立している。教師と子どもとの人間関係を平等的・対等的に保持すること，子どもを全面的に感受し，穏やかに応答すること，支援，援助を考慮に入れること，認知過程と情動表出とを心がけること，などである。

　現在行われている教育活動は1人の教師が30〜40人の子どもを対象に，一斉に行っている。この方法では，すべての子どもが教授されたことを完全に血肉

化するとは限らない。むしろ，内容を部分的に落ちこぼし，わからないことが蓄積されていくであろう。そうなると，子どもは感動から，語り合いから，喜びから遠ざかっていく。そこで，教授学は，わかる授業，楽しくわかる授業，みんなで語り感動し合える授業を志向するようになってきた。これから，教授学は視点を大幅に変更し，子どもの側に立った論理に立脚すべきである。

現代の社会は，経済的な効率を求めて，無駄や無理をできるだけ省き，一元的な価値観のもとで推移している。市場原理，競争原理，業績主義，成果主義の蔓延する環境では，子どもは商品としてのみ取り扱われ，けっして人間として取り扱われていない。子どもは人間として生きることや息をすることすらできない状況にある。直ちに必要なことは，視点をシフトし，子ども一人ひとりの生存や成長を確保し，子ども同士の連帯を保証すること，子ども一人ひとりの発達過程を見守り，創造と想像を通して，社会性を養成していくことである。

このような時代や社会であるがゆえに，臨床教育学はなくてはならない教育学の一つである。これからの教育哲学は，臨床教育学に対して，暖かい励ましのエールを送ると同時に，この後の成果に大きな期待をかけなければならない。

2　人間の心を大切にする教育学

1　荒廃した人間の心

臨床教育学を必要とする時代背景には，人間の心において，喜怒哀楽が素直に表現できない，無味乾燥化した状態にあることが理解される。

家庭に目を転じるとき，これからの人生に決定的な影響を与えるであろうしつけが軽視され，したがって，良心の育成や覚醒に大きな影響を及ぼしている。次に，学校に目を転じるとき，遊びの質的な変化によって，子どもは他人の心を察知することが苦手になっている。人間的情緒のなさ，自己中心主義，自閉的傾向の強さなどがその証拠としてあげられる。社会に目を転じるとき，現代という時代は，道徳，すなわち，当然のこととして現実や事実に従っていたことから解放し，倫理，すなわち，自己の良心の声に従って生きることをあまり強く要求しなくなった。

つまり，いまの子どもは，強い自我や超自我を中途半端にしか形成していないため，対象，とりわけ人間と上手に関わっていく方法や苦痛に耐えていく方法を知らないし，自己の感情を調整する方法すら知っていない。

いまという時代には，過去や現在や未来にいつでも立ち帰ることのできる自由に機能する心をもつこと，そして，置かれている現実をしっかりと認識し，将来を見据えながら，内側から自己を規定し，肩の凝らない新しい人間関係を創っていく心をもつことが要請される。なぜなら，このような心のあり様が，生き甲斐のある，将来，豊かな人生を約束してくれるはずであるから。

2　人間の心とは

荒廃した人間の心の現状を打破するため，学習指導要領は，人間の豊かな心による文化や社会の発展を強調し，道徳教育は，人間の心や生き方を問題にし，教育改革国民会議は，家庭を「心の庭」にたとえ，人間の心を重視している。

人間の心に関して，それがどこにあり，どのような機能をするのかが問題になる。心臓もしくはハートと答える人もいれば，頭における意識作用と答える人もいる。心は言葉としてはあるものの，その実態を客観的にしかも具体的にさし示すことは難しい。心とは非常に曖昧なものであり，把握困難なものである。

心とは，知覚し，記憶し，想像し，創造し，思考し，志向するところ，自己の感情を表現し，他者の感情をとらえるところ，意志表示し価値判断を下すところ，である。心とは，対象に関して自我を活動させ，さまざまな欲望を充足させるところである。心とは，知，情，意に関する意識作用が行われるところである。

ここで心の特徴を列挙しておこう。心とは，①自分を対象化し，自分の心の状態を把握することができる。②他人の心の中に入っていき，他人の心の状態を把握することができる。③自分の置かれている状況から，雰囲気を察知することができる。④価値観に基づき，より高い価値を追求することができる。⑤自己の行動を裏づけ，行動と密接な関係を保持する。⑥自分の意のままにできない，無意識的な部分をもっている。⑦未知で，不可解な部分をもっている。

⑧成長，発達，成熟する。⑨時々，病気になる。

　別の面からとらえるとき，心は次のような特徴をもっている。①空間をもっていない。②機能上，無限である。無から有を実現するきっかけを与える。③対象に対して開かれ，対象との間に存在する。④自分の考えからけっして逃れることはできない。

　心とは，別名，精神，たましい，自我，超自我，良心ともいわれている。とりわけ，良心について，次のようにとらえられている。①本性の中に存在し，名誉，純粋さを保持し，自己を失うまいとする。②体験や経験の過程の中で，また，知識や情報を吸収していく過程の中で，機能する。③是非，善悪，美醜の基準に従って機能する。④その機能においては，主観的な価値観から逃れることはできない。⑤権威やその装いの中で機能するのではなく，自ら目覚めてくるのである。

　道徳教育の究極的な目的は，良心の覚醒にある。その方法として，生活状況の中で具体的な生き方を自然に気づかせること，そして，他の者の良心の機能の仕方をサンプルにすることがあげられる。ただ蘇生させることを本質とする良心の教育において，待つこと，そして，手本を示すことが重要な意味をもってくるのは，この事実によっている。

3　心を教育する方法を探す

　まず，家庭において，親が心を教育する場合の心得について紹介しよう。

　①親は日常生活の中で，自然の形で，子どもに良い影響や感化を与えることができるように配慮しよう。親に必要なことは，人間として人格を研くように努力することであり，人間らしく生きていくように心掛けることである。②親は身近な物を媒介しながら，子どもと一緒に感動してみよう。親に必要なことは，子どもと一緒になって，本当の物，尊い物，美しい物，価値ある物，人間の立派な言動などに直接触れ，それらを素直に受け止めながら，「これは美しい」，「これはすばらしい」等と，自分の感動を子どもの前で素直に表現することである。また，「ありがとう」，「嬉しい」，「感謝，感謝」と，そのつながりに対する喜びや有り難さを子どもの前で素直に表現することである。③親は物

第19章 これからの教育哲学

質的な豊かさの追求のみに走ることを自ら戒めてみよう。親は，物質的な豊かさ，科学的な便利さが人間の生活に便利さや豊かさをもたらし，ある程度，心の充足感や満足感を味合わせてくれるが，しかしそれと同時に，人間の心を功利的にのみ機能させるため，思いやりや優しい配慮をしなくなるという認識をもつこと，そして，物に頼らなくても心の充足感が得られることを，子どもとの人間関係の中で教示するように心がけることである。

次に，学校において，教師が心を教育する場合の心得について紹介しよう。

①教師は子ども一人ひとりの心が自由に表現することのできる，よい集団作りに対して協力し，援助する。教師は子どもの心が響き渡る，子どもが安心して心を開くことのできる環境，支持的風土の漂う学級になるように配慮する。②教師は遊びやスポーツなどを通して，集団の規律が遵守できるように導く。そして，教師はその枠を社会生活にまで徐々に拡大し，実際の生活の中でそれが遵守できるようにする。③教師は子どもの良心の覚醒が教師自身の良心に基づいていること，教師自身の良心の機能から大きな影響を受けるという事実を踏まえ，表裏のある言動を絶対にしないように心がける。④教師は，とりわけ道徳教育では，具体的な内容と抽象的な内容との配列にバランスを保つように配慮する。⑤教師は言葉で指導することも大切であるが，実践力によって指導することも大切であることを十分に知っておく。⑥教師は子どもの心を読み取る努力をし，子どものあらゆる悩みに応えうる柔軟な態度を取ることができるように心がける。⑦教師は子どもの弱さを認める，弱さをいとおしむ教育論をもとに，まず，その弱さに対して自ら立ち向かう子どもの姿勢，次に，その弱さを徐々に克服していく子どもの姿勢を尊重し，このことが子どものこれから生きる自信につながるように配慮する。⑧教師は子どもを説教するのではなく，暖かく包み込み，耳を素直に傾けて聞く姿勢や時間を十分にかけ無駄と思われることをも許し待つ姿勢を，けっして忘れてはならない。⑨教師は子どもに公平な愛に基づく指導の手を差し伸べ，子どもと一緒になって解決の方法や糸口を探していく指導方法を実際に行使できるように心がける。⑩教師は子どもが集団で行う作業や討論の機会を許せる限り多く設け，心の交流が自由にできるように配慮する。⑪教師は読書の機会を作り，人生について真摯な態度で思考

することのできる習慣をつけるようにする。⑫教師はカウンセリングの機会を設け，子どもが自己を客観的に見つめることができるように配慮する。⑬教師はほめ上手になり，しかり上手になり，子どもの心に過不足のない充実感を与えるようにする。

4　高齢者への心配り

「21世紀はケアの時代」といわれている。学校に通っている児童・生徒・学生へのケアも重要であるが，これからの社会では，ケアの精神は高齢者にも生かされるべきである。

高齢者比が増加していく社会では，個人をあるがまま受けとめ，細心の配慮のもとに，諸々のニーズに応えていくケアのあり方が基本である。しかし，この方針は，介護する者に，あまりにも大きな負担を強いることになりかねない。肉体的・精神的配慮と愛情をともなった相互配慮とは，どうあるべきであろうか。

ケアの本質とは，人間と人間との関わり合いでは，相手を自分の中に受け入れ，相手とともに見て，感じるという，共感と受容の態度，すなわち，その感情を経験・共有し，それに即座に対応する姿勢である。感情を共有することにおいて重要になることは，己を完全になくして相手の経験を無条件に受け入れ，それに反応することである。いわゆる没入することであり，沈潜することである。この感情は内からの自然な心情的な動きに依存している。しかし，それに対して，倫理感から出てくる没入，沈潜があることも事実である。

高齢者へのケアのあり方は，以下の通りである。①高齢者ケアには，自然的ケアと倫理的ケアが必要である。②高齢者ケアの場合，人間関係の「われーなんじ関係」，ケアの相互性が継続性につながる。③高齢者ケアとは，自律と自己決定権を認めつつ，ケアを受ける者の利益や福利を最大限に認めていくことである。④高齢者ケアは，主体性，セルフ・ケアを全面的に認めていくべきである。⑤高齢者ケアの場合，ケアをする者の満足度や充実感等も考慮すべきである。

つまり，これからの教育哲学は，子どもや高齢者を含めたあらゆる人間の心

に関心を示し，その心を大切にする教育学の樹立に向けて努力を惜しんではならないのである。

3 人間の「生」と「死」を考える教育学

1 広い意味から「生」に取り組む教育

　「生」をより広い意味からとらえ，それをより豊かにする方向として，平和教育，国際理解教育，異文化理解教育，環境教育，人権教育等があげられる。

　平和教育では，まず戦争をしない，戦争がないことが求められ，次に，いろいろな差別や抑圧，飢餓や貧困，環境破壊や人間破壊等がないことが求められる。つまり，平和教育では，一人ひとりの人権の尊重のもとで，人格が完成され，彼らによって平和的な社会や国家が形成されることが求められる。

　国際理解教育とは，人間間，国家間にあるすべての相違を認めながら，国民同士の相互の理解を深め，世界の平和と人類の福祉の樹立をめざし，人類としてのより高度な連帯を創造することを目的としている。戦後の国際理解の教育は，ユネスコ（国際連合教育科学文化機関）によって国際協力が推進されている。

　異文化理解教育では，異文化であるという理由から排除・排斥・軽蔑するのではなく，虚心坦懐の立場から，それらの背後にある世界観や価値観を認め合い，それらの交換・交流によって，相互の向上が図られる。

　地球時代を迎えた今日において，人間が生きていくためには，地球の自然からの恩恵に与らなければならないが，限度以上の活用は環境破壊や人類破壊へと導く。環境教育では，人類と地球とが生き残れる，共生思想が探求される。

　人権教育では，世界人権宣言や日本国憲法に従って，人間としての基本的人権を保持する国民が育成される。人間としての基本的人権とは，人間の生存と発達の権利を保障する普遍的権利である。生存と発達に関する限り，教育が基本的人権の実現に向けて大いに寄与している。この人権を子どもの立場に立って国際的に保障しようとする条約が，「子ども権利条約」である。

2　「生」の教育

今日，教育の場において，生の教育の必要性が，さらには，従来の学問の枠組みを超えた研究の必要性が叫ばれるようになった。主に医学の発達による遺伝子治療，クローン技術，代理母，人工授精等の成功によって，従来の価値観に揺さぶりがかけられているからである。安楽死，人工中絶，クローン人間誕生に際しては，必然的にインフォームド・コンセント（説明と同意）に基づいていなければならない。積極的な自己決定権の行使である。

「生」に関して，「スパゲッティー症候群」という言葉があるように，種々の機械と管を付け生命を無理やり維持する場合，その質的な面が問題となるのかそれとも問題にならないのかが提示される。また，人間の始期について，厳密な意味において，いつ頃から人間としての権利が生じるのかという問題が提示される。胎児の生物学的な身分から道徳的な意味での人格へと発達していく過程において，生きる権利を誰が認め，誰が否定することができるのであろうか。この生の問いに関して，回答はまだ明確には示されていない。

われわれの身近な問題である生命倫理の問題は，内容や原理中心の理論的な側面から，ケース毎の生死判断の側面から，綱領や規定の側面から，そして，文化的・社会的側面から，本格的に考察されなければならない。

有限的で相対的な生の教育は，普遍的で絶対的な死の教育を考えることによって，充実させることができる。つまり，生の教育は死の教育と一体化し，死を考えることによって生を回復させることを本質としているのである。

3　「生」への教育

人間が人間として「生きる」ためには，食べることを抜きにしては考えられない。しかし，現在，食べることがおろそかになっている。栄養学上，アンバランスの状態が続き，家族の者と一緒に食事をしない個食や一人で自分の部屋で食べる孤食が増えている。

教育現場では，キレる子どもが増えている。その原因の一つとして，脂肪摂取量が増加したことが考えられる。外食や加工食品が増え，米の消費量が減少したためである。家庭教育や学校教育の中に食育を取り入れるべきであるとの

意見が出ている。

　食育を考える場合，糖類摂取の仕方が重要になる。糖類に2種類あるが，一方は，ごはんやパスタなどの多糖類であり，持続的にエネルギーを燃やしていく。他方は，砂糖などの二糖類であり，瞬間的に燃焼させ，血糖値を急激に高める。現在，それらの糖の摂取量の割合が4対1から1対4になり，完全に逆転している。食育を行うとき，この事実を前提に，2種類の糖の特徴を踏まえ，バランスよく摂取していくように導いていかなければならない。

　2002年から「総合的な学習」が開始された（高等学校は2003年から）。現在，提案されていることは，その学習の中に食育を位置づけ，食べることを多角的および立体的にとらえる方法である。

　つまり，食の問題は人間が生きていくための基本である。したがって，これから教育は，従来の知育，徳育，体育に食育をつけ加え，4つの柱として位置づけられるべきである。服部幸應はこの4つの柱によって教育が完成することを強調している。

4　「死」の教育（デス・エデュケーション）

　最近では，人間の死の場所が家庭から病院等に移ったためか，死に直接遭遇する機会が少なくなった。死のこのような標準化に，ある種の怖ささえ感じられる。

　家庭での死の場合，医療が患者の心の中にまで入り込んでいくことはなかった。しかし，病院での死が普通になってくると，医師と患者の関係，医療と患者との関係が密になり，肉体的なケアはもとより心理的なケアまでも担わざるをえなくなってきた。問題なのは，医療施設の充実が看護への期待を重くしていることであり，「死」の問題が日常生活から遠ざけられることである。

　教育の現場でも，この事実に基づいて，死の問題，老いの問題，病気の問題等をも直接的に取り扱われるべきであるという意見が多く出てきている。現代の子どもは，これらの問題に関して，無菌の状態であってはならない。

　この状況から，「死」の教育，デス・エデュケーション，死生学（タナトロジー），死への準備教育がクローズ・アップされてきた。デーケンは「死への

準備教育」の目標として，12項目あげている。死へのプロセスに対する理解，人間らしい死に方を考える，死のタブー化をやめよう，死への恐怖と不安への対応，生命への脅威，病名告知とスピリチュアル・ケア，ホスピス運動，安楽死について，臓器移植の考え方，葬儀に子どもを参加させる意義，ユーモア教育のすすめ，死後への考察，である。文部科学省も幼児期からそのような教育をすべきであること，また，総合的な学習においても，その対象として死の問題を考えること，そして，人間の捉え方として，限りある命に言及しながら，有限性における死の問題があげられている。

しかし，初めて行うデス・エデュケーション，死生学において，唯一考慮しなければならないことは，精神を人工的に埋めていけばよいという単純な普遍性である。「死への準備教育」は与えられた生命をよりよく生き抜いていくライフ・エデュケーションでなければならないのである。

つまり，これからの教育哲学は，人間の生と死に焦点を合わせ，それらについて考察する教育学の樹立に向けて，努力を惜しんではならないのである。

4　教育哲学のこれから

1　教育活動の6つの要因のさらなる検討

教育哲学は，教育活動における6つの要因やそれらの関連に目を向け，それらの問題点や本質を明らかにしつつ，教育活動全体のあるべき姿を追求している。現在，教育哲学が焦眉の問題としてあげていること，そして，それらの本質を究明することに尽力していることを紹介しておこう。

教育者に関して指摘されていることは，方法の選択自由の問題，子どもとの年齢差の問題，進取の精神の問題，リーダーシップの問題，理論と実践との合一の問題等々であり，目的・目標について指摘されていることは，内容の問題，設定方法の問題，定着度，すなわち学力の問題，学校教育における目的・目標と人生における目的・目標との関係の問題等々であり，そして，教える内容，文化・文明について指摘されていることは，急速的な拡大化・複雑化・豊富化の問題，二極分化の問題，伝達と創造の位置づけの問題等々である。

子どもについて指摘されていることは，少子化の問題，兄弟・姉妹の少なさの問題，人間関係の希薄さの問題，しつけの問題，遊びの種類・方法の問題，運動不足の問題，塾通いの問題，過保護・過干渉の問題等々であり，教育環境について指摘されていることは，学級の人数の問題，学級に漂っている雰囲気の問題，物理的・精神的環境づくりの問題等々であり，そして，時代・社会環境について指摘されていることは，時代・社会全体を覆っている価値観の問題，生涯学習社会，福祉教育社会，国際理解教育社会到来の問題等々である。

2 哲学の吟味と検討

　ボルノーは『新しい教育と哲学』の中で，現代ドイツ哲学における3つの様相，すなわち，人間学，言語哲学，認識論に言及している。

① 哲学的人間学

　この人間学はシェーラーによって樹立されてきたが，途中，ヤスパースやハイデッガーによって異議が提起され，その後，この人間学が哲学全体の中でいかなる位置を占めるべきかについて，明らかにされていない。人間にとって重要なことは，自分自身についてその本質をしっかりと知ることである。このような問いかけは，従来の認識論を超越するかたちで，新しい認識論的基礎づけにまで導いていった。ボルノーは新しい認識論の特徴をあげている。①理論的な態度は自分自身の中に安住することができず，行動している生活の中から後になって初めて結果として生ずる。②認識の基盤の中には，意志衝動，感情，気分などの基底層が入り込んでいる。現在，哲学的人間学が哲学的思索の中で人間を解明する基礎部分であるとまでいわれている。最近では，カッシーラー，プレスナー，ラントマンがこの分野で活躍している。

② 言語哲学

　いままで哲学は言語に関してあまり強い関心を示すことはなかった。しかし，カッシーラー，リップス，ハイデッガー，ガダマーらの活躍により，言語哲学が現代の哲学的探求の中核に食い込んできた。むしろ，言語哲学が哲学的人間学にとって代わろうとしている。ボルノーはその理由を明らかにしている。①人間は言語によってのみ事物を知覚することができる。②言語はいずれも一定

の世界観を体現している。③言語の援助によって形作られた形象をもとに，生のさまざまな物が紡ぎ出される。④どのような言語も，世界の中に行為的に，また形成的に関与する決断である。⑤言語の力は，単に外部の現実に関係するだけではなく，人間の自己形成にも関係する。

③　認識論

認識論が現代ドイツ哲学の諸相の中に入れられるかどうかは疑問である。しかし，認識論が人間状況を明らかにするために，また，哲学的認識を検討するために，重要な位置を占めてくる。

認識論に関してボルノーは次のことを提案している。①認識論は人間学的基盤のうえに新たに基礎づけられるべきである。②認識論は言語哲学的問題設定とも連関すべきである。

ボルノーは3つの様相が必然的に相互連関していることを強調しつつ，次のことを指摘している。①哲学的人間学が根源的な認識論的問題設定の深化および拡大として把握されるべきであること，②認識論的問題設定を新たに基礎づけることが肝要であること，③認識論は人間学的基礎づけをもとに構築されること，④確実化されるプロセスは循環でなければならないこと，⑤人間の言語そのものは媒介と形成の2つの要因をもっていること，⑥認識は解釈者による批判を帯びていること，を。

教育哲学は，これから，現時点における哲学の諸相にも関心を向け，教育学における人間学的な考察方法等を大いに参考にしていくべきである。

3　人間や世界の把握の仕方の検討

人間や世界の把握の仕方には，いろいろある。その方法を紹介しておこう。

①　一元論的な把握方法

人間や世界をただ一種の実体だけでとらえていく方法をいう。具体的な例として，唯物論，唯心論があげられる。

②　二元論的な把握方法

人間や世界を二元論的な観点からとらえる方法として，デカルトの物心二元論があげられる。対をなしている例として，個人的―集団的，理論的―実践的，

認識的―行動的，絶対的―相対的，固定的―流動的，形式的―実質的，精神的―物質的，内面的―外面的，普遍的―特殊的，一般的―特殊的，意識―内容，意味―心意，生命―理念，自然―理性，感性―道徳性，理念的客観性―感性的客観性，体験―表現，素質―環境，先天的（ア・プリオリ）―後天的（ア・ポステリオリ），生命の統一性―体験の多様性，主観的―客観的，場所―時間，マクロ―ミクロ，近視眼的―遠視眼的等があげられる。
③　三元論的な把握方法
　人間や世界を三元論的な観点からとらえる方法として，巨視的―微視的―差異的，全体―部分―比較，理性的―感性的―悟性的，知―情―意，知識―感情―意志，X軸―Y軸―Z軸，過去―現在―未来があげられる。これらは3つが集まって初めて1つになる統合体を示している。
④　四元論的な把握方法
　人間や世界を四元論的な観点からとらえる方法として，上下―左右―前後―時間があげられる。しかし，これらはさらに②の二元論的な観点，すなわち，場所（上下―左右―前後）と時間に分析される。
　教育哲学は，これから，これらの把握方法を参考にしながら，教育諸活動を多角的・多様的にしかも遺漏なく把握することができなければならない。

4　教育学に関する学会のあり方への示唆

　教育学に関する学会は，その運営を通して，教育学発展のために寄与している。しかし，教育現場で生起しているさまざまな問題，たとえば，不登校13万人余に対して，学会は適切なアドバイスを行っているのであろうか。
①　目的に関して
　教育学に関する学会は，教育学一般やその専門分野の研究・発展に寄与することを目的として組織されている。しかし，教育において，諸問題が続出しているため，学会の役割について疑問視されている。
　しかし，それらの疑問点を払拭する方法はある。理論と実践とを結合・合一させることである。具体案を示してみよう。(1)学会全体の構成メンバーを，理論家と実践家とをほぼ同数にする。(2)現場で実践している教師が学会に気軽に

参加できる雰囲気を作る。(3)実践している教師の考え方が理論研究家に理解できる機会を設ける。(4)新しい理論をやさしく表現し，誰にでも理解できるようにする。(5)理論研究家が現場の教育諸問題を直視することのできる機会を設ける。

② 構成に関して

　教育学に関する学会は，登録された会員による会費で運営されている。年1回，新規に登録された会員を含めた新会員名簿が届けられている。会費納入のための用紙が同封されて。ただそれだけである。

　会員の間では，その学会の総人数，性別構成，年齢構成，地域構成，専門領域の分布，最終学歴・出身学部等についての情報をもとに，会員相互の情報交換を図りたいとの意向が強い。もちろん，個人情報であるゆえ，プライバシーの侵害のことも考慮しなければならない。できる範囲とできない範囲を確認しつつ，できるところから早急にまとめていかなければならないであろう。

　これらのことは，学会の存続の観点から，明らかにしておかなければならない事柄でもある。

③ 階層に関して

　教育学に関する学会発行の会員名簿には，教育学という専門分野を研究する所属機関は掲載されているものの，会員の出身大学，大学院，取得学位，専門分野等に関しては掲載されていない。会員の中には，プライバシー侵害にならない程度に，いろいろな情報を自由に入手したいとの意向はけっして弱くはない。とりわけ，学会の役員等に関して，少数の大学による固定枠によって決められ，性別的に偏りがあること，学会そのものの運営が歴史のある大学のある明白な階層構造によっていること等の声や意見を耳にする。この滞り現象は，ある一部の人々に任せておけばよいのではとの無関心層や無責任層を生んでいる。

　つまり，教育哲学は，これから，学会の目的，構成，階層に働いている力学に焦点を合わせ，それらが納得のいく方向で生まれ変わるように働きかけ，教育の理論と実践とがうまく結合でき，教育諸問題のための捨て石になる役割をも担っているのである。

参考文献

（1） ボルノー，浜田正秀訳『新しい教育と哲学』玉川大学出版部，1978年。
（2） 小此木啓吾『こころの進化』CBSソニー，1982年。
（3） 倉田侃司・山﨑英則編『教育の原理と実践』ミネルヴァ書房，1995年。
（4） 曽我英彦・棚橋　実・長島　隆監修『生命倫理のキーワード』理想社，1999年。
（5） マギー，須田　朗・近藤隆文訳『哲学人』（上）NHK出版，2001年。
（6） デーケン『生と死の教育』岩波書店，2001年。
（7） 山﨑英則「日本——心の教育」『SCIENCE of HUMANITY』2001年9月，勉誠出版。
（8） 河合隼雄『臨床教育学』（河合隼雄著作集5）岩波書店，2002年。
（9） 庄井良信『癒しと励ましの臨床教育学』かもがわ出版，2002年。
（10） 服部幸應「食を通して世界を見つめる目を」『悠』2002年8月，ぎょうせい。

（山﨑　英則）

人名索引

ア行

アキナス, S. T.　182
アップル, M.　226-227
アドルノ, T. W.　55, 103
アリエス, Ph.　66
アリストテレス　15, 36, 133
アレント, H.　59, 77
アンツ　162
今泉博　62
イリッチ, I.　68, 182, 242
ヴァイス　162
ヴァグナー　164
ヴィゴツキー, L. S.（ヴィゴツキー, Л. С.）　83, 107, 190, 201
ヴィンデルバント, W　146
ヴェーニガー, E.　140, 160, 162, 171
ウェーバー, M.　51, 158, 162, 164, 173
上田薫　7
ウェンガー, E.　77
エルカース, J.　158
エンゲルス, F.　191
オーエン, R.　191
岡部彌太郎　98, 106
オニール, W. F.　181
オールドマン, D.　69
小原國芳　73

カ行

海後宗臣　42
カウンツ, G. S.　182, 216, 217
柏木惠子　73
カッシーラー, E.　158, 273
河原和枝　71
カント, I.　2, 18, 66, 67, 134, 145-149, 161
岸本英夫　27
キルケゴール, S. A.　177, 178
キルパトリック, W. H.　10, 181, 216, 217
ギンティス, H.　222, 227
クインティリアヌス　15
グッドマン, P.　182
クラフキー, W.　142, 174, 220
クループスカヤ, N. K.（クループスカヤ, Н. К.）　142, 190, 193
クワイン, W. V.　142
ケイ, E.　4, 12, 73, 194
ゲゼル, A. L.　84
ゲーテ, J. W. v.　71
コーエン, H.　146-149
ゴーリキー　197, 198
ゴールトン, F.　74
コーン, J.　158, 164
コメニウス, J. A.　16, 20, 39, 133
コルチャク, J.　202
コンドルセ, M. J. A. N. M.　194

サ行

斎藤純一　61
サソン, L. A.　183
佐藤郡衛　258
佐藤学　40
サルトル, J. P.　176, 177, 179, 182
サン・シモン, C.-H.　191
ジェイムズ, A.　77
ジェームズ, W.　142, 204, 206-207
シェーラー, M.　164, 273
シェリング, F. W. J.　138
シェルドン, E. A.　209
渋谷望　69
シャーツキー　196
ジャンセン, A.-M.　73
シュタイナー　16
シュプランガー, E.　16, 19, 20, 140, 160, 162, 164, 165

人名索引

シュモラー 164
シュライエルマッハー, F. E. D. 53, 160
シュルツ, W. K. 158
ジョンストン, J. S. 183
ジョンソン, M. S. 84
白石浩一 26
ジルー, H. A. 227
新堀道也 57
鈴木三重吉 71
スホムリンスキー, B. A. 190, 201
ソクラテス 15, 132
ソーン, B. 72
ソーンダイク, E. L. 101, 215
ゾンバルト 162, 164

タ 行

ダーウィン, C. 70
ダーマー 174
ターマン, L. M. 215
ツァイハー, H. 70
ツィラー, T. 10, 152
ディルタイ, W. 140, 160, 162, 163, 170
デーケン 271
テノルト, H-E. 158
デューイ, J. 4, 16, 19, 20, 85, 104, 117, 142, 158, 181, 183, 194, 204, 207-209, 212, 215, 217
デュルケーム, E. 53, 160
寺崎弘昭 78
テンニース, F. 164
ドゥルーズ, G. 77
トンプソン 84

ナ 行

中曽根康弘 253
中西新太郎 75
中野敏男 76
ナッシュ, P. 186
ナトルプ, P. 139, 145-160
ニイル, A. S. 55, 185
ニーチェ, F. W. 74, 140, 177, 178, 183

ネラー, G. F. 181, 182
ノール, H. 54, 140, 160, 170, 171

ハ 行

ハイデッガー, M. 140, 177-179, 274
バウアーズ, C. A. 180, 182
ハヴィガースト, R. J. 87
パウルゼン, F. 162
パーカー, F. W. 211-212
パース, C. S. 142, 204-208
ハチンズ, R. M. 182
服部幸應 272
ハーバーマス, J. 59, 142, 219-222
バーンスティン, B. 223
ピアジェ, J. 70, 83
ビネー, A. 70, 102, 215
ヒューム, D. 134
フィッシャー, K. 145
フィヒテ, J. G. 19, 53
フーコー, M. 55, 99
フェニックス, P. H. 187
フッド=ウィリアムズ, J. 69
ブーバー, M. 177, 179, 186
ブラウト, A. 77
ブラウンミュール, E. v. 70
ブラット, A. M. 72
ブラトン 15, 20, 36
ブラメルド, T. 182
ブランケルツ, H. 147
フーリエ, C. 191
フリードリッヒ, C. J. 58
フリットナー, W. 140, 160, 162, 170
ブルーナー, J. S. 85
ブルデュー, P. 224-225
フレイレ, P. 227-228
ブレスナー 273
ブレツィンカ 173
フレーベル, F. W. 4, 16, 20, 41, 135, 194, 212
フロム, E. 55, 236
ブロンスキー 196

フンボルト, W. 2
ヘーゲル, G. W. F. 19, 138, 145-146, 207
ベーコン, F. 133
ペスタロッチ 4, 16, 18, 20, 135, 194, 212
ヘファナン, H. 98, 106
ヘーニヒスヴァルト 160
ヘルクナー 164
ヘルバルト, J. F. 8, 16, 18, 39, 53, 130, 137, 145, 150, 152, 160, 173, 212
ヘルム, J. 68
ヘルムホルツ, H. 145
ホール, G. S. 215
ボールズ, S. 222, 227
ポストマン, N. 75
堀尾輝久 256
ホルクハイマー, M. 55, 103
ボルノー, O. F. 16, 162, 174, 186, 187, 200

マ 行

マカーレンコ, A. S. (マカーレンコ, A. C.) 142, 190, 196, 199, 200
マルクス, K. 191, 192
マルセル, M. 177, 179
マンハイム, K. 162
ミード, G. H. 142
宮澤康人 37
ミラー, A. 55
武者小路実篤 26
村井実 130
モイマン, E. 160
モーレンハゥアー, K. 143, 220

モリス, V. C. 181, 182, 184, 185
モレンハウアー, K. 55
モンテーニュ, M. D. 133
モンテッソーリ, M. 16, 19, 41, 194

ヤ・ラ・ワ 行

ヤスパース, K. 27, 141, 177, 179, 274
ヨアス, H. 119
ライス, J. M. 101
ライプニッツ, G. W. 134
ライン 10
ラッセル, B. 26
ラブレー, F. 133
ラングラン, P. 235
ランゲフェルト, M. J. 19, 140, 160, 172
ラントマン 274
リット, Th. 103, 160, 162
リップス 162, 274
ルソー, J. -J. 4, 16, 18, 20, 37, 54, 71, 212
ルナチャルスキー 196
ルベルチェ 194
レイヴ, J. 77
レーニン, B. И. 191
レーヒイ, B. B. 84
ローティ, R. 122
ロート 89
ロタッカー 162
ロック, J. 134, 212
ロッホナー, R. 160, 173, 174
ワトソン, J. B. 85

事項索引

ア 行

アイデンティティ 13,51
アイデンティティ形成 119
『アメリカ教育使節団報告書』 14,17
あるための学習 237
ある様式 237
アンソロポゴジー（anthropogogy） 94
アンペイド・ワーク 69
生きる力 15,17,21,22,262
意志陶冶 148
いじめ 13,262,263,276
依存型 186
一元論的な把握方法 275
『一般教育学』 137
異文化理解教育 270
癒しと励まし 264
インターナショナリズム 255
インフォームド・コンセント 271
ヴァージニア・プラン 217
ヴィゴツキー・ルネサンス 202
『生まれながらの教育者』 168,169
永続的独学者 238
『エミール』 134
大きな物語 59
オーセンティック・アセスメント（authentic assessment） 108
オスウェゴ運動 209-210
劣った人間パラダイム（Mindermensch-Paradigma） 70
大人―子ども 75
恩物（Gabe） 136

カ 行

海外・帰国子女教育 252
開化史段階説 210
改正教育令 14
改造主義 180
概念 147
各学校令 14
学習指導要領 45,254
学習指導要領一般篇 17
学習社会論 236
学習成果の社会的還元 245
学習レディネス 84
学制 14
学問のパラダイム 257
学歴社会 233
価値判断論争 163
学級崩壊 13,261,262,275
学区制の緩和 14
学校化社会 242
学校教育法 17
学校労働 69
可能性の条件 147
カリキュラム 28
カリキュラムの多様化 33
カリキュラム・ポリティックス 226
カリスマ的権威 52
感覚運動的行動 83
環境教育 270
関係 154
関係性 185
関係能力 113
感情労働 73
カント主義 147
管理や禁止 13
騎士の学校 19
『期待される人間像』 17,252
規範的精神 163,164
義務教育制度 41
客観科学 151-152
客観的所与性 23,25
客観的精神 163,164

教育改革　247
教育学の概念　147
「教育学の科学的性格について」　165
教育学の哲学的基礎づけ　145
教育課程審議会　252
教育技術　38
教育技術の自然的心理学　157
教育基本法　14, 17, 46, 248
教育形態　43-45
教育現実　147
教育行為の個別化　157
教育構造論　42
教育実践　40-42
教育州　71
教育主体と教育客体との関係　41
教育測定　101
教育的タクト　54
教育的人間学　92
〈教育的〉パターナリズム　72
教育内容　44-45
教育ニ関スル勅語　17, 247
教育人間学　7
教育の原理的な二律背反　93
教育の目標　149-153
教育評価　105
教育方法　42
教育目的　47
教育目標　46
教育令　14
教育を必要とするヒト（homo educandus）　68
共依存的関係　78
教化　42
教科書　45
〈教師―生徒〉関係　68
共時モデル　66
教授・学習指導　38
教授学の優位性　92
教授法　46
教職の専門化　46

共生　256
共生原理　256
強制の理論　88
競争原理　256
共通カリキュラム　30
共通精神　163, 164
ギルドの学校　19
近代自然科学　145
近代的教育方法　37, 39-42
草の根の指導者　245
グローバリズム　255
ケアの本質　269
経験　147
経験主義　182, 183
経験的教育学派　160
経験的心理学　154
経験の連続的な再構成　86
形成途上にある大人（adults-in-the-making）　70
ゲスト・ティーチャー制度　14
権威主義的性格　55
『限界なき学習』　234
言語コード理論　223
現実の形成　113
現存（Sein）　89
現存在　179
『現代文化と国民教育』　168
『権力への意志』　177
公共圏　77
構成主義学習論　108
構造心理学　163
講壇教育学　157
公的空間　60
校内暴力　13
荒廃した人間の心　265
校風　44
合理的権威　52
ゴーリキー・コローニヤ　197
国際化　255
国際教育（International Education）　251

283

事項索引

国際教育勧告　250
国際スホムリンスキー連盟　203
国際マカーレンコ連盟　203
国際理解教育　249, 269
『国際理解教育の手引き』　253
『国民学校の固有精神』　168
国民学校令　14
国民精神作興ニ関スル詔書　14
心の教育　18
心を教育する方法　266
個人化　114
個人的目的　18
個人的目的＋社会的目的　18
個性　153, 156
子ども期の死　74
子ども期の消滅　74
子ども期のフェミニズム化　73
子ども権利条約　269
子ども生活空間の島化　70
コミュニケーション的行為　60
コミュニケーション的合理性　59
コミュニティの権威　95

サ 行

再構成的心理学　153, 155
三元論的な把握方法　275
ジェルジンスキー・コムーナ　197
自己管理的学習　237
自己規定　92
自己決定学習 self-directed learning　239
自己実現　92
自己定義の剥奪としての暴力　68
自己の形成　113
事実　147
支持的風土　268
自然の拘束　157
シチュエイション　89
実証主義　145
実践理性の優位　146
『実存開明』　179

実存主義　140
実物教授　209
児童研究運動（child study movement）　215
児童中心主義　214, 216
『死にいたる病』　178
思弁的教育学派　160
資本制的家父長制　69
社会化アプローチ　72
社会主義　141, 190
社会主義教育　190
社会主義的教育学　191, 192
社会的学習課題　234
『社会的教育学』　150
社会の性差（gender）　68
社会的本能　195
社会的目的　18
習慣　86
集団づくり　199
自由7科　16
自由の理論　88
主観科学　152
主観的所与性　23
主観的精神　163, 164
主観と客観との結合　25
主体性　177, 179
主知主義　151
シュプランガー教育学　162, 167
純粋主観科学　151-152
馴致力　86
生涯学習　86
象徴的行動　83
殖産興業　13
女性および女性市民の権利宣言　67
心意（Seele）　149
進化論　70
新カント派　145-146, 157-158
新カント派教育学　139
新教育　54
新教育運動　209-212
人権教育　270

進歩主義　180
進歩主義教育（progressive education）　142, 184, 185, 214, 216
進歩主義教育運動　207
進歩主義教育協会（Progressive Education Association）　216
親密圏　61
心理学　151-157
垂直的統合　235
水平的統合　235
スパゲッティー症候群　271
生産性　92
成熟　92
『精神科学序論』　161
精神科学的教育学派　160
精神科学的心理学　163
成人性　92
精神世界　202
精神的文化　24, 25
精神の文化的・歴史的発達理論　202
生成即建設　25
正統的周辺参加　77
生徒＝躾けられる者（Zogling）　68
制度的文化　24, 25
西南ドイツ（バーデン）学派　146, 157
生の経験　24
『生の形式』　163, 168
性非行　13
生物学的性差（sex）　68
性別役割分業　69
性別役割分業システム　73
『世界図絵』　133
世界－内－存在　178, 179
セックス／ジェンダー・システム　72
潜在的カリキュラム（hidden curriculum）　227
全体的哲学　148
全面発達　195
僧院　19
相互依存型　186, 187

総合的な学習　272
総合的な学習の時間　258
相互教育　240
相互作用　87
創造性　92
相対評価法　98-99
ソクラテス法　21
尊敬と要求　198
存在論的人間観　22

タ　行

第一次集団　53
対応原理　222
対自存在　179
大正デモクラシー　17, 19, 158
タイプ・スタディ　211
タクト（Takt）　157
脱学校化社会　242
タナトロジー　272
小さな大人　75
知的陶冶　148
知能テスト　70
中央教育審議会　252
中心統合法　210
直接的教育作用　199
デス・エデュケーション　272, 273
哲学的人間観　23, 24
『哲学と教育学』　145
哲学と心理学の干渉点（Interferenzpunkt）　156
寺子屋　19
伝統的権威　52
当為（Sollen）　89, 148
道具主義（instrumentalism）　207, 214
統合科学としての教育学　159
統合の理論　147
統制的原理　149
陶冶　42, 151
陶冶内容　150
陶冶内容の理論　151

事項索引

遠山プラン 256
独立型 186, 187
トランスナショナリズム 255

ナ 行

なすことによって学ぶ 88
二元論 154
二元論的な把握方法 275
日本国憲法第9条 248
日本の道徳教育 21
人間存在（human being） 70
人間に成りゆきつつある存在（human becoming） 70
人間の心とは 266
人間の陶冶性と目標規定 90
年齢差別制（ageism） 69

ハ 行

発見的教授方法 92
発達（development） 70
発達心理学 83
発達の最近接領域の理論 201
発達パラダイム 70
発達モデル 66, 70
発展即行為 25
ハビトゥス 224-225
反教育学 55
反権威主義教育 55
藩校 19
『反時代的考察』 177
判断力 61
美学 150-151
引きこもり 13
必然即自由 25
美的陶冶 148
非同盟諸国会議 250
人および市民の権利宣言 67
批判の教育学 142
批判的理想主義 149
批判能力 92

フォール・レポート 236
不可代置性 23, 24
富国強兵 13
物質的文化 24, 25
不登校 13, 262, 263, 276
プラグマティズム 20, 117, 142, 180, 181, 200
プラトン主義 147
プロジェクト・メソッド（project method） 216
文化的再生産論 223-226
文化的多元主義 259
文化的目的 18
平行的教育作用 199
平和教育 270
ヘーゲル学派 145
ペスタロッチ主義 209
ペタゴジー 36
ヘルバルト派 152, 210-211
法則科学 146, 150-152
方法（Wege） 152
方法的単元 210
方法的理想主義 146, 149, 151
保護 79
ポストナショナリズムの時代 258
ポスト・モダン 183
母性愛 73
ボランティア活動 245
ボランティア動員型市民社会 76

マ 行

マールブルク学派 146
学びの共同体 41
マルクス主義 191
マルクス主義的教育学 190
見通し路線 199, 200
『民主主義と教育』 85
無家庭 12
無垢 71
無比性 154
メリットクラシー 223

目的　148
目的合理的行為　60
目標と方法の統合　153
持つ様式　237
問題解決学習　208
問題解決的思考　92

　　　　ヤ　行

唯物論　145
勇気　92
優生学　73
優生思想　73
ゆとり　18
ユネスコ（UNESCO）　248
ユネスコ協同学校（Unesco Associated Schools）　249
より高次の自己　166, 167
四言論的な把握方法　275

　　　　ラ　行

ライフサイクル・モデル　66, 79
ライフステージ　79

ライフステージ・モデル　66
リーダー＝フォロワー　86
理解　162
理解の基本形式　162
理解の高次の形式　162
立身出世　233
理念　148-149
臨時教育審議会　253
臨床教育学　93, 264, 265
倫理学　150-151
倫理的自由の可能化　157
歴史的現実　24, 25
歴史においてある存在　25
歴史を超える存在　25
連続と非連続の統一　25
ローマクラブ・レポート　234
論理学　150-151

　　　　ワ　行

われ―それ　179
われ―なんじ　179, 186

執筆者紹介（執筆順）

木内　陽一（きうち・よういち）鳴門教育大学学校教育学部，第 1 章
山﨑　英則（やまさき・ひでのり）神戸親和女子大学発達教育学部，編者，第 2 章，第12章，第19章
神崎　英紀（かんざき・ひでのり）大分大学教育福祉学部，第 3 章
宮本　健市郎（みやもと・けんいちろう）関西学院大学教育学部，第 4 章
木村　浩則（きむら・ひろのり）文京学院大学人間学部，第 5 章
池谷　壽夫（いけや・ひさお）日本福祉大学子ども発達学部，第 6 章
上寺　常和（かみでら・つねかず）姫路獨協大学医療保健学部，第 7 章
岡谷　英明（おかたに・ひであき）高知大学教育学部，第 8 章
高橋　洸治（たかはし・こうじ）静岡大学名誉教授，第 9 章
田上　哲（たのうえ・さとる）九州大学大学院人間環境学研究院，第10章
渡邉　満（わたなべ・みちる）兵庫教育大学学校教育学部，第11章
甲斐　進一（かい・しんいち）椙山女学園大学人間関係学部，第13章
岩崎　正吾（いわさき・しょうご）首都大学東京都市教養学部，第14章
小柳　正司（こやなぎ・まさし）鹿児島大学教育学部，第15章，第16章
住岡　英毅（すみおか・ひでき）大阪青山大学健康科学部，第17章
北川　明（きたがわ・あきら）高知女子大学文化学部，第18章

	教育哲学のすすめ	
2003年10月20日	初版第1刷発行	検印廃止
2010年3月30日	初版第3刷発行	

定価はカバーに
表示しています

編　　者	山﨑　英則
発行者	杉田　啓三
印刷者	田中　雅博

発行所　株式会社　ミネルヴァ書房

607-8494　京都市山科区日ノ岡堤谷町1
電話代表　(075)581-5191番
振替口座　01020-0-8076番

©山﨑英則ほか，2003　　　創栄図書印刷・藤沢製本

ISBN978-4-623-03790-2
Printed in Japan

求められる教師像と教員養成
――――――――――――――――――――――山﨑英則・西村正登編著
●**教職原論** 困難な時代を乗り越える力量ある教員を養成するために――。本書では教職と教師教育の問題を理論面と実践面の両方から展開，教職と教職をめぐる組織・制度・環境についてわかりやすく解説した。

新しい教育の基礎理論
――――――――――――――――――――――山﨑英則・浜田栄夫編著
●未曾有の問題を抱えた今日，教育の果たすべき責務は重大で広範である。本書は教育学の入門書として，教育の本質と目的を探究，そのあり方について読者とともに考える書である。日本の教育を見つめ直し，これからの新しい教育学を志向する。

日本の教育の歴史と思想
――――――――――――――――――――――寄田啓夫・山中芳和編著
●教育史を通して優れた教育実践や教育的英知，教育補本質的事項を学び，自らの教育観と歴史的知見を養う――。独自の科学としての体系化され発展した歴史を，思想と制度の両面から平易に記述する。

西洋の教育の歴史と思想
――――――――――――――――――――――山﨑英則・德本達夫編著
●歴史上の教育者・思想家の思想の核心およびその形成の背景を明らかにするなかで，時代，国家認識について言及，同時代の思想家・実践家との対比を通してその特質と，後世への影響と課題を論じる。

生涯学習社会
――――――――――――――――――――――讃岐幸治・住岡英毅編著
●学歴社会から生涯学習社会へ。教育＝学校教育から脱皮し，人の一生をかけた自分探しと自立のための学習・教育システムを備え，そして激変する現代社会にも柔軟に対応しうる「生涯学習社会」を私たちは，どのように描いていくのか。

――――――― ミネルヴァ書房 ―――――――